Jak nakarmić dyktatora

独裁者の料理人

厨房から覗いた
政権の舞台裏と食卓

Witold Szabłowski

ヴィトルト・シャブウォフスキ

芝田文乃
—訳—

白水社

独裁者の料理人　厨房から覗いた政権の舞台裏と食卓

独裁者の料理人　献立

料理人は食事を作るだけでなく、我々をも作っている。彼らは我々の〔中略〕テクノロジー、芸術、宗教を形作ってきた。彼らの物語はしばしば、そしてよく語るに値する。

マイケル・サイモンズ*

---

* Michael Symons, *A History of Cooks and Cooking* (University of Illinois Press, 2003).

ケニアとウガンダ

キスム——ウガンダのふたりの大統領、ミルトン・オボテとイディ・アミンの料理人だったオトンデ・オデラはこの近辺で生まれた。ルオ族が暮らす、この地域の村々出身の大勢の者がウガンダ大統領府に雇われた。アメリカ合衆国第 44 代大統領バラク・オバマの父、バラク・オバマ・シニアも、ここの出身である。

カンパラ——ここで国を支配していた残酷な独裁者イディ・アミンは、政敵をワニの餌として投げ与えていた。今日でも人肉食が疑われている。

イラク

バグダード——アブー・アリはここで料理を学び、のちにサダム・フセインのために働いた。彼は、かつてのイラク大統領の専属料理人６人のうち、最後の生き残りである。

アルビール——あるクルド人蜂起の際、アブー・アリはここで軍務に就いた。歩兵部隊に配属されたが、やがて炊事場での方がずっと役立つことを指揮官たちに納得させた。

カンボジア

アンロンベン——クメール・ルージュ最後の兵士たちがここに住みついた。また今日まで、彼らの指導者ポル・ポトの長年の料理人であり親友だったヨン・ムーンが暮らしている。

プノンペン——カンボジアの首都。ここからポル・ポトと彼の同志たちが国を支配した。彼らの統治時代にカンボジア国民の４分の１が命を失った。

ラタナキリ州中心部——ここにあったパルチザンの基地で、ムーンおばさんは革命に、ブラザー・ポル・ポトに加わった。当時ポル・ポトはまだプーク、「マットレス」というあだ名で呼ばれていた。「彼の微笑みのとりこになりました」と後年、ムーンおばさんは語る。

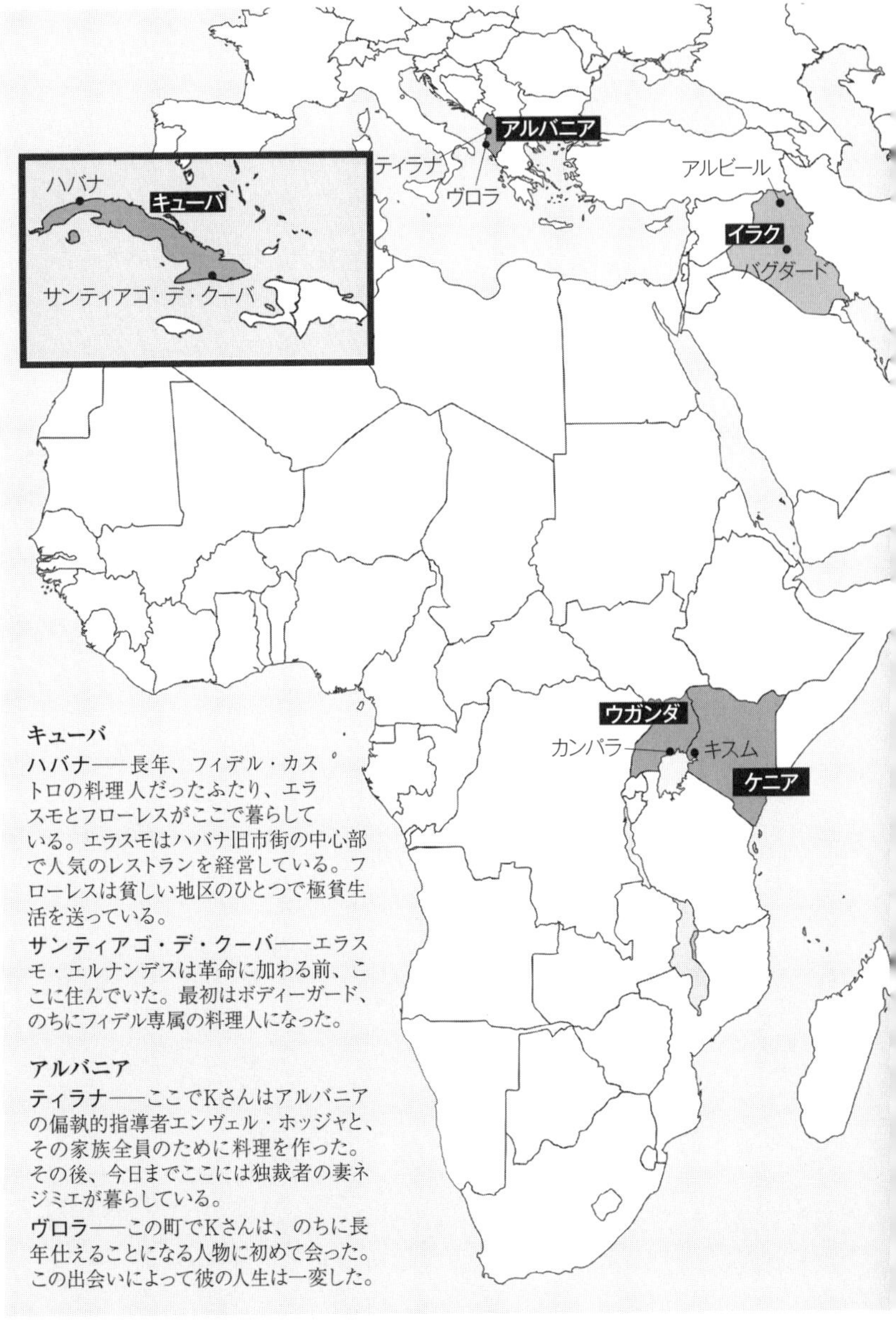

キューバ

ハバナ――長年、フィデル・カストロの料理人だったふたり、エラスモとフローレスがここで暮らしている。エラスモはハバナ旧市街の中心部で人気のレストランを経営している。フローレスは貧しい地区のひとつで極貧生活を送っている。

サンティアゴ・デ・クーバ――エラスモ・エルナンデスは革命に加わる前、ここに住んでいた。最初はボディーガード、のちにフィデル専属の料理人になった。

アルバニア

ティラナ――ここでKさんはアルバニアの偏執的指導者エンヴェル・ホッジャと、その家族全員のために料理を作った。その後、今日までここには独裁者の妻ネジミエが暮らしている。

ヴロラ――この町でKさんは、のちに長年仕えることになる人物に初めて会った。この出会いによって彼の人生は一変した。

装幀　コバヤシタケシ

前菜

フォークとナイフを手に持った？　ナプキンは膝に置いた？

それではいましばらくご辛抱ください。短い端書きがございます。

メニューに入る前に、すんでのところで自分が料理人になりかけた話をしたい。私は二十代で大学を卒業したばかりだった。コペンハーゲンの知り合いを訪ねたとき、どういうわけか数日後、市内中心部にあるメキシコ料理レストランの洗い場の仕事を見つけた。もちろん違法だったが、四日間で、ポーランドで教師をしている母の給料ひと月分と同じくらい稼げた。だから、服や皮膚に染みついて洗っても取れない焦げた油のにおいや安っぽい装飾にも我慢できた。そのレストランでは一歩ごとにサボテンにつまずきそうになり、壁には模造品のコルトのホルスターがぶら下がり、フックにはソンブレロが掛かっていて、毎晩テキーラで酔っぱらった客のだれかがそれを盗もうとした。それぞれの部屋には西部劇の酒場《サルーン》にあるようなスイングドアから入った。ただし厨房にはきちんと閉まるドアがあった。

それでよかった。そこで起きていたことが客に見えなかったのは幸いだった。

厨房の鍋の上には、煙草を手にした、イラクのクルディスタン出身の料理人たちがいた。彼らを雇ったのはオーナーのアラブ人で、真新しいピカピカのＢＭＷを街で乗りまわしていた。オーナーはこの店を年輩のカナダ人から買った。その人はコペンハーゲンでメキシコ料理レストランを経営するのに飽き飽きしたのだ。いくら支払ったのか知らないが、商売は繁盛していた。

　雇われた料理人は六人、全員朝から晩まで大忙しだった。メキシコに行ったことがある者は皆無で、地図を見せてもメキシコがどこなのか指し示せなかったのではないかと思う。それに、以前から料理人だった者がいたとも思えない。しかし彼らはブリートやファヒータの作り方やメキシコ風鶏肉の焼き方を教わり、少しの量でたくさんかかっているように見えるタコスソースのかけ方をマスターした。そんなわけで彼らは作った。焼いた。かけた。客たちの口に合った、それがいちばん肝心なことだ。「イラクには仕事がない」彼らは私に言い訳しなければならないかのように付け加えた。

　仕事に取りかかる前にマリファナを吸うことを私に教えた。「こうでもしなけりゃ、こんな仕事やってられない」煙を吐きながら彼らは言った。クルド語で十までの数え方を教えてくれた。それに、悪態もいくつか教えてくれたが、その中には最も下品な、母親に関する何やらも含まれていた。

　私は一日中、三台の食器洗浄機を動かし、鶏肉が焦げついた大鍋を手で洗い――暇な時間があれば――ネズミに残飯を持っていってごみ箱の上で手なずけようとした。この莫迦げたアイデアはある映画から思いついた。幸いネズミの方が私より利口で、近づこうともしなかった。

　クルド人たちはとてもいい仲間で、私のために将来のキャリアを計画してくれた。「おまえに料理を教えてやる」と彼らは約束した。「一生、食洗機の前に立っているわけにもいくまい」

私もそう願っていた。それでブリートの作り方や、鶏の焼き方、タコスソースのかけ方を、彼らと同じように習った。

ある日、携帯電話が鳴るまでは。だれかが別のレストランの店長に、ある若者が非合法で働くことに同意していると話したらしい。その店長は私を引き抜こうとした。今度は、ポーランドで教師をしている母の稼ぎひと月分を、四日ではなく三日で手に入れられる。そのうえ皿洗いから料理人助手に昇進できるのだ。よく考えもせずクルド人たちに別れを告げると、二日後、私は黒いエプロンを着けて、街の主要な大通りのひとつ、ノアブロ通りにほど近い、小さいながらも人気のレストランのガスコンロの傍らに立っていた。今回厨房で働くのは我々ふたり、アウグストという名のオーナーと私、ヴィトルト、彼の助手である。

アウグストは半分キューバ人、半分ポーランド人だったが、シカゴ育ちなので、ポーランド語もスペイン語もひとことも知らなかった。人生の大半を商船のコックとして働いて過ごした。レストランは彼の年金生活の安全対策となるはずだった。

客が現れるまでは、アウグストとはまったく普通に話ができたが、ランチタイムになり、八つのテーブルのうち、たとえば六つが埋まると、彼に悪霊が憑いた。鍋はガチャガチャ鳴り、皿は飛び、アウグストは大声で怒鳴った。従業員のほぼ全員を口汚く罵ったが、最も矢面に立たされたのは、バーの責任者でありレストランの共同経営者でもある妻だった。

「アウグスト」この手の爆発が何度か続いたあとで、私は彼に告げた。「もう一度こんなふうに話しかけたら、エプロンを床に投げ捨てて出ていくからな」

彼は微笑むだけだった。

「ヴィトルト、俺は一生厨房で働いてきた。だれに怒鳴ってよくて、だれに駄目かはわかってる」私の驚いた顔を見て、こう付け足した。「俺たちは一日中一緒に働いている、四平方メートルに、ふたりっきりで。おまえは俺がいちばん不仲でいたくない人間なんだよ」

つまり彼の怒りはコントロールされていたのだ！　アウグストは料理人だけでなく外交官にもなれたのではないかとそのとき思った。料理人がいかに抜け目なく要領よくなれるか、初めて目にした。

ホールの状況が落ち着くと、アウグストからの圧力も下がった。そんなとき、彼は海の話をした——海の上で人生の半分を過ごし、懐かしがっていた。アウグストの話には、大きな船で通り過ぎたイルカや鯨や嵐や孤独な船乗りたちが出てきた。熱帯の島々と寒いグリーンランドが出てきた。全世界が出てきた。客がいないとき、アウグストは温かく、知的で、ユーモア感覚あふれるすばらしい男になった。その後また客がやって来た。するとまたしても荒れ狂った。

数か月間、私は彼の気分の浮き沈みを観察した。毎日一緒に調理し、また新メニューの開発も手伝った。それは魔法だった。まるで二人で《モナ・リザ》を描いているかのような気分だった。アウグストはその日、何か強い酒の瓶を冷やした。私たちは夜遅くまで厨房にいて、私は彼のために野菜と肉を切り、彼はその材料を使って次第に手の込んだコンポジションを作っていった。

だがここで絵画との共通点は終わる。ダ・ヴィンチは毎日何度も何度も繰り返し《モナ・リザ》を描く必要はなかったが、私たちはアウグストのメニューを一日何十回も検証した。アウグストは指を切らないようなナイフの持ち方を教えてくれた。オーブンから火傷しないようにパンを取り出す方法も。ステーキ、サラダ、すばらしいポロねぎのクリームスープの作り方を教えてくれた。それどころか！　一日中厨房で立ち続けるには、どんな姿勢をとるべきかまで教えてくれた。

また、うちの店で評判の日曜のブランチのあとで、皿に何か高価な果物、ラズベリーやライチや緑褐色の萼《がく》に包まれた黄色いホオズキの実が残っていたら、それを洗って、次の客の皿に載せることも教わった。

「捨てるには高すぎる」私の驚いた顔を見ながら、そう説明した。

ある日、八つあるテーブルが五分で満席になり、扉口にさらに行列ができるまでは。アウグストはもはや我慢できなかった。

「この忌々しい怠け者め！」と私に向かって怒鳴った。どうやら怒りがコントロールできたのは、ある程度までだったらしい。「何をぼーっとしてる⁉　パンを取り出せ！」さらに怒鳴った。

だが私のエプロンはすでに床にあった。

アウグストは数日後に電話をかけてきて、「すまなかった」と聞こえるようなことさえ言った。私に何か特別な好感を抱いていたわけではない。単なる低賃金労働者だった私が戻ったほうが都合がよかっただけだ。

だがもう彼の気分の浮き沈みと対決する気はなかった。私は自転車タクシーに観光客を乗せてコペンハーゲン中を走りはじめた。半年後ポーランドに戻って、ジャーナリストになった。

しかしながら、料理人というのがいかに魅力的な人たちであり得るかを忘れたことはなかった。彼らは同時に、詩人であり、物理学者であり、医者であり、心理学者であり、数学者なのだ。その大半は普通とは違う人生の物語を持っている――これは人が己のすべてを捧げる仕事だ。だれもがそれにふさわしいわけではない。私がその好例だ。

長年、私は社会や政治関連のテーマについて新聞に寄稿してきた。その間ずっと料理人には惹かれていたものの、いかにして厨房を再び我が人生の軌道に加えたらよいか思いつかなかった。ある日、スロバキア系ハンガリー人のペーテル・ケレケシュ監督の『歴史の料理人』という映画を観た。軍隊の料理人に関する映画で、ブランコ・トゥルボヴィッチが出演していた。ユーゴスラヴィア全体の支配者ヨシップ・ブロズ・ティトー元帥の専属料理人だった人物である。

これが生まれて初めて目にした独裁者の料理人だった。そのとき何かが頭の中でパッと閃いた。

私が考えはじめたのは、歴史の重要な瞬間に料理を作っていた人たちは歴史について何が言えるだろうということだ。世界の運命が動いたとき、鍋の中では何が煮立っていたのか？　米が焦げつかないように、牛乳が沸騰しないように、カツレツが焦げないように、あるいはジャガイモを茹でる水が吹きこぼれないように見張っていた料理人たちは横目で何に気づいただろう？

たちまち次の問いが浮かんだ。サダム・フセインは何万人ものクルド人をガスで殺すよう命じた後、何を食べたのか？　その後、腹は痛くならなかったのか？　二百万近いクメール人が飢え死にしかけていたとき、ポル・ポトは何を食べていたのか？　フィデル・カストロは世界を核戦争の瀬戸際に立たせたとき、何を食べていたのか？　そのうちだれが辛いものを好み、だれが味の薄いものを好んだのか？　だれが大食漢で、だれがフォークで皿をつつくだけだったのか？　だれが血のしたたるビーフステーキを好み、だれがよく焼いたのを好んだのだろう？

そして結局のところ、彼らの食べたものは政治に影響を与えたのか？　もしかしたら料理人のだれかが食べ物に付随する魔法を使って、自国の歴史に何らかの役割を果たしたのでは？

どうしようもなかった。問いがあまりに多くなったものだから、本物の独裁者の料理人を見つけるしかなくなった。

そんなわけで旅に出た。

本書を書き上げるのに、ほぼ四年かかった。その間、四つの大陸を旅した。ケニアのサバンナの忘れ去られた村からイラクの古代バビロンの廃墟を経て、クメール・ルージュの残党が隠れていたカンボジアのジャングルに至るまで。私は世界で最も稀有な料理人たちと共に厨房にこもった。彼らと一緒に調理し、ラムを飲み、ラミーをした。一緒に市場に行き、トマトや肉を値切った。魚やパンを焼き、パイナップルを加えた甘酸っぱいスープや山羊肉入りピラフを作った。

話をしてくれるよう説得するのに、たいがい手こずった。いつでも自分を殺せる人のために働いたトラウマから未だに回復していない人もいた。体制に忠実に仕え、たとえ厨房内のことであれ今日まで秘密を明かしたがらない人もいた。さらにたいていの人は、しばしば厄介な記憶をわざわざ思い起こそうという気がない。

いかに料理人たちを説得して打ち明け話をしてもらったかについては、もう一冊本が書けるくらいだ。極端な場合は三年以上かかった。でもうまくいった。私は厨房のドアから覗いた二十世紀の歴史を知った。困難な時代を生き延びる方法を知った。狂人を食べさせる方法を。狂人の母親代わりになる方法を。しかるべき頃合いに放たれた屁でさえ十数人の命を救うこともあるのだと。

そして最後に——いちばん重要なこと。料理人たちとの会話のおかげで、独裁者が世界のどこから出てくるかがわかった。アメリカの機関フリーダム・ハウスの報告によると、四十九か国が独裁者に支配されている時代において、これは重要な知識である。そのうえこの数は増える一方だ。今日の情勢は独裁者に好都合なのだから、彼らについてなるたけ多く知っておくに越したことはない。

それでは改めて……フォークとナイフを手に持った？　ナプキンは膝に置いた？　よろしい。

どうぞ食事をお楽しみください。

អាហារសម្រន់
オードブル

「初めて同志《ブラザー》ポル・ポトに会ったとき、言葉を失ったわ。わたしはジャングルのただなかにある竹小屋の中に座って、彼を見つめていました。わたしはこう思った。まあ、なんてハンサムな男《ひと》かしら！

『なんて男《ひと》かしら！』

当時わたしはとても若かった、だから驚かないでくださいね、ブラザー、わたしがそう思ったってことを。わたしは、彼の基地まで来る途中に通ってきた村々での人々の雰囲気を報告することになっていたのだけど、向こうが先に口を開くまで待っていました。でも彼は何も言わなかった。

しばらくして、ついにちょっと微笑んだんです。それでわたしはすぐにこう思った。まあ、なんてすてきな笑顔かしら！

『なんて笑顔かしら！』
わたしは話すべき話題に集中できなかった。ポル・ポトは、それまで会ったことのあるどんな男性ともずいぶん違っていました。

会ったのはジャングルの中の、所属する組織《オンカー》の極秘基地でした。当時ポル・ポトは、まだ皆からブラザー・プークと呼ばれていてね。クメール語でマットレスという意味です。なぜこんなおかしなあだ名なのか、長いこと不思議に思っていました。何人かに尋ねたこともあるけど、だれも答えられなかった。

何か月も経ってから同志のひとりが説明してくれました。マットレスというのは、彼がつねに物事を和らげようとしているからなのだと。彼は物腰が柔らかく、それが強みでした。皆が言い争っているとき、彼は真ん中に立って、意見をまとめるのを手伝っていた。

本当よ。笑顔さえ穏やかだった。ポル・ポトという人は親切が歩いているようなものでしたから。

そのときの会話はごく短いものでした。話が終わると、副官に脇に連れていかれて、ブラザー・プークは料理人を必要としているのだと言われました。すでに何人かいたけれど、だれもしっくりこなかった。そして、やってみたいかと訊かれました。

『やりたいです』と答えました。『でもわたし、料理ができません』

『甘酸っぱいスープの作り方を知らないのか？』副官は驚きました。なぜって、カンボジアで最も一般的なスープだから。

『鍋を貸してください』わたしはそれに答えて言いました。

台所に案内されたとき、自分がそのスープの作り方を完璧に知っていると気づきました。材料はササゲ、サツマイモ、カボチャ、ズッキーニ、メロン、パイナップル、ニンニク、肉——鶏肉か牛肉——そして卵。二つか三つ。トマトを入れてもいいし、レンコンでもいいですよ。まず鶏肉を茹で、そこに砂糖と塩と野菜を全部加えます。あいにく、どのくらい煮込めばいいのかわからないわ、だってジャングルには時計がなかったし、すべて勘でやっていたんですから。たぶん三十分くらいかしら。最後にタマリンドの根を加えます。

わたしはパパイヤのサラダの作り方も知っていた。パパイヤを細かく刻み、キュウリ、トマト、サヤインゲン、キャベツ、アサガオ、ニンニク、レモン汁を少々加えます。

でも初めて作ったとき、ポル・ポトは食べませんでした。あとで説明されたところでは、タイ風に干し蟹か魚のペーストとピーナッツを入れたのが好きだったそうよ。

わたしはマンゴーのサラダの作り方と魚や鶏の焼き方も知っていた。どうも子供の頃、母が料理しているのを見て覚えたみたい。ブラザー・プークはそれ以上望みませんでした。わたしは料理人に適任だったわけです。

台所に入ると、晩までずっと働きどおしでした。昼食の支度をし、それから夕食の支度、それから後片づけをして鍋を洗って。

こうしてわたしはポル・ポトの料理人になりました。お手伝いできることが、とてもうれしかった。わたしはこの基地に留まりたかった。革命のために。そして彼のために、優しいブラザー・マットレスのために」

وجبة افطار

朝　食

サダム・フセインと第一夫人サージダ、三女のハラー
©Apic/Hulton Archive/Getty Images

泥棒の魚スープ——サダム・フセインの料理人、アブー・アリの話

「ある日、サダム・フセイン大統領が友人たちをボートに招待した。数人のボディーガードと秘書、それに専属料理人の私を連れていき、私たちはティグリス川を下る船旅に出発した。その年最初の春の夕べで暖かかった。当時は戦争中ではなく、だれもが上機嫌だった。ボディーガードのひとり、サーリムが私にこう言った。

『アブー・アリ、座ってろ、今日おまえは休みだ。大統領が皆のために料理をするとおっしゃった。我々にコフタを作ってくれるんだと』

『休み……』私はにやりとした。サダムにそんな言葉はないと知っていたからね。コフタということならと、私はバーベキューの用意を始めた。牛肉と羊肉を半々に混ぜて挽き、トマト、玉ねぎ、パセリと混ぜた。あとで串によくくっつくように、冷蔵庫に入れる。手洗い用のボウルを用意し、火をおこし、ピタを焼き、トマトとキュウリのサラダを作った。そしてようやく腰を下ろした。

　イラクの男はだれでも自分は肉の焼き方を知っていると思っている。知らなくてもバーベキューをし

ようとする。サダムもそうだった。彼が料理したものを人々はしばしばうやうやしく食べた——だって大統領に、あんたの作ったものはおいしくない、なんて言えないからね。

サダムが料理するのが私は好きじゃなかった。でもそのときは、コフタを台無しにはできないと思ったんだ。**肉の用意ができたら、串の上に薄く広げ、指で押しつけて、それから数分間グリルにのせて——できあがり。**

ボートが動きだした。サダムと友人たちはウイスキーを開け、サーリムが厨房に肉とサラダを取りに来た。

私は座って何が起こるか待ちかまえていた。

三十分後、またサーリムがやって来た。コフタの皿を手にしていた。『大統領はおまえにも作ってくださったぞ』私は感謝し、大統領閣下は実にご親切でと言うと、肉をちぎってピタで包んだ。味見してみると……突然口の中が焼けはじめた！

『水を、早く、水を！』

飲んだが、効き目はない。

『もうひとくち水を』

駄目だ。まだ焼ける。頬の内側も歯茎も燃えあがり、目から涙が流れ出した。

ぞっとした。『毒か？』と思った。『しかしなぜ?! 何のために?! もしかしてだれかがサダムを毒殺しようとして、私はそれを食べてしまったのか?!』


『ひとくち水を』

私は生きているのか？

『ひとくち水を』


生きている……やはり毒じゃない……。

だがそれなら彼は何を思いついたんだ？

ゆうに十数分間、何度も水を飲んでその辛い味を洗い流す羽目になった。

こうして私はタバスコソースの存在を知った。

サダムはそれをだれかからプレゼントされたのだが、辛いものが嫌いだったので、冗談で友人たちに試すことにしたのだ。そして職員にも。ボートに乗っていた全員が走り回っては水を飲んでタバスコの味を洗い流す間、サダムは座って笑っていた。

二十分後にサーリムが戻ってきて、うまかったかと尋ねた。私はひどく腹を立てて、こう言った。

『もしも私がこんなふうに肉を駄目にしたら、サダムは私の尻を蹴って、金を返せと命じたはずだ』

サダムはときどきそうした。口に合わないと、代金を返すよう命じたのだ。肉でも、米でも、魚でも。そんなときはこう言った。『こいつは食えん。おまえは五百ディナール支払うべきだ』と。

だから私もそう言ってやった。だがサーリムが私の言葉を大統領にそのまま繰り返すとは思わなかった。一方サダムは、アブー・アリがどう反応したかとサーリムに尋ね、彼はこう答えた。『自分がこんなものを料理したら、大統領は私の尻を蹴って、金を返せと命じたはずだ、と言いました』サダムの客全員の前でそう言ったのだ。

サダムはサーリムに私を連れてくるよう言った。

怖かった。とても怖かった。サダムがどう反応するかわからなかった。彼は批判されたことがなかった。だれもそんなことはしなかった。大臣たちも、将軍たちも、まして料理人なんぞは。

それで私は出向いた。自分を引き渡したサーリムに腹を立て、愚かな物言いをした自分にも腹を立てていた。サダムは友人たちとテーブルを囲んでいた。テーブルの上にはコフタと、開けたウイスキーのボトルが何本かあった。何人かはまだ目が赤かった。彼らもタバスコ味のコフタを試したらしい。

『私のコフタが口に合わなかったそうだな』サダムは真面目な口調で言った。

彼の友人たち、ボディーガード、秘書、全員が私を見つめていた。

私はますます怖くなった。急に彼の料理を褒めるわけにもいかない——嘘をついているとわかってしまう。

家族のことを考えはじめた。妻はいまどこにいるのか。何をしているのだろう。子供たちはもう学校から帰ってきただろうか。何が起こるかわからなかったが、いいことは何も期待していなかった。

『口に合わなかったか……』もう一度サダムが言った。

そして突然笑いだした。

彼は笑いに笑った、大笑いした。遅れて、テーブルに着いていた全員が笑いだした。

それからサダムは五十ディナールを取り出し、それをサーリムに手渡して、こう言った。

『おまえの言うとおりだ、アブー・アリ、辛すぎたな。無駄にした肉の代金は返す。おまえにもうひとつコフタを作ってやろう、だが今度はあのソースなしで。食べたいか？』

食べたい。

そこでサダムは私にタバスコ抜きのコフタを作ってくれた。今度はとてもうまかった。でも言っとくがな、コフタを駄目にすることなんてできっこないんだ」

1

幅広い通り、その沿道には爆撃で破壊され、再建されることのない何百軒もの家々が並び、いくつかの交差点ごとに軍の検問所がある。その間をカナリアみたいに黄色いタクシーが行き交っている。というのも、バグダード市の主張によると、ここはニューヨークなのであり、タクシーは熟れたレモンの色で人目を引くべきだからだ。

通訳兼ガイドのハサンは、二年近く捜した末に、ここでサダム・フセインの料理人の最後の生き残りを見つけてくれた。料理人の名はアブー・アリ（コードネーム）といい、アメリカ人にとって最大の敵のために料理を作っていたことで報復されるのではないかと長いこと恐れていたため、何年もの間、独裁者についてだれにも語ろうとしなかった。ハサンは、話を聞かせてくれるよう、ほぼ一年がかりで説得した。

　ついに彼は同意してくれたが、以下のような条件をつけてきた。一緒に町なかを歩きまわらないこと、一緒に料理をしないこと、それに自宅を訪ねないこと、もっとも私がお願いしたのはそれだったのだが。私たちはホテルの部屋に数日間缶詰になり、アブー・アリは憶えていることをすべて私に話して聞かせる、それで終わりだ。

「まだ怯えているんだよ」ハサンが説明する。「でも本当に力になりたいと思っている」とすぐに付け足す。「いい人なんだ」

　そんなわけで私たちはアブー・アリが来るのを待っている。ハサンはありとあらゆる国から来たジャーナリストに同行し、イラク戦争や紛争のありとあらゆる前線で——アメリカの侵略から内戦を経て、ＩＳＩＳとの闘いに至るまで——彼らのだれひとり、爪一本折らなかったのを誇らしく思っている。私がこのリストの不名誉な例外にならないよう、ハサンは私ひとりで通りの向こうへ渡ることさえ禁じている。

　私はハサンの言うことを信じていない。ホテルのすぐ隣にはジャガーの車が並ぶショールームがあり、少し先には巨大なショッピングモールがある。至るところに武器を持った警察官や警備員がいる。街は安全そうに見える。

「だれもが友好的で笑顔なのは知っている」とハサンは言う。「でも覚えておいてください、一パーセントの人はあなたに怒っている。とても怒っている。彼らにとってヨーロッパから来た単独のジャーナリストは恰好の標的だ。決して、繰り返しますが、けっして私抜きで出かけないでください。たとえ我々が一緒でも、認可を受けたタクシーでなければ、どこへも行けない」

そして、つい数年前にも大勢の外国人がここで誘拐されたと付け加えた。たいていは、彼らの雇用元の会社が身代金を支払った直後に解放された。だが全員が戻ってきたわけではない。

私はフリーランスだ。身代金を払ってくれる人すらいない。にもかかわらず本性はごまかせない。じっとしていられず、ハサンが奥さんのところに戻っている間だけ、ホテルの近くで夕べの散歩をする。いくつかのモスク、衣料品店、マスグーフ――串に刺して直火で焼く地元産の鯉の一種――売りを通り過ぎる。アイスクリームを食べに地元のカフェに立ち寄る。聖なる断食月、ラマダン明け用に特別に育てた羊を売る商人と話す。他の国と、他の旅と同じように振る舞う。ハサンは大袈裟すぎるんだ、と思う。

夜遅くホテルに戻り、さらに長い時間この散策の印象を書き留める。夜更けに眠りにつく。

二時間後、ものすごい轟音で目が覚める。まもなくサイレンの音が聞こえる。ホテルでは照明が消え、インターネットの接続が切れる。

ようやく朝になってわかる――ホテルから数百メートルのところで自爆テロ犯が三十人以上を殺したのだ。

2

翌日ハサンは二時間以上遅刻する――襲撃後、市内全域で警察の検問が厳しくなり、その結果、信じがたい渋滞が発生したのだ。幸い、アブー・アリも遅れていた。私たち二人はホテルのロビーで彼を待っている。

「ひどいもんだ、こんな生活は。いつどこで次の爆弾が爆発するかわかったもんじゃない」私のガイドはため息をつく。「サダムが倒れて以来、何もかもが混乱に陥った。多くの元陸軍将校と情報機関はさまざまな準軍事組織に加わり、最終的にＩＳＩＳに行き着いた。今日、イスラミック・ステートは弱体化しているが、一年あまり前にはバグダードをおびやかしかねないように見えた」

イラク国内の多くの都市に行くことができない。たとえば私はサダムが育ったティクリートを見たかったが、ハサンは大変危険だと警告する。

「町を支配する戦闘組織に金を払うガイドが必要だ」ハサンは説明する。「だがそれでも問題が起こる可能性はある」

アブー・アリが到着し、我々は会話を中断する。私たちはイラク式に、両頬へのキスで挨拶を交わす。ジャケットの下にタートルネック。白髪、少し出た腹、とても感じのいい笑顔。私がいま握っているこの手は、二十世紀最大の独裁者のひとりを長年食べさせてきたのだ――そんな考えが頭をよぎる。だがこの瞬間を祝っている暇はない。アブー・アリは落ち着きなく、明らかにそわそわしている。インタビューを受けているのを人に見られたくないし、外国人が会話を録音しているが、こいつは何者だと訊か

サダム・フセインの元料理人アブー・アリと著者

れたくもないのだ。だから私たちは搾りたてのオレンジジュースのピッチャー、水、灰皿、軽食を取りに行き、エレベーターで三階に上がり、カーテンを閉める。私はボイスレコーダーのスイッチを入れる。

アブー・アリ

「私は古代バビロン遺跡に近いヒッラで生まれたが、少し大きくなった頃、両親がバグダードに引っ越した。父はそこで小さな食料品店を開き、父の兄弟のひとり、アッバースがレストランを始めた。レストランはうちの近くにあって、私はほとんど毎日通ったものだ。そこが好きでね、十五か十六歳のとき、アッバースに雇ってくれないかと尋ねたんだ。

アッバースは私を厨房の鍋のそばに立たせてくれた。シシカバブ、クッバ、ドルマ、パチャといった最も典型的なイラク料理の作り方を学んだよ。シシカバブは、あらかじめニンニクその他のスパイスでマリネした肉を直火で焼き、米を添えるか、サンドイッチにして出

シシカバブ——典型的なイラク料理のひとつ ©pixabay

す。クッバは、挽き肉とトマトと挽き割りのブルグル〔小麦を湯通しして乾燥した食材〕で作った団子で、スープに入れて出す。ドルマは、挽き肉に米を混ぜて、ブドウの葉で包んだものだ。

　パチャは大変なご馳走で、羊の頭に足と臓物を足して作ったスープだ。これらの部位はそれぞれ別々に調理する。よく洗って、表面に浮いてくる脂と屑をしょっちゅう取り除かなくてはならない。胃の皮でいくつか袋をこしらえて、その中に細切れの肉を詰める。

　パチャはとろ火で、ほとんど香辛料を入れずに煮込む。せいぜい塩、胡椒、レモン汁、酢をほんの少し加えるだけ。最後にこれら三種類のスープを混ぜ合わせ、肉を詰めた袋を加える。いちばんの珍味は目だよ。

　料理はうまくできた。お客には気に入ってもらえたし、私は仕事が好きだった。でも数年後、アッバースの下では新しいことはこれ以上何も学べないとわかった。それ以上給料が増える見込みもなかったが、私は若くて、車を買いたかった。どこか別のところで雇ってもらわなければと思った。

市内最大の病院、バグダード医療センターが調理師を募集していると新聞で読んだ。応募してみた。面接で訊かれたのはひとつだけ。三百人分の米を炊くことができるか?

できたかって? 数年間、毎日やってたんだぞ!

私は採用された。車は買ったが、数年経つと、この仕事も物足りなくなってしまってね。別の仕事を探しはじめた。五つ星ホテルに高給の仕事を見つけた。もうそこで働くことに決まっていたとき、突然軍からお呼びがかかった。たどり着いたのはホテルではなく、クルド人ばかりが住むイラク北部の都市アルビールだった。ちょうどそこではクルド人の最も重要な指導者のひとり、ムッラー・ムスタファの蜂起が続いていた。

ホテルで仕事を始める代わりに、戦争に行ったってわけだ」

3

「クルド人との戦闘は主に山地で行われていた。私は小銃を持たされてそこへ送られた。いい気分じゃなかったよ。私は二十代で、クルド人に対して何の文句もなかった、だから彼らとの戦争で死にたくなんかなかった。

それで、自分はバグダードで料理人をしていたから射撃よりも調理の方がずっとうまくできると上官

アブー・アリ（中央、下）と同僚の料理人たち、バグダード医療センターにて。イラク、1970 年代（写真はアブー・アリ提供）

に話した。兵士は何千人もいるが、腕のいい料理人は少ない。その上官が別の士官に話し、その士官がさらにだれかに話すと、指揮官のひとりムハンマド・マライーが食事がまずいとこぼしていることがわかった。マライーには料理人がいなくて、副官が料理していたんだ。

マライーは直ちに前線にいる自分のところへ来るように命じた。食糧の補給は大問題だった。農民が村から出ていったから、食糧を得る手だてがなかったんだ。

そんなわけで、味方の兵士たちがクルド人と戦っている間、私は毎日車で片道二時間かけてアルビールに出かけた。何か買えるのはそこだけだったからだ。非常に危険だった。いつなんどきクルド人に撃たれるかわからなかった。

野戦厨房《フィールドキッチン》でうまいものを作るという

のは奇蹟に近いことでね。数週間難儀した末、アルビールに住んでもいいかと、おずおずとマライーに尋ねた。アルビールの普通の厨房で普通の食事を作って、それを前線に運んではどうかと。

　マライーはすばらしいアイデアだと認めてくれた。

　そこでアルビールに引っ越し、毎日運転手と一緒に行ったり来たりした。マライーにスープをよそい、サラダを盛り、肉を温めた。テントの前に座っていると、弾がしょっちゅう頭の上を飛んでいった。怖かったかって？　いや。人は自分がいつ死んでもおかしくないことに慣れてしまう。死ぬことよりも、次の昼食用の鶏か魚をどこで手に入れるかに意識を向けるんだ。

　そしてついにある日、私の軍務は終わった。マライーと同僚に別れを告げると、軍用車でモスルに運ばれた。そこから列車でバグダードに戻った。そんなふうに簡単にね。列車に乗って、戦場から家に帰ってきたんだ。めったにない経験だ。それから何年もあと、サダムのために働いていたとき、安全なバグダードで車に乗り込むと、数時間後には人々がばたばたと死んでいる戦場に着くのが不思議で仕方なかった。

　あいにく、ホテルの仕事は私を待っていてはくれなかった。でもマライーの副官のひとりが、いいホテルで働きたいなら観光省に申し出るといいとこっそり耳打ちしてくれた。『あそこが国中のあらゆる政府系ホテルの調理師を雇い入れてるんだ』そして私を助けてくれそうな知り合いの名を挙げた。

　こうして私は戦争の二か月後、政府宮殿のひとつ、平和宮で、調理師のための特別講習を受けていた」

4

「ナヴァランというのは仔羊をミニトマトとブイヨンで茹でたジャガイモと煮込んだ料理で、とてもおいしい。先生のひとりが作り方を見せてくれたときのことをいまでも憶えている。すばらしい発見だった――イラク人の好きなラム肉を、それまで知っていたのとは違う方法で調理できるというのは。

先生は二人いた。イギリス出身のジョンとレバノン出身のサラーフだ。ジョンは肉料理とヨーロッパ料理を、サラーフはデザートとアラブ料理を教えてくれた。私たちはチキンロール、チョコレートムース、スポンジケーキ、キッシュを作った。

私は全参加者のうち最優秀の成績で講習を終えた。先生方は、私の夢だったホテルに送り出す代わりに、学校に残った方がいいと言って、次の参加者のための入門クラスを私に割り当てた。それ以外に観光省でも料理人として働いた。

私はイラク最高の料理人のチームに加わった。大臣、議会の長、大統領、国王など、あらゆる公式代表団のために働いた。ちょうどその頃イラクを訪問したのがヨルダン国王で、その後まもなくモロッコ国王も訪れた。すごい経験だったな。だって、それまでは病院か前線か、おじのアッバースのレストランでしか料理をしたことがなかったからね。そういう場所から、王族のために料理を作る場所にたどり着くなんて予想できたかい？

でも、だれのために料理しているのか、わからないこともよくあった。料理人というのはちょっと兵士に似ている。あまり深く考えすぎず、ただ命令に従うだけの方がいいんだ。

ある日、私とニサーという名の同僚はめずらしい注文を受けた。上司から、できるかぎり最高に美しいケーキを作るよう言われたんだ。二日二晩それに取り組んだ。スポンジケーキをクリームでつないで一辺が二メートルの正方形にした。こうしてできたものを三メートルの高さに積み上げた。その土台の上に古代メソポタミアを作り上げたんだ。スポンジケーキから廃墟をほじくり出し、マジパンで川を、果物で木々や椰子や動物を作った。天辺にアーモンドの花を飾り、中央に細かく削ったココナッツの滝を流した。

二日後、そのケーキをテレビで見た。

サダム・フセイン大統領みずからケーキを切り分けていた。それは彼のバースデーケーキだったんだ」

5

アブー・アリとの次の対面を待つ間、ハサンは私に宇宙人の話をして時間をつぶす。

「笑われるかもしれないが、人に信じてもらえないのには慣れっこでね。だが彼らは本当に存在する。そして本当に人間に興味を持っている。ここに飛来するのは、我々を観察するためなんだ。私は宇宙人の姿を見ることができる数少ない人間のひとりだ。これまで行ったどの戦場でも、彼らがどこか脇に立っているのが見えた。そして我々がしていることを見ているんだ」

「友好的なのか？」何か質問せざるを得ないので、私は疑わしげに尋ねる。ほぼ毎日空飛ぶ円盤を目にすると明かしてくれた人に何も訊かないのは、ずいぶん失礼な気がする。

「ああ。自分たちの姿が私に見えていると知っている。何度か命を救ってくれたよ。彼らは人間に同情している。我々に死んだり殺し合ったりしてほしくないんだ」

あまりに多くの悪を見てきたせいで、頭の中でつじつまを合わせるしかなく、宇宙人が見えるようになったこの男についての美しい物語が書けるんじゃないかという思いが脳裏をよぎる。でもすぐに内心、自分を叱る。ひょっとして本当に見えているのかもしれない、ただ私は、愚かな合理主義のせいで、彼の言うことを信じようとしないだけなのでは？　それ以降、ハサンが何を言っても私はうなずく。

でも私がここにいるのは宇宙人のためじゃない。だからこう頼む。

「サダムについて何か話してくれよ」

「大した下種《げす》野郎さ」私のガイドはうなずく。「生まれはティクリートの近くで、あそこはずっと泥棒と密輸業者の町だった。そして連中は、アラブの偉大な指導者サラディン〔一一三七または三八―九三。一一八七年にエルサレムを奪還し、さらに第三回十字軍を破ったことからイスラーム世界の英雄とされる〕も同じ町で生まれたことをいつも誇りに思っていた。サダムはサラディンを崇拝して育ったから、自分がイスラーム世界の次の指導者だと信じ込んでいたんだろう。たぶんそのせいであんな終わり方をしたんだ。何が起ころうとアッラーの思し召しだと信じていたせいで。だがそれにしても彼の経歴は尋常じゃない。父親は母親の妊娠中にいなくなった。今日まで中世のしきたりが続くイラクの村で、母子はたいそう苦労したに違いない」

イラク元大統領の伝記作家たちはハサンの言うとおりだと認めるだろう。サダムは人生のごく初期から最強でなくてはならなかった。母親のスブハは父親と離婚した後、「ほら吹きハサン」と呼ばれた男と懇ろになった。どうやらこの男はメッカに巡礼したことがあると人々に信じさせようとしたようだが、だれもが嘘だと知っていた。「ほら吹きハサン」は裕福ではなく――ロバ一頭と羊二、三頭しか持っていなかった――妻の連れ子が財産を殖やすのを手伝ってくれるだろうと考えた。少年を学校にやる代わりに、盗みを命じたのだ。「家族〔継父―原註〕を養うために鶏や卵を盗んだと言う者もいれば、モスル発バグダード行きの列車がティクリートで停車中、乗客にスイカを売っていたと言う者もいる」*とフセインの伝記作者のひとりは書いている。

そのうえ「ほら吹きハサン」は絶えず少年を侮辱し、踊れと命じ、どうでもいいような理由で殴った。叔父のハイラッラー・タルファーフがいなければ、サダムはおそらくこそ泥で終わっていただろう。この博学で政治に熱心なティクリート出身の男は、子だくさんだったけれども、サダムを引き取った。この叔父の下で少年はイラクの村の外に現実が存在することを知った。新たな保護者の視野も特に広くはなかったが――叔父はナチスに共鳴し、『神が創造すべきではなかった三つのもの――ペルシャ人、ユダヤ人、ハエ』と題した小冊子さえ書いた――この叔父との関係がサダムに世界への好奇心をかき立てたのだった。

数年後、叔父は反政府の陰謀に加担したとして逮捕され、サダムは母親と継父のもとへ戻らねばならなかったが、ハイラッラー・タルファーフの子供たち、とりわけ息子のアドナーンを親友と見なしていた。叔父は家族とはどういうものかを示してくれた。

---

* Saïd K. Aburish, *Saddam Hussein: The Politics of Revenge*（Bloomsbury, 2001）, p.17.

サダムは長年にわたり、叔父にこの恩返しをした。

6

「それは目立たない形で始まった。

シャー・ジャハーニーという名のウェイターにこう言われたんだ——町はずれの空港近くにある宮殿に出向くように。そこに私向けの臨時の仕事があると。

あまり深くは考えなかった。省ではことあるごとに臨時の注文があったからね。やれ外国の大臣が着いただの、やれ代表団が来ただの、だれそれの誕生日に菓子を作らなければといった。そんなわけで、今度は何を頼まれるかなんて考えずに出かけた。門を開けて中へ通され、武器を携帯していないかどうか調べられた。その場で私を迎えた男はカーミル・ハンナーと自己紹介し、握手をするとこう言った。

『アブー・アリ、いいかよく聞け、私はサダム・フセイン大統領の護衛を務めている。これから君を大統領のところへ連れていく』

『何ですって？』冗談だと思った。

『これから君をサダム・フセイン大統領のところへ連れていく』相手は大真面目に繰り返した。『これから起こることすべて、大統領が君に言うことすべては口外無用だ』

耳を疑った。この省で数年間働いてきたが、大統領のために料理した人には会ったためしがない。どうしていきなり自分がそんなことになったのか？　わけがわからなかった。

サダムの家で見たものについては一切口外しないという誓約書に署名しなくてはならなかった。この誓約を破れば絞首刑に処せられると書いてあった。

すべてがあっという間の出来事だった。宮殿に入って十分もしないうちに、私はもうサダムの前に立っていた。

そういえば思い当たるふしがあった。半年前、上司から履歴書を書くように言われて、そこにこれまで一緒に働いたことのある人全員の名と家族全員の名を書かされたことがあったんだ。それに、これまで一度も有罪判決を受けたことがないという証明書を警察からもらってこなければならなかった。警察が父とアッバースのところへやって来て、私についてあれこれ尋ねた。私がどんな人物かを。酒に酔ってもめごとを起こしたりしないか、だれかを殴ったりしないか。外国人やクルド人、宗教的過激派との接触はないか、警察沙汰になったことはないか。最後に——客のだれかから食中毒を起こしたと訴えられたことはないか。警察は病院にも来た。私の友人たちにも話を聞いた。

当時はそれが普通だと思っていた。王族のために料理を作る以上、そういうことを訊かれて当然なのだと。あとで私が狂っていることが判明したりしないように。

だが私は当時すでにサダムの料理人になるべく仕組まれていた。何もかも何か月も前から入念に準備されていたのに、私だけが知らなかったんだ。サダムは不意打ちが好きだった。そのおかげで優位に立っていた。

でも当時はまだそんなことは知りもしなかった。その日、私は思いがけず大統領の前に立った。大統領は私を見た。

『おまえがアブー・アリか?』と訊かれた。
『はい、大統領閣下』私はつっかえながら答えた。
『よろしい。ティッカを作ってくれ』
私は一礼して厨房に向かった」

7

「厨房にはカーミル・ハンナーもついてきた。なんとハンナーの父親もサダムの料理人だったんだ。当時その父親はまだ働いていたが、引退の準備をしていて、私が引き継ぐことになっていた。引き継ぎは数か月後のはずだったんだが、大統領の別の料理人が病気になったので、私の身辺調査を終えたハンナーは、早めにこの仕事に就かせることにしたというわけだ。

彼はつきっきりで、この場所とサダムの下で働くことについて語って聞かせ、私はその間、**ティッカを作った。肉を一口大に切って塩胡椒し、シャシリクのように串に刺して直火にかける。**付け合わせにトマトとキュウリのサラダを作った。半時間後には全部できあがり、カーミルがそれをサダムのもとに運んでいった。二十分して戻ってきた。

『大統領がお呼びだ』と言われた。

自分の作った料理を食べたばかりの人と話すのは料理人にとって気まずいものだ。その人が国の大統領だったら? そりゃ二重に気まずい。

ところがサダムはご満悦だった。

『ありがとう、アブー・アリ、ありがとう。おまえは実に腕のいい料理人だ』ティッカはそう手の込んだ料理ではないけれども、褒めてくれた。

そして封筒を手渡された。中には五十ディナールが入っていた。いまなら百五十ドルくらいだろうか。

『私のために働くことに同意してくれるだろうね？』サダムはさらに尋ねた。

私は一礼し、ためらうことなくこう言った。

『もちろんです、大統領閣下』

サダムに逆らうことができただろうか？　わからない、でも試してみたくはなかった」

8

「そんなわけで私は、憧れのホテルで働く代わりに大統領の厨房に入ることになった。サダムが暮らしていた場所は農場と呼ばれていた。そこには官邸を建設中だったが、まだ例の豪奢な宮殿群の時代ではなかった。とても広い敷地で、本物の農場もあった。そこではティクリート出身者たちが鶏、山羊、羊、牛を飼っていた。肉屋のジャードと四人の助手が毎日、仔羊一頭と鶏を何羽かつぶして、おかげで厨房では新鮮な肉が手に入った。ナツメヤシが育ち、小さな菜園と小さな湖もあって、サダムがマスグーフを食べたがったときは、そこで魚を捕ったものだ。この料理が大好物だったよ。

とても気持ちのいい場所だったな。

料理人は六人いた——これまで働いた中では最小のチームだ。しかも、うち二人はサダムの妻サージダ——サダムの叔父ハイラッラー・タルファーフの娘——のために四六時中働いていた。ひとりはシャーキルという名で、前大統領バクルの時代に料理長を務めていた。サダムは彼を解雇しなかったものの、おそらく完全には信用していなかったんだろう、それでもうひとりの料理人ハビーブと一緒にファーストレディの料理を受け持っていた。二人の姿は数週間に一度しか見かけなかった。

サージダは自分の邸宅を持っていた。夫の浮気を疑っていたが、サダムは働きづめで、ほとんど家にいなかったから、実のところ何も知らなかった。そんなわけで夫に対していつも不機嫌だった。そして暇さえあれば世界中を旅して、買い物に明け暮れた。

私を含む残り四人の料理人が二交替制で働いた。一日仕事したら、次の日は休み。私と一緒に働いていたのはクルディスタン出身のキリスト教徒、マルクス・イーサーだ。カーミル・ハンナーは私をとても気に入って、しょっちゅう厨房にやって来た。私がティッカで手に入れたあの五十ディナールが偶然ではなかったことを、この二人から聞いた。サダムは機嫌がいいと、周りの者たちにも喜んでほしがる、そんなとき手当たり次第に金をばらまくんだ。君はそんな日に大統領の口に合うものを作ったんだろう？　だからプレゼントをもらったのさ。

マルクスと私はチップを公平に二人で分けた。私がいくらか受け取ったら、半分をマルクスに渡した。彼も同じようにした。

だからサダムのための仕事の大半は、機嫌のいい日を察して、その日に何か好物を作ることと、そうでない日は近づかないことだった。いや、サダムにひどい仕打ちをされるんじゃないかという不安はなかった。だが機嫌の悪いときに何か口に合わないものがあると、肉か魚の代金を管理部の窓口に返せと言いかねなかった。そういうことが実際に何度もあったんだ。たとえば何かを食べて、塩が利きすぎだと思うと、私を呼びつけた。

『アブー・アリ、ティッカにこんなに塩をかけたのはどこのどいつだ？』となじった。

あるいはオムレツに、あるいは好物のひとつ、オクラのスープに。料理は何でもかまわない。ともかく塩について訊くんだが、こっちが答える前に、腹を立ててこう言い放った。

『その分の代金を返せ。カーミル、こいつが五十ディナール支払うよう、しっかり見張っておけ』

たいていは言いがかりで、機嫌の悪い日に難癖をつけてくるんだ。でも代金は支払わないといけなかった。この件でマルクスと一緒に冗談を言ったりもしたな。厨房の電話が鳴って、どっちかが大統領のところへ行く羽目になると、マルクスは受話器を取る前に、『五十ディナーーーーール！』と叫んだもんだ。

だが数日後、サダムの機嫌が良くなると、私の給料から代金を差し引いたことを思い出して、カーミル・ハンナーにこう言った。

『今日はアブー・アリがすばらしいレンズ豆のスープを作ってくれた。塩加減がちょうどいい。この間差し引いた分を返してやれ、それにもう五十足してやりなさい』

この間のスープと今日のスープは何も違わなかったかもしれないが、サダムはそういう人だった。次に何を言いだすか、見当がつかなかった。差し引くときもあれば、返してくれるときもあった。月末にはいつも給料分を上回っていた。

年に二回、我々のためにイタリアで特別にあつらえた新しい服を一式受け取った。厨房用の作業着——エプロン、コック帽、ヘアキャップ——それと三つ揃いのスーツ二着ももらった。サダムは我々を連れて外国に行くこともあったから、見映えよくする必要があったんだ。年に一度、イタリアの仕立屋が宮殿にやって来て、サダムの下で働いていた全員の寸法を測った。その後、仕立屋のアトリエで我々の服が縫われ、飛行機で送られてきた。

それから年に一度——君はうらやましがるだろうね——サダムは我々ひとりひとりに新車を買ってくれた。毎年違う型だ。私は三菱も、ボルボも、シボレー・セレブリティも持っていたよ。その日、管理部が我々から古い車のキーを集めて、新しい車のキーをくれた。だれにも何も訊かれなかった。出勤して、退勤するときには、ガレージに新車があったんだ」

9

サダムの時代をよりよく理解するために、私はイスタンブール在住のイラク出身の医師、ハサン・ヤシンと会う。私たちは有名なイスティクラル通りにあるカフェのひとつに座っていて、ヤシンは私に一枚の写真を見せてくれる。写真の中で、七歳の少年だった彼がサダムに花束を手渡している。

「私の母校を訪問したんですよ」彼は回想する。「母が教頭をしていましてね。とても名誉なことで、一週間眠れませんでした。当時はまだサダムのことをあまりよく知らなかったんです。私にとってはテレビの中とお札の人でした」

ヤシンの母親は数年後、私的な会話でクウェートとの戦争を批判したため、サダム支持者の不興を買った。遠い親戚にあたる情報機関の士官が、逮捕のおそれがあると警告してくれたため、彼女は二人の息子と必需品を携えて、即座にトルコへ出国した。バアス党員でサダムの熱烈な信奉者の夫には知らせずに逃げたのだ。

「その後、父には一度も会っていません」ヤシンは言う。「私たちの逃亡を父が事前に知っていたのではないかと当局は疑っていました。どうやら父は大酒を飲むようになったらしい。数か月後、公式には自動車事故で死んだことになっていますが、私が思うに、イラクの情報機関に殺されたのでしょう」

「なぜサダムはこれほど高い地位に昇りつめたと思いますか？」

ヤシンはその説明を用意している。

「冷酷だったからです。彼はスターリンを手本にしていて、スターリンの伝記を読むのが好きでした。チェスプレーヤーのように、つねに数手先を考えていた。政界に入ってからは、半歩たりとも退いたことはありません」

サダムは残忍なことでも有名だった。バアス党は彼を治安機関の長に任命した。サダムは政敵の拷問と党内の粛清の両方を担当した。伝記作家の書くところによると、サダムは石を詰めたゴムホースで囚人を殴打した。あるいは囚人の肛門にガラス瓶を突き刺し、蹴ってその瓶を割ったという。

「父はサダムの機関について最大限の敬意をこめて評していました」ハサン・ヤシンは言う。

独裁者が設立した秘密警察はジハーズ・ハニーン、〈憧れの機関〉と呼ばれた。そのメンバー全員が、サダムの一族であるティクリーティーの者たちから採用されていた。

「そうやって自分に対する忠誠を確保したわけです」私の話し相手は説明する。「イラクにおいて一族とは神聖なものです。サダムは拷問に携わっていましたが、同時に気づかれないようこっそり党内で地位を築いていた。これもスターリンから学んだことで、スターリンは周囲にひけらかすことなく、強大な権力をみずからの手に集中させることができた。レーニンの死後、スターリンにはトロツキーよりも強い権力があるとわかったとき、多くの人が驚いた。サダムもこれと同じ策略を用いました。人々がサダムの影響力に気づいた頃には、彼を妨げるには遅すぎたのです」

一九六八年、バアス党は党史上二度目に政権を獲得した。大統領になったのは、サダムの遠い親戚、アフマド・ハサン・バクルだった。当時弱冠三十歳のサダムがイラクの副大統領になった。彼はずっと粛清を担当していた。一九六九年にはイラクのユダヤ人数十人が殺された。同年、軍は暴力的にクルド人に片をつけた（まさにそのとき、のちにサダムの料理人となるアブー・アリが軍務に就いていた）。

一九七〇年から七二年までサダムはシーア派と戦った。

一九七四年、粛清は共産主義者ならびにその他の――多かれ少なかれ本物の――バアス党の敵にまで及んだ。

サダムは殺害したり拷問したりするだけではなかった。「満腹は革命を起こさない」というモットーを心に刻み、バアス党を転覆させようと思わない程度にイラク人の腹をいかにして満たすかについて思案した。彼はイラク産の原油をすべて国有化することにした。それ以来、原油採掘から得られる金は、これまでのように西側の企業集団《コンツェルン》に行くのではなく、イラク人めいめいの懐に入るようになった。

「糖尿病病みのアフマド・ハサン・バクル大統領はもはや単なるお飾りにすぎなかった」ハサン・ヤ

シンは言う。
一九七七年、サダムは軍の幹部を自分の支持者にすげ替えた。
二年後、全権を掌握した。

10

「私がサダムの下で働きはじめたときはイランと戦争中だった。私たちはしばしば最前線に行った。サダムは普通の軍用車両に乗っていて、前線近くのどこかで一泊したいときはキャンピングカーで寝た。贅沢なんて論外だったよ。

　こうした遠出で私は軍隊時代を思い出した。朝、仕事場に着くと、だれかが――たいていはカーミル・ハンナーが――こう言った。『荷作りしろ、戦争に行くぞ』それで私は荷作りをした。出発までに一時間かそこらあれば、現地でやることが少なくて済むよう、一部下ごしらえをしておいた。現場では野戦厨房で調理したが、これは普段よりずっと難しいからね。せめて米くらいは炊いておこうとした。

　現地に着いて、車から降りると、サダムは兵士たちを訪ね歩いたが、私は少し離れたところに野戦厨房を設置して、先に手をつけていた作業を終わらせた。あるいは火をおこして、ティッカかコフタか魚を焼いた。

　大統領はいかに自分が兵士たちを気にかけているかを示そうとするあまり、みずから料理をふるまうほどだった。私があらかじめ鍋一杯の米にあらかた火を通しておいた。野戦厨房を設置すると、大統領がその米を最後まで炊き上げ、それからやはり私が作っておいたソースをかける手筈になっていた。ところがサダムはいつも、こっちで将校とおしゃべりを始めたかと思えば、あっちで写真用にポーズをとる――写真を撮られるのが大好きでね――という具合で、しょっちゅう米を焦げつかせた。ひっきりなしに何かしゃべりながら、鍋に塩を一キロ全部振り入れてしまったこともあったな。それからその焦げたり塩を入れすぎたりした米を兵士たちによそった。兵士はそれを食べないといけなかった。なにしろ大統領みずから調理してくださったんだから。

　こうした旅用の特別な鍋があってね。大きくて、底が分厚くて、米が焦げつかないようになっているんだが、それでも数回ごとに交換しなければならなかった。

　サダムが真っすぐ前線に向かう場合、私は数キロ手前で降ろされ、そこで調理した。準備が終わると、またもや、軍隊にいたときみたいに車で食べ物を運んだ。

　危険なこともよくあったな。あるときサダムは十数時間前に小競り合いに勝った部隊を訪ねた。突然、思いがけずイラン軍が反撃を始めたんだ。ホメイニは、たとえこれまで信者でなくても、たとえイスラームの教えにまったく従っていなかったとしても、戦争で死ねばだれでも天国に行けると兵士たちに吹き込んでいた。それで奴らは必死に攻撃してきた。なにしろイラクに激怒していたし、戦いの最中に死ねば天国で目覚めると信じていたからね。雄叫びをあげ、闇雲に走ってきた。

　こっちはみんなパニックに陥った。一部の兵士は銃撃を始めたが、なかには――恥ずかしながら――私も含め、逃げ出す者もいた。私は鍋を放り出して走った。みんなその場で撃ち殺されるんだと思った。

　今日、サダムについてはいろんなことが言われている。たとえば、臆病者だったとか。兵士として従軍したことはなく、つねに他人を戦地に送るだけだったとか。

でも私は、私を含む全員が逃げ出したときのサダムを見たんだ。

彼は踏みとどまっていた。

危険が去るや、私は頭を垂れて戻った。サダムは私が最後に目にしたのと同じところに立って、兵士らと戦況について話し合っていた。私や逃げ出した他の兵士には目もくれなかった。そのうちの幾人かはあとで銃殺されたらしい。本当かどうかは知らない。私はお咎めなしだった。そこで鍋を元に戻した。火はまだくすぶっていたが、米はすべて地面にぶちまけられていた。最初から炊き直さなくてはならなかった。

何が起きたかをマルクスに話すと、彼は肩をすくめた。『おまえはとてもよくやったよ、アブー・アリ。おまえは大統領を救うためにいるんじゃない。そのためにボディーガードがいる。我々の任務は調理だ。もしおまえが何か別のことをしようとしていたら、へまをしたかもな』

彼の言うとおりだった」

11

「大統領のために働きはじめてすぐ、サージダ夫人と知り合った。もう話したように、この夫婦はずっと不仲で、サージダはどちらかというと夫を避けていた。だがサダムは私に、好物のティクリート風魚のスープの作り方を覚えさせようとした。サージダは実家で子供時代に食べていたのとまったく同じように、このスープを作ることができた。

それで彼女が農場にやって来て、用意すべき材料を教えてくれた。それから厨房に来ると、一緒に鍋の前に立ったんだ。

これはティクリートの人たちだけが知っている珍しいスープだ。あとにも先にもこんなのは味わったことがない。サダムがそれを『泥棒の魚スープ』と呼んだのは、ティクリートの泥棒たちがよく作っていたからという話だ。このスープには特に脂の多いガッターンという魚を使うが、鮭や鯉など他の魚でも作れる。

魚は二センチ幅に切って小麦粉をまぶしておく。鍋底に玉ねぎと油を少し入れる。玉ねぎを炒めて、その上に魚を並べる。パセリを振りかける。その上にトマトを並べる。その上に干しアンズを並べる。その上にまたトマト。また魚。アーモンド。また魚。

重ねる順番はどうでもいいが、重要なのは、いちばん下に必ず玉ねぎを敷くことだ。そしてスープにはニンニク、パセリ、アーモンド、アンズ、トマトを入れること。レーズンを少し加えてもいい。

最初は魚と野菜から水分が出てくるまで待つ。シューッという音がしたら、水気がもうないということなので、ひたひたになるくらいまで熱湯を注ぐ。その後、さらに十五分か二十分煮込む。最後にほんの少しターメリックを加えてもいい。

このスープの作り方を私はサージダに教わった。

今日サダム・フセインの好きだったやり方でこのスープを作れるのは、サージダを除けば世界で私ひとりしかいない。

いまや君が三人目だ」

12

「サダムの重要なボディーガードと役人は全員ティクリート出身だった。宮殿のために買い物をしていた人たちも。サダムがイラクのさまざまな都市を回る際にときどき連れていった舞踊団も。全員ティクリート出身で、大部分は近かろうが遠かろうがサダムの親戚だった。

ティクリート出身者《ティクリーティー》以外では、サダムはキリスト教徒も信頼していた。そんなわけで、厨房で働いていたのは私以外みんなキリスト教徒で、主にイラク北部、クルディスタン出身者だった。私は唯一のイスラーム教徒で、そのうえティクリートとは何の縁もないのに、サダム・フセインのために料理を作っていた。たぶん本当に腕のいい料理人なのかもしれないな、だってあそこで私を雇う理由が他に見つからないから。ティクリーティーの連中は皆、到底善人とは言えなかった。サダムのボディーガードを憶えている。ハビーブ、サアド、ナーセル、アブドゥッラー、ラファト、アフメド、イスマ、ハージ、アクラム、サーリム。秘書のアブド・アフムドを憶えている。このうちのだれとも、暗くなってから会いたいとは思わないね。

　ボディーガードには専用の厨房があった。私たちはそこを十四番と呼んでいた。というのもその番号でそこの料理人に電話をかけていたからね。でもときどき何か作ってくれと向こうから頼まれることもあった。

私は断らざるを得なかった。大統領の料理人は大統領の料理人だ——私は国家元首とその家族や来賓のために料理をすることになっているのであって、ボディーガードやそれ以外の使用人のためではなかった。君が大統領のパンツを穿いたり、大統領の靴を履いたりしないように、大統領の車を運転したりしないように、大統領の料理人が作ったものを食べることもない。そういう原則だった。とはいえ、ときたま私が何かうまいものを作ったと聞きつけると、自分たちにもくれとせがんだ。だれにも口外しやしないし、俺たちは互いに支え合うべきじゃないか、とね。

だが私は頑固だった。原則は原則だ。

すると連中は怒って悪態をついた。私にはわかっていた、そういう人たちとは仲良くなれないし、信頼することもできないってね。

サダムの息子、ウダイとクサイもひどいもので、特にウダイはひどかった。あるときウダイが街中を車で走っていると、兵士と手をつないで歩いている娘が目に入った。彼は車を停めてその娘を誘拐し、兵士の方はボディーガードが連行した。ウダイはこの娘を好きなようにし、娘は直後に自殺した。婚約者は射殺された。

ウダイは素手で人を殺せた。配下の者が気に入らないことをしたとき、みずから殴った——たいていは金属棒で足の裏を。たとえば彼の料理人のひとりがそういう目に遭った。私の知っている男だ。ウダイはそいつの作った料理が口に合わないと言って、意識不明になるまで殴りつけたんだ。

フセインのふたりの息子は私たちのいる宮殿によく来ていた。ウダイは私に出くわすたびに、もし親父がおまえらを保護していなければ、全員殺してやるんだがという例の目つきでこっちを見たものだ。

ティクリーティーの一族全員のうち唯一善良な人物がサダムだった。ああいう連中の間で彼はどうやって生き延びたんだろうね」

13

アブー・アリが数日間忙しいので、私は勇気を出してイラク南部を見に出かける。ガイドとしてサイフが同行する。サイフはバスラ近郊出身の二十歳、流行りの顎ひげ、流行の最先端の髪型で、タトゥーアーティストをして生計を立てている、本物のバグダードのいかした若者だが、しかし——他のいかした若者と同じく——そのことを訊かれると強く否定する。

「バグダードでは、たしかにときどき爆弾が爆発するかもしれないけど、南部は安全ですよ。何も起こりゃしません。バスラに彼女がいたんで、週に二度会いに行ってたんです」

つねに用心深いハサンでさえ、たしかに南部は安全なはずだと言っている。

それじゃ行くとしよう。

黄色い乗り合いタクシーが我々を乗せてバグダードから料理人アブー・アリの生まれた都市ヒッラへと運ぶ。そこでは古代都市バビロンの遺跡を見ることができる。運転手は灰色のセーターに黒の合皮ジャケットを着ている。季節は冬、イラクの気温は十五度を下回り、ここではだれもが凍えている。

「こちらさんのお仕事は？」運転手はサイフに尋ねると同時に、ヒマワリの種のかすを窓からぺっと吐き出す。

それでサイフは、私がサダム・フセインの料理人を取材していて、サダムが追われた後、戦後のイラクの様子を見たがっているのだと説明する。

「俺は新たなサダムの到来を待っている、とこちらさんに言ってくれ」運転手は再び窓からぺっと吐き出す。「それまで生き延びられるといいんだが」と付け加え、他のふたりの乗客は同意のしるしにうなずく。

「なぜです？」私は驚く。

「もし彼が生きていたら、アイシス・クソシスなんかなかっただろうよ」運転手はきっとＩＳＩＳ、いわゆる過激派組織イスラミック・ステートのことを言っていて、その領土は、私たちが会話している時点で、ここから約二百キロ先で始まる。「サダムの時代には悪党は皆すぐに刑務所行きだった。いまみたいに滅茶苦茶じゃなかった。サダムが生きていたときはだれもが、あいつは俺たちを戦争に送っておきながら自分は宮殿を建てていると言っていた。俺もイラン戦争に行った。まだ十八歳でね。手を撃たれもしたよ」

そして運転手は傷跡を見せる。弾はここから入って、ここから出た。よく見えるよう、ちょっとの間ハンドルから手を放すが、ほぼ時速百キロでそれはいささか危険に思える。幸い、すぐにもう一方の手でハンドルをつかむ。

私は反論を試みる。だって本や新聞によると、サダムは残忍な独裁者で、イラク国民を殺したり拷問したりしたというではないか。だが運転手は片手を振って、またもや窓からぺっと吐き出す――まるで私と会話しても無意味だと言わんばかりに。

他のふたりの乗客が運転手に助け船を出す。どちらも六十代だ。

「私の若い頃、サダムが政権の座についていたときは、バグダードの若い娘の半分がミニスカートを穿いていたもんだ」電力技術者と自己紹介したひとりが言う。「我々はヨーロッパにいるみたいに暮らしていた。だがいまじゃどうだ？　半数は全身を覆うイスラームの服を着ている。ミニスカートを穿いてる女なんかひとりもいやしない。ものすごく残念だ。若い女の脚を見たいときはインターネットで検索しなくちゃならない」口髭の下でかすかににたっとする。おそらくネットで見つけた脚のことを考えているのだ。

「我々はムッラーたち〔ここではイランのシーア派イスラーム主義者を指す〕に支配されている」もうひとりの乗客、橋梁技師が言う。

「我々は戦争でイランと戦ったのに、いまやイランのシーア派が我が国の政府を選んでいる」運転手は窓の外を眺めるのをやめ、会話に戻る。「アメリカは戦争であれだけ多くのことを成し遂げたのに。今日イラクを支配しているのは、アメリカの敵であるイランだ」

私はまた反論を試みるが、我がバグダードのいかした若者、サイフが突然声を上げる。

「わかってないな！」サイフは興奮する。「僕の父はサダムの時代には将校だった。そして無論、大統領か息子のだれかの不興を買えば、ひどい目に遭った。でもイラクみたいな国は強権でしか統治できないんだ。でないと何もかも滅茶苦茶になってしまう。いまみたいにね」

サダムを思い出す年でもないこの二十歳の青年が、なぜこれほどサダムを愛しているのか、ふたりの技師と運転手はびっくりする。その先の道中、私たちは無言だ。ふたりの技師は居眠りしている。ただ運転手がヒマワリの種のかすを吐き出す合間にサイフにこう尋ねる。

「で、親父さんはいま何をしているんだい？」

「あなたと同じタクシー運転手です」

「親父さんを尊敬すると伝えてくれ」

14

「サダムは朝食にはたいてい卵、魚かスープ――レンズ豆かオクラの――を食べていたな。

昼食にはいつも六、七品か八品のいろんな料理を作った。スープが二種、鶏か魚かグリル料理が二種。つねにどれか選べるようにした。

週に一度は夕食にマスグーフを出した。その魚の炭火焼きが大好物だったんだ。数日間出ないと、カーミル・ハンナーを介して、いつ出せるかと尋ねてきたものだ。

サダムが厨房に立ち寄るのは日の出から日没まで断食していたラマダンの間だけだった。空腹に耐えかねて、機嫌を直したいときに立ち寄るんだ。だがそれは例外だった。

サダムに給仕する前に、カーミル・ハンナーが毒見した。カーミルがいないときは、我々料理人のだれかが試食するよう命じられた。ワインやウィスキー、サダムのお気に入りだったキューバの葉巻といった外国からの贈り物も、何らかの毒物検査を受けていたらしい。ボディーガードがそういったものをどこかの研究所に運んでいたようだが、詳しいことは知らない。

厨房用の買い出しはもっぱらボディーガードが、それも最も信頼できるボディーガードがした。農場で何か足りなかったら、彼らがスークかどこか信頼できる場所へ出かけた。でもどこでどのようにそうした買い物がされたのか、我々料理人は知らなかった。

万一に備えて、つねに食品のサンプルを冷蔵庫に保管しておかねばならなかった。

サダムは驚くほど丈夫だったよ。私が農場にいる間、体調を崩したのは一度だけだ。あまりに珍しい出来事だったので、その夜、万一に備えて我々は全員逮捕され、毒物を持っていないかどうか情報機関に調べられた。

毎年私たちはティクリートかバグダード近郊のどこかへ出かけ、サダムはティグリス川を泳いで渡った。ティグリス川はとても川幅が広くて流れが速い。

クウェート侵攻後のある年、あれはサダムではなく影武者だという噂をアメリカ人が広めはじめた。ティグリス川を泳いで渡るにはサダムは年を取りすぎているというのだ。で、彼がどうしたか知ってるか？　数週間後、サダムはジャーナリストや外交官をティクリート近郊に招いた。みずから姿を現し、演説したので、それが間違いなく本人だと全員にわかった。それから川に入ると、泳いで向こう岸に渡り、また泳いでこちらに戻ってきた。

そしていいかい？　彼らは、川の真ん中にモーター付きの見えないデッキがあって、それがサダムを引っ張っていたのだと言いはじめた。知ってのとおり、だれかが単に健康で毎日運動していて丈夫なのだと納得してもらうことは不可能だ。なにしろサダムの所有する宮殿にはそれぞれプールがあってね。朝食前に泳いでいたものだよ。毎日。

彼のために料理を作り、長年にわたって一日おきに姿を見ていたが、病気だったり元気がなかったりしたのを直接見たことは一度もなかったな。機嫌が悪いときは――あったよ、何度も。だが病気だったことは――一度もない」

15

「サダムと共にモロッコ、ヨルダン、ソ連など多くの国に行った。モスクワではゴルバチョフのところにも行ったよ。彼らは武器の話をした。イランとの戦争が続いていたからね。

ソヴィエト連邦では料理人でさえ超大国の料理人然として振る舞っていたな。私たちはみんな一緒に一台の大きなガスコンロで調理したんだが、連中はしょっちゅう我々の鍋を押しのけた。そんな必要はなかったし、スペースは全員に十分あったのに、連中はそんなふうだった。彼らの国は政治の世界で他国を押しのけ、連中は厨房でよそ者を押しのけていた。連中は自分たちの鍋を動かし、我々の鍋に割り振られていた場所――と火――を占領したんだ。

もちろん、連中がそうするやいなや近づいていって自分の鍋を元に戻した。しばらくするとロシア人の料理人のだれかが、何かぶつぶつ言いながら、またもや自分たちの鍋を我々のコンロの上にずらしてくる。きっと我々を罵っていたんだろう、わからん、ロシア語は知らないんだ。

そんなゲームが数時間続いた。

そのとき思ったよ、戦争はまさにこうして起こるんだって。どちらの側も自分の鍋を火に近づけたがっているんだな」

16

「サダムがカーミル・ハンナーを気に入っていた理由は、ひとえにカーミルが女を連れてきてくれたからだ。だって大統領みずから見知らぬ女に近づいていって、あなたに興味があります、とは言えないじゃないか。カーミルは大統領の好みをよく知っていてね、バグダードの人も大勢知っていたから、ときどき農場にどこかのご婦人を連れてくることがあって、大統領はくつろいだ雰囲気でその女と話すことができた。

何をしたかって？　勘弁してくれ。あんたにはもうかなりしゃべりすぎている。

ある日カーミルはサダムにサミーラ・シャーフバンダルという女を紹介した。実はサミーラは既婚者だったが、それはサダムにも彼女にも障害とはならなかった。

ふたりは互いにとても惹かれた。サミーラは毎日のように農場を訪れるようになってね。サダムはどこへ行くにも彼女を連れていった。こうしたことはすべて第一夫人のサージダには極秘で行われた。数か月後、サダムがサミーラと最初の夫を離婚させたときも、その後彼女と結婚したときも、サージダは蚊帳の外だった。サージダは、サダムがなにかと世話になった叔父の娘だった。サージダの弟アドナーンは国防大臣で、イランとの戦争の英雄だった。サダムはどちらの関係も台無しにしたくなかったんだ。

サミーラは、数十年前にペルシャ、つまりイランからイラクにやって来た高貴なバグダードの一家の出身だった。その間、一家はほぼ全財産を失い、サミーラが幼い頃は貧しい暮らしをしていた。両親の献身的な努力のおかげで彼女は学校を終え、その後大学を卒業した。医師として不自由なく暮らせるようになると、彼女は両親に食料や家庭用品や衣類を買ってやった。

のちに大統領夫人になっても、サミーラは相変わらず貧しい娘のように振る舞っていた。ときどき夕方になると我々のところにやって来て、何か残り物はないかと尋ね、見せてやると、すべて容器に詰め、運転手に持たせて両親に届けさせた。

これを知ったサダムは怒り狂った。彼はサミーラの家族にとてもよくしていた。両親には新居を買ってやった。兄弟姉妹には、我々にしたみたいに毎年新車を贈った。手元不如意にならないよう気を配っていたんだ。サミーラの最初の結婚で生まれた三人の子は農場で暮らし、サダムはその子たちの学費を出した。

もっと言うと、サミーラの元夫が病気になったとき、サダムは我々に料理を作らせて、運転手のひとりに毎日料理を届けさせたんだ。想像できるかい？

サミーラには農場から食べ物をもらって両親に送り届ける理由なんかなかった。単にかつての貧乏暮らしが染みついていて、ほかのやり方を知らなかったんだ。サダムはひどく腹を立てた。『大統領夫人らしく振る舞え！　何か足りなければ言いなさい、買ってやるから！』と叱りつけていた。

サミーラは泣き、サダムは怒鳴り続けた。

そういう喧嘩の後は数日間、ときに数週間もサミーラは厨房に姿を見せなかった。でもあの習慣は彼女より強かった。なにしろサダムがいなくなると、またしてもやって来て、残り物はないかと尋ねた。そしてまたもや何もかも容器に詰めて、両親に届けるよう運転手に命じたんだ」

17

バグダードのいかした若者、サイフと共に私はヒッラを、というかその都市に隣り合う古代バビロンの遺跡を訪れる。アレクサンドロス大王が亡くなったとされる場所で記念写真を自撮りする。イシュタル門の遺跡とそれを守る神々の珍しい姿も撮影する。バビロンは我々の文明が生まれた場所のひとつだが、長年ユネスコの世界遺産リストに登録しようとしてはうまくいかない。何もかもサダムのせいだ。この種の遺跡に適用されるあらゆる規則に反して、修復を命じたのだ。彼は城壁を再建し、あちこちに自分の名を書いた煉瓦を嵌め込んだ。

バビロンを見た後は、シーア派の最も聖なる都市であるナジャフに行くつもりだ。そこには預言者ムハンマドの義理の息子であるイマーム・アリーが埋葬されている。だがサイフは反対する。

「いったい何だってあんなところに行きたいんだ?」と驚く。「バスラに行こうぜ。あそこにはすてきな女たちがいる。それにいい売春宿もある、あんたの国から来た女の子たちだっているかもしれないぜ」と空想にふける。

だが私は、すてきな女たちがいる売春宿よりナジャフがいいと言い張る。サイフは恥じ入って自分のいかしたバックパックに荷物を詰め、私に同行する。タクシー、二か所の検問所、中心街の安ホテル。そこで生のザクロジュースを一杯ずつ飲み干し、数時間後、私たちはシーア派にとって（メッカに次いで）二番目に神聖な場所に到着する。

アリーの墓がある場所に立つモスクは珠玉の建築だ。モザイク、金めっき、装飾、珍しい模様の豊かさは息をのむほど。世界中の信者が聖人を敬い、祈りの言葉を口にしながら墓の周りを回る様子を私たちは眺める。私は彼らと一緒に歩く。世界の平和を祈る。もし天のどこかにアッラーがいるなら、もし預言者アリーがいるなら、私の祈りを聞き届けてくれるかもしれない。

マグレブ諸国の誇り高く背の高いベルベル人からキルギスの小柄な斜視のじいさんまで、だれもがここにいる。数分おきに、たいてい数枚の板で急ごしらえした棺も運ばれてきて、アリーの墓の周りを回る。シーア派の人々は死後もアリーの祝福を望んでいるのだ。そしてできるだけ彼の近くに葬られたがる――ナジャフの墓地は世界最大のネクロポリスだ。

サイフと私が英語で話しているのを耳にしたモスクの警備員のひとりが、不思議そうに私たちに近づいてきて、どこから来たかと尋ねる。この機会を利用して、この聖地で働くのはどうですかと尋ねてみる。

「最悪なのは爆弾テロの後だね」と彼は言う。「ここに腕や脚や胴体が運ばれてきて、全部まとめていくつかの棺に投げ入れられる。みんな泣き叫んで大混乱になる。とても憂鬱だよ」

「サダム時代の生活はどうでしたか？」と私は尋ねる。

「ああ、ひどいもんだ」警備員は長くて濃い顎ひげに指を突っ込んだ。まるでそうすると二十年以上前の記憶を呼び戻すのに役立つとでもいうかのように。「サダムはスンニ派で、我々シーア派を敵視していた。一九八〇年にイランとの戦争が始まると、何か悪いことが起こるたびに我々が疑われた」

「アーヤトッラー・ホメイニもシーア派だった。皇帝《シャー》にイランから追放されたとき、彼はここに十数年間住んでいた」サイフが付け加える。「サダムについに国外追放されたんだ。その直後イランで革命が勃発し、ホメイニは国家元首となった」

「サイフ、どうしてそんなこと知ってるんだい？」私はいかした若者の友人に尋ねる。数時間前まで宗教にはおよそ関心がなさそうだったのに、突如シーア派の専門家になったのだ。

「昔はイマームになりたかったんだ」サイフは白状する。知り合ってから初めてどぎまぎしている。赤面しているようだ。

ホメイニは自分をナジャフから追放したサダムを断じて許さなかった。政権の座につくとホメイニはイラク政府と戦おうとする人々に資金を提供しはじめた。地元のシーア派を扇動し、クルド人に武器を買い与えた。

ホメイニの活動に対する報復として、一九八〇年夏、イラク軍はイランを攻撃した。イラクの司令官たちは、隣国は混乱に陥っているから、数週間もあれば制圧できると思い込んでいた。ただしサダムは、軍事経験こそなかったものの、すべての決定をみずから下すつもりだった。イラク人の心をつかむようなカリスマ的な将軍を恐れていたため、万一に備えて、たびたび司令官を入れ替えた。サダムはテヘランに通じる道が自分の軍隊のために開かれた瞬間を見逃した。イラン人は防衛の構えを取り、戦争は早期に決着がつかず、一メートルの土地を奪取するのに何年もかかる困難な戦いへと変わった。

ホメイニ革命に怯えたほぼ全世界がサダムを支持した。武器と教官が、アメリカからも西欧からもソヴィエト連邦からもイラクに投入された。冷戦時代には異例のことだった。

当初、サダムはイラク人に対して父親らしい顔を見せた。戦死した兵士の妻や母親を個別に訪れ、法外な恩給を支払い、車を買ってやった。

しかし紛争が長引けば長引くほど、忍耐を失い、とりわけイラン人が数回続けて講和条約締結を拒否したときはそうなった。司令官らは大統領の決定を何時間も待ったが、サダムは決断を下すことができなかった。脱走しようとした者はだれでも死刑に処せられた。

双方に百万人以上の死者を出した戦争は、どちらにも勝利をもたらさなかった。

18

「どうしてそんなことがあり得るのかわからないが、サダムの第一夫人サージダは長い間サミーラのことを知らなかった。サダムは自分に仕えた人々に対して非常に忠実だった——どうやら我々全員が同じ忠誠心で彼に報いていたらしい。

だがそれが永遠に続くはずはなく、ついにバレた。そしてロマンスと結婚は別物だ。イスラームの教えはそれを認めるが、サージダは激怒した。彼女は一切農場に来なくなった。ウダイとクサイも姿を消した。

どうやら——確かなことは知らないが、当時はだれもがそう言っていた——サージダの兄弟もサダムに反対らしかった。サダムが大統領職に就けたのはサダム個人の功績ではなく、ティクリーティーの者たち全員の功績だと考えていたんだ。サージダはその一員だが、サミーラはそうじゃない。彼らはサミーラとの結婚を裏切りと見なした。

そしてイラクで裏切りは許されない。

サダムはホメイニとも、自分の家族とも戦わなければならなかった」

19

「サダムとサミーラの結婚が公になってほどなく、カーミル・ハンナーは自宅で酔っぱらい、ふざけて空中に向けて発砲しはじめた。数百メートル先にはウダイ邸があった。ウダイはボディーガードをやって、やめるように言った。

ボディーガードの言うことを聞かず、ハンナーは発砲しつづけた。ウダイに嫌がらせをしたかったんだろうか？　ふたりは互いを嫌っていた。そのうえハンナーがサダムに女を連れてきていたことは周知の事実だった。ウダイは、自分こそ女好きだったくせに、この件では母親の味方だった。それともハンナーは泥酔するあまり自分が何をしているのか理解できなかったんだろうか？　わからない。

腹を立てたウダイはハンナーの家に車で乗りつけた。そして金属棒を手にしてハンナーの車をたたき壊しはじめた。ハンナーが外に走り出てくるや、激怒したウダイは力いっぱい相手の頭を棒で殴りつけたんだ。

それまでサダムが泣くところを一度だって見たことがなかった。でも葬儀のとき教会で――というのもハンナーはキリスト教徒だったから――棺のそばに立つ彼の頰を伝う涙をこの目で見た。彼の友人、サダムにとってとりわけ大切な人が死んだ。それも息子の手で殺されたのだ。

農場にいた我々にとってカーミル・ハンナーの死は衝撃的な体験だった。ハンナーは親切で善良な男で、サダムも、私たちも皆、彼を愛していた。

サダムはウダイを刑務所に入れ、狭い独房に閉じ込めるよう命じ、だれであれ面会を禁じた。その後みずからウダイのところに行き、素手で息子を殺しかけたという話だ。

だが息子への愛情が勝り、数か月後にはもう釈放してやった。サダムは息子にしばらく国を出るよう命じたが、ウダイが名誉を回復することはわかりきっていた。案の定ウダイは返り咲いた。その後何度も彼を見かけた」

20

「我々イラク人はイランと和平を結んだが、あいにく戦争のない時代は長くは続かなかった。クウェートは我々が弱って戦債を抱えているのを利用して、原油を他の国々に本来の価格よりはるかに安く売りはじめた。

サダムはクウェートと話し合おうとした。我々アラブ人は互いに支え合うべきだと説得しようとしたのだ。

だが無理だった。

ある日、いつものように仕事場に着いてテレビをつけると、我が国の戦車がまたどこかへ戦争をしに行くというじゃないか。事前に準備について一切知らなかったなんてことがあるのかってあんたは訊くんだね。当然さ、何の不思議もない。料理人は政治をするためにいるんじゃない。大統領が料理人に戦争を始められるかどうか尋ねるような国なんかない。

　当時だれもが言ってたことだが、侵攻はアメリカとの合意の上だった。だから、ブッシュ老大統領が憤慨しはじめたとき、サダムはむかっときた。イランとの戦争ではすべての国が我々に味方した。だから今回も目をつぶってくれると思っていたんだ。

　サダムは間違っていた。

　アメリカは本当にクウェートの側につき、我が国の軍隊は撤退せざるを得なかった。その後ブッシュがイラクへの侵攻を開始すると、事態は危険になりはじめた。私は何週間もサダムの姿を見なかった。でもバグダード市内にいることはわかっていた。彼は街の中心部や郊外にあるいろんな家やアパートに隠れていたんだ。アメリカ軍は首都に踏み込んで、彼を殺そうとしているようだった。

　厨房からの眺めも大きく変わった。我々はいつもと変わらず料理を作っていたが、サダムは家で食事を取らなかった。ボディーガードのだれかが毎日やって来ては食事を運んでいった。

だが、毎回違う場所に連れていかれ、そこで料理を作るよう言われる日もあった。その後アメリカ軍がバグダードに近づいて爆撃を始めると、我々はアマリヤ地区に移動させられた。そこに借りた家で我々は料理を作り、またもやだれかがそれを受け取ってサダムに運んだ。私は数か月間、大統領の姿を見なかった。

　その後アメリカ軍は撤退した。制裁は続いた。

制裁のせいでサダムの食事は悪くなった、イラクでは多くの物が買えなくなったからだと言う人もいる。でもそれは嘘だ。彼は前と同じものを食べていた。サダムは外国からの輸入食品を口にしなかった。もっぱらイラクの食材だけを使ったイラク料理だけを食べていたんだ。イラクには世界一の米があるのに、なぜ輸入米を食べなくちゃいけない？　ナジャフ周辺で育つアンバー種は、アジアで買えるどの米よりも品質がいい。

我々は国外で何を買えばいい？　肉？　想像もつかないね。我々の肉屋が毎日生きた山羊や羊をサダムのためにつぶしていたんだから。魚？　最高の魚は我が国にいる。サダムの好物マスグーフはイラクでしか見られない種類だ。

大統領は魚、炭火焼き料理、スープ、ケバブ、シャワルマが大好物だった。オクラのスープ、ズッキーニのスープ、レンズ豆のスープが好きだった。どれもイラクで穫れるものばかりだ。それどころか我々の農場で、我々のすぐ目と鼻の先で育てていた。制裁がここで何かを変えることができたか？

制裁で最も打撃を喰らったのは一般のイラク人だ。彼らは以前と同じだけの収入が得られなくなった。こうした不当な制裁の重荷を今日まで感じているのは彼らなんだ」

21

中東の専門家の意見は一致している。アメリカは一九九一年にはすでにイラク大統領を難なく倒すことができたはずだ。彼らは、サダムに反旗を翻したシーア派とクルド人を含め、国の四分の三の支持を得ていた。

だがアメリカ軍はサダムを倒さずに去ったため、サダムは無慈悲に報復した。マジード将軍は、クルド人に対して化学兵器を使用し、数万人を殺害した。美しく豊かな国だったイラクは廃墟と化した。イラク国民が飢えていたとき、大統領は宮殿建設の壮大な計画を開始した。最高の建築家、最高の室内装飾家、最高の画家や彫刻家がこの事業に登用された。全国各地に数十の宮殿が建てられた。それらは、イラクに経済戦争を布告した世界に対して中指を立ててみせる行為となるはずだった。

私は古代バビロンの遺跡に隣接した都市ヒッラにあるそうした宮殿のひとつを、タトゥーアーティストのサイフと共に訪れている。宮殿から運び出せるものはすべて、とうの昔に地元住民の家々に持ち出されていたが、それでもふんだんな装飾には瞠目させられる。入口から高価なモザイクで飾られ、床と壁は大理石で覆われている。庭のオレンジの木々の間には、ティグリス川を望めるプールがあった——サダムの宮殿のどれもがそんなふうでなければならなかった。

二階に上がると、ポーランド人がジョージ・H・W・ブッシュの恥ずべきイラク連合に参加した際の思いがけない記念品が待ち受けている。壁全体がポーランド人の男女の名を書いたハートで覆われているのだ。スワヴェクはマルタを愛してる、ヤツェクはイロナを愛してる、ズビシェクはマジェナを愛してる。次の部屋では壁の半分に〈クリスマス・チャリティー大オーケストラ〉のハート型ステッカーがびっしり貼られている——イラクのポーランド兵も新生児用医療設備を買うための募金集めをしていたのだ。

私たちが宮殿を訪れている間、ムハンマドという名の男が近づいてくる。顔の皮膚は天然痘のあばただらけ、鼻の下にたくわえた小生意気な口髭のせいで、いささか若く見える。

「この宮殿で守衛として働いていたんだ」と言い、口髭の下で笑う。

それから、ほんの少し喜捨《バクシーシ》してくれたら喜んで案内するよと付け加える。それで、厨房を見つけるのを手伝ってくれないかと頼む。そして——できたら——ここで働いていた料理人を見つけるのも。

「料理人はふたりいたけど、ひとりはヒッラを離れ、もうひとりは亡くなった」とムハンマドは言う。「でも厨房の場所はわかる」と付け足す。

プールのすぐ後ろにある広い階段を降りて、彼は私たちを地下に案内する。おそらく長い間ここにはだれも立ち入っていないのだろう。床一面に壁の破片、埃、コウモリの糞が散らばっている。

「料理人たちは世界一奇妙な仕事をしていた」私たちの案内人は歩きながら言う。「毎日、朝食、昼食、夕食を作っていた。まるでサダムがここにいるかのように。彼らは冷蔵庫に食品サンプルを残さなくてはならなかった。まるで毒を盛られるかもしれないというかのように。そして夜になると調理したものはすべてごみ箱に捨てていた」

「なぜそんなことを？」私は驚く。

「保安上の理由から。サダムがこれだけ多くの宮殿を建てたのは、いまどこに滞在しているのか、だれにも知られないようにするためだ。どの宮殿にいてもおかしくなかった。だからどの宮殿でも使用人は彼がそこにいるかのように働いていたんだ。時折、空っぽの車列を出すことがあった。サダムがどこかへ出かけるのだと敵に思わせるためにね。ここにもそんな車列が来たことがある」

「でもどうして食べ物を捨てていたんです？」

「それは大統領のためだけに作られた大統領専用の食べ物だった。手をつけることは禁じられていた。その食べ物は大量にあって、いつだったか地元の貧しい人たちが捨て場所を見つけたんだ。人々はそこに集まって食べ物を持ち帰るようになった。数日後、全員逮捕され、殴打された」

ムハンマドはついにサダムの厨房を見つける。私たちは暗闇の中、携帯電話で照らしながら、そこを見てまわる。厨房には調理器具の痕跡すら残っておらず、壁と天井に大きな換気ダクトが走っているだけだ。その太いアルミの構造物以外、ここには何もない。

「サダムは料理人たちが作ったものを食べたことがありましたか?」

「彼がこの宮殿に来たのは二回だけだ」ムハンマドは言う。「でも自分の料理人を連れてきていた。地元の職員は全員ひと部屋に押し込められ、そこから出ることは禁じられた」

22

「クウェートとの戦争が終わると、大統領のために働くのはもううんざりだった。なにより、次に何が起こるかわからないことで疲労困憊してしまった。

頃合いを見計らって、ついに護衛の責任者に辞めたい旨を伝えた。

サダムは私を呼びつけた。

『ここを去りたいそうだな』

残念ですが、そのとおりです、と答えた。

大統領はうなずいた。

『よろしい。わかった』

数週間後、大きな夢がついにかなった。五つ星ホテル〈タラ〉で働きはじめたんだ。辞めるとき、管理部からひとつだけ頼まれたことがある。サダムは私の作ったバスティルマ、干し牛肉が大好物だった。年に一度――バスティルマは毎年、冬に作る――それを作りに来てほしいというんだ。

私はためらうことなく同意し、数年にわたって年に一度、一週間の休みを取って、すべての材料を注文し、一・五トンか二トンのバスティルマを作った。それが宮殿一年分の備蓄になった。サダムの気前の良さは変わらず、権力の座にある間は、相変わらず彼の下で働いているみたいに毎月給料を支払ってくれた。

私が辞めて数年後、ウサマ・ビン・ラディンが二機のボーイングでニューヨークのツインタワーを破壊した。その直後、息子のジョージ・W・ブッシュが世界最大の敵はまさにサダムであると認めた。

あとは知ってるだろう。

ウダイとクサイはモスルでアメリカ軍に射殺された。

サージダとサミーラはイラクを出て、それぞれ別の方向に逃げた。ふたりがどこにいるのか知らないが、サダムはきっと、どちらも貧困に喘がないよう面倒を見ていたはずだ。

サダムは絞首刑にされた。

最後のバスティルマを作ったのは、アメリカ軍による二度目の攻撃の直前だった。ティクリート郊外の家で大統領が捕まったとき、牛肉はそこのヤシの木にぶら下がっていた。サダムは最後までそれと一緒だったんだ」

23

「アメリカ軍がバグダードを占領したときは恐怖に怯えていたよ。彼らはサダムの下で働いていた者たちを捜していた。私はグアンタナモに連行されて、殺されるか拷問されるかするんじゃないかと怖かった。

我々は皆、なんとか身を隠した。かつての料理人チームはひとりも見つからなかった。一緒に働いた人のうち逮捕されたのは、テレビのリモコンの電池を交換してテレビを修理するために宮殿に来ていた男だけだった。あとでわかったが、彼らはサダムを捕まえるため、サダムがどんな暮らしをしていたかという情報を探していたんだ。どうやらだれかを見つけたらしいが、それはだれだったんだろう？　見当もつかない。最後までサダムの取り巻きに残ったのはティクリーティーの者たちだけだった。

十五年間働いてきて、いろんな機会にサダムと一緒に撮った写真がたくさんあった。ほら、サダムは写真を撮られるのが大好きでね、あとで専属の写真家がそういう写真を持ってきてくれたんだ。アメリカ軍が侵攻してくると怖くなって、写真はすべてエアコンの下に隠した。

数か月後、状況は安定し、最悪の事態は過ぎ去ったと思った。私は写真に手を伸ばした。だがエアコンから水が漏れていて、隠しておいたものは全部、駄目になっていた。一枚を除いてどの写真も。見てくれ、あんたに見せようと思って持ってきたんだ。はっきり憶えている、この写真はサダムの故郷の町ティクリートと、イラク最古のモスクのひとつがある都市サーマッラーの間で撮ったものだ。我々は昼食のため、野っ原のどこかで車を停めた。サダムは食べ終え、食事がお気に召したので、こう言った。

『アブー・アリ、君は本物の名シェフだ。一緒に写真を撮ろう』

それは美しく晴れた日で、みんな機嫌がよかった。ほら、見てくれ。あのすべての年月の後で私に残ったものは唯一、これだけなんだ」

アブー・アリとサダム・フセイン、ティクリートとサーマッラー間にて
(写真はアブー・アリ提供)

អាហារសម្រន់
オードブル

「はじめ、わたしは料理が下手でした。いま、厨房での最初の日々を思い出すと、ちょっと恥ずかしい。

でもポル・ポトについてこれは知っておくべきよ。彼にはすばらしいユーモアのセンスがありました。まるで道化師でしたよ、本当に！　初めて会った頃、ハンサムで笑顔がすてきだったのを憶えているけど、それ以外だと、しょっちゅう冗談を言っていたことね。

彼のお気に入りの冗談は何でもあべこべに言うことだった。たとえば、わたしが料理をたくさん作りすぎたと思えば、彼はこう言う。『おやおや、うちのムーンの料理は少ないな。これじゃみんな飢えてしまう』――そしてわたしの目を見て、どう反応するか待っているんです。そんなとき、あのすばらしい笑顔で微笑んでいました。はじめの数か月、わたしが彼のためにスープを作ると、ときどき自分のお腹をさすっては『すばらしいスープだ』と言っていました。冗談なのか、それとも本当においしかったのか、全然わからなかった。

時が経つにつれてようやく、それは冗談なんだってわかりました。料理がうまくなるには、まだまだ学ばねばならないのだと。

だからわたしは学びました。わたしたち全員にとって、ブラザー・プークが空腹でないことがとても重要だった。わたしたちの生活は彼が満腹することにかかっていた。わたしたちの革命の成功はそれにかかっていたんです。

彼の好物だとわかっている料理を毎日何品か作りました。魚、パパイヤのサラダ、鶏肉。『いつだってどれかしら選んでくれるでしょう』とわたしは思った。『いちばん重要なのは彼が満腹すること』彼はよくお腹が痛くなって、そのせいで夜眠れなくなることもあったから、それはなおさら大事なことでした。

だからわたしはたくさん作りました。彼は料理がずらりと並んだ食卓を見ると、微笑んでこう言ったものです。『おやおや、うちのムーンの料理は少ないな。きっと怠け者なんだな』

そしてまたわたしに微笑みかけてくれました」

Chiemo

ランチ

イディ・アミン　ZUMAPRESS.com©age fotostock

山羊のロースト——イディ・アミンの料理人、オトンデ・オデラの話

1

「きょうだい《ブラザー》、最初に訊くが、あんたは神を信じるかい？　我らを救うために命を捧げたイエス・キリストを信じるかい？

もしあんたの言うとおりなら、手をつないで一緒に祈ろう。使徒たちの時代のように祈ろう。

善良なる神よ、その意志と寵愛によって我ら皆を生かし、私をハイエナやカバの襲撃から救ってくださり、イディ・アミンの拷問者たちの手から解放してくださった神よ、すでに私は地下牢に引きずり込まれ、死を迎えようとしていたけれども。この瞬間我らを見そなわす神よ、我らが笑うときも泣くときもご覧になり、我らのテーブルに食べ物を、我らの主イエス・キリストの時代のようにパンや魚を、そして米や鶏肉やニンジンやキエフ風カツレツを並べてくださる神よ、あなたのあらゆる贈り物に対する我らの感謝を受け入れたまえ。我が類い稀なる人生の話を聴きに来てくださった客人に対する感謝を受

け入れたまえ。

神よ、大湖のほとりのランブグ村の出の、貧しいルオ族の少年である私は、学校に一年も通わなかったどころか、どんな学校にも入ったことがなく、母親は裕福な隣人の洗濯をして生活の足しにし、いつか高級ホテルに泊まったり外国旅行をしたりするとは思いもせず、自分の息子が大統領のために料理をすることになるとは夢にも思わず、息子が飛行機で外国に行ったり、アフリカ諸国の最初の黒人指導者らと握手し、彼らに手を握られて『きょうだい』と言われたりするとは思いもしなかったのに、あなたは私にすべてを与えてくださった——自動車も立派な服も——その後、一夜にして私からすべてを奪い、この世にはあなたの愛以外に確かなものは何ひとつないことをお示しになった、善良なる神よ、王の中の王よ、我らはあなたを称え、あなたを崇めます」

2

ケニアで三番目に大きな都市キスムでは、靴紐売りや野良犬の群れが歩きまわり、当地ではボダボダと呼ばれるバイクタクシーの運転手が客待ちをしている。私たちは夜明けとともにここから出発する。海のように広く、死のように不穏なヴィクトリア湖のほとりを車で走る。湖の波は漁船を転覆させることができる。同行するのはポーランド・ラジオのアフリカ特派員ユリア・プルスと、私たちが会いに行こうとしている料理人と同じ部族出身の地元のジャーナリスト、カール・オデラ（同姓だが、これは偶然の一致だ）。

私たちは、政敵をワニに投げ与えたウガンダの独裁者イディ・アミンの元料理人を訪ねるところだ。湖に浮かぶボートは黄、緑、青、黒に塗られ、人気の政治家やテレビドラマのスター、あるいは救世主イエス・キリストの肖像画で飾られている。ついに私たちは、固まった血のように赤茶けた地面の村にたどり着く。ここで曲がって、さらにしばらく血色の道をたどり、そしてまた曲がり、さらにもう一度、もう一度曲がる。鳥たちが狂ったようにさえずり、枝が車をこする。私たちは丘を下って、高い木の下に車を停めると、その木の下には家族に囲まれて、聖書に出てくる家長のような男がオレンジの木箱に座っている。サバンナに生える草のように背が高く痩せていて、頬骨は高く、近寄ってみると、大きな爪のある長くて細い指も見える。私が木に近づいていくと、彼は立ち上がって私を抱きしめ、一瞬、久しく会っていなかった親戚を見つけたような気分になる。

この家長のような風貌の男がオトンデ・オデラだ。彼の長い指はウガンダの歴代大統領ふたりのために肉や野菜を刻み、米を挽いてきた。その片一方が人肉を食べたとされる血まみれの独裁者、イディ・アミンである。

オデラがアミンのためにそれを料理したのか？　どうやって調理したのだろう？　付け合わせは何だったのか？

そして、そんなことがあった後で、どうやって生き延びたのか？

それを尋ねたい。でもどうやって？

わからない。いまはまだわからない。それをゆっくり考えている暇はない、というのもオデラにすぐさま家に通されるからで、そこの壁の、一弦ヴァイオリンのような楽器の下には、ひとりの女の白黒写真が掛かっている。

母親だ。

すべてはこの母親から始まった、だから、もしこの会話が神の導くままに進むとすれば、私たちも母親から始めねばなるまい。そして、この男の一生を定めた出来事から。

3

「母の名はテレサ・アナザといった。父はオデラ・オジョデ。母は私の前に十三人の子を産んだが、皆順番に死んだ。天然痘、マラリア、百日咳。両親は貧しくて医者に診てもらう金もなかった。

だれも私が生き延びるとは思っていなかった。母はもうずいぶんお腹が大きくなっていたときに、姉を訪ねた。姉の夫、ニャンゴマ・オビエロは漁師で、夫婦は大湖のほとりのリウンダ村に住んでいた。伯父はときどきうちの両親に魚をくれた。母は数週間おきに姉夫婦のところに通っていた。

うちから大湖までは徒歩でゆうに数時間かかるが、母はそこでひと晩過ごしたくなかったので、日暮れ時だというのに帰途についた。姉夫婦は母に言った。『やめときな。途中ハイエナがうようよしてるよ』つい数日前、ひとりの男がひどく嚙まれたばかりだった。

だが母は強情でね。いったんこうと決めたら説得するすべはなかった。母は別れの挨拶をし、姉を抱きしめ、縄で結《ゆわ》いた魚を持って出発した。

どんどん歩いていると、ついに太陽が大湖の向こうに隠れて涼しくなった。夜になっても母は歩き続けた。

道の半ばあたりで気分が悪くなった。

私の前に十三人の子を産んだのだから、これから何が起きるか知っていたに違いない。道からそう遠くないところにいい場所を見つけた。母は地面に横になった。野原の真ん中にたったひとり、人里離れた場所だった。母はいきんだ。すると私の頭のてっぺんが現れた。もう一度いきんだ。するとお産は終わっていた。十四番目の子が生まれるときは何もかもずっと楽なものだよ。

母は鋭い草を引きちぎり、それで臍の緒を切った。それからサボテンを地面から引っこ抜いて、できた穴に胎盤を敷いた。それで私をくるんで、そばに腰を下ろした。

遠くでハイエナの吠える声がした。血を嗅ぎつけてやって来るに違いないと思った。のちに母は何度も、死を待っていたのだと言った。私の死を。そして自分の死も。母はあまりに多くの困難な時を経験していたから、覚悟はできていたんだ。

しかしハイエナは一晩中私たちの周りをぐるぐる回っていたけれど、近づいて来ることはなかった。

そして私は死ななかった。

明け方、母は私をぼろ布にくるんで村へ向かった。母がたどり着いたとき、生きている赤ん坊を連れて戻ってきたとは、だれも信じなかった。皆が私たちの家に駆けつけた。そのなかには年寄りの賢者もいた。その人は治療ができ、未来を知っていた。彼はこう言った。『ハイエナが触れなければ、この子はたいそう長生きするだろう』

その老人は正しかった。ごらん、私はもう八十歳だ、私の人生は十人に分け与えてやれるほどだ」

4

「うちは貧しかったが、腹を空かせた記憶はない。たいていキャッサバ芋かキャッサバ粉を何かの野菜と一緒に食べていた。肉にありつくことはめったになかった。父はいつも雌牛を二、三頭飼っていたが、そのうち一頭を屠ると、肉は全部市場に持っていった。借金を返すために金が必要だったんだ――いつも近所の人たちからいくらか借りていたからね。

　私の出身部族、ルオ族の食べ物は、ムズング、つまり白人の食べ物とよく似ている。火を通した野菜か肉が基本だ。ムズングはジャガイモを食べる。我々はキャッサバ、挽き割り穀物、米を食べる。ただしムズングには、少しの挽き割りやキャッサバと一切れの肉では足りない。彼らはさらにチーズを焼いて、それに野菜を添えて、肉はあらかじめワインで煮込んでおかねばならない。ムズングの料理は、権力があることを誇示したい人たちの料理だ。なぜなら食べ物は権力だから――大統領のために料理をしながら、私はそれを学んだ。食べ物があれば、女にもてるし、金も入るし、人々の憧れの的になれる。望めば何だって手に入る。

　我々の料理は、飢えを知る人々の料理だ。だれにも何も示したりはしない。働き続ける力を得るために食べる。

　両親と暮らしている間、私はさまざまな仕事に就いた。最初は少し音楽をやった――オルトゥを弾いたんだ。これはルオ族の間でよく知られているヴァイオリンの一種だ。一本の弦を弓で弾き、楽器の胴は腰で支える。結婚式そのほか重要な場でそうやって稼いだ。

その後、伯父が私を漁師として舟に乗せた。一緒に二年ほど漁に出た。ところがある日、カバに襲われた。そいつが泳いでくるのが遠くからも見えた。怒り狂ったカバはワニよりもはるかに手に負えず、水中では実にすばしこい。そいつは近寄ってくるなり我々の舟をひっくり返したものだから、私と伯父はなすすべもなく別々の方向にふっ飛ばされた。あのときだれもけがしなかったのは奇蹟だ、なにしろそのカバはすでに何人も殺していて、大湖周辺の漁師全員に恐れられていたのだから。

カバに襲われた後、私は伯父にこう言った。

『十四人のきょうだいのうち僕ひとりだけ生き残ったのは、あいつが戻ってきたとき死ぬためじゃない』

伯父はそのとおりだと言った。息子のひとりシルヴェスターは、ウガンダのカンパラにある、ムズングに人気のクラブで働いていた。船でカンパラに行って、そのクラブを見つけるんだ、そうすればシルヴェスターが仕事探しを手伝ってくれるはずだと伯父は言った。

我々ルオ族にとって、親族とのつながりはとても重要だ。元アメリカ大統領バラク・オバマもルオ族だってことは知っているかね？　彼の父親はここから二十キロ離れた村の出だ。そして、ここに一度も住んだことのないオバマでさえ、自分にできるやり方でしばしば家族を助けている。だからシルヴェスターが私を助けてくれないはずはないとわかっていた。

キスムからエンテベ行きの船に乗り、到着すると、その足で従兄のところに行った。

〈クラブ・カンパラ〉はムズングにとってとても重要な場所だった。というのもイギリス政府がウガンダで働くよう送り込んだ人々の多くは、適当な借家が見つかるまでの間、最初の数週間はクラブの隣にあるホテルで暮らしたからだ。従兄はそこの整備員《グラウンドマン》で、床掃除をしていた。私を見るととても喜んで、すぐに支配人のところに行って、ウェイター見習いの仕事を世話してくれた。英語はひとことも知らなかったが、幸いその必要はなかった。ただ微笑んで、料理を厨房からホールに運べばよかった。

カバはどうしたかって？　しばらくしていなくなった。そいつは敵に復讐しに来た戦士の魂だったに違いないって人々は噂している」

5

ルオ族のことをもっと知るために、私はユリアとカールと共に、部族の女家長、ママ・サラ・オバマを訪ねる。彼女は九十五歳の慈善家で、エイズと闘い、地元の村々の子供たちの学費を集めたことで知られる。彼女の村コゲロは、料理人オトンデ・オデラの家から目と鼻の先だ。そこからバラク・オバマ・シニアがアメリカ留学へ旅立った。

　敷地内に私たちを通してくれるのはケニア政府に雇われた警備員だ——彼はここで働くだけでなく、家族揃ってここで暮らしていて、一家の小屋は入口のすぐ脇に立っている。身分証明書を確認し、ママ・サラ訪問の目的を尋ね、手続きが終わると、オバマ家の先祖——第四十四代アメリカ合衆国大統領の祖父と父——の墓がある場所を指し示す。

私は彼らに挨拶しに行く。

大統領の尊敬すべき先祖の現世の亡骸を覆う簡素な人工石の墓碑の横では、二頭の白黒の雌牛が草を食んでいる。もう一頭が近くの牛舎でモーと鳴く——二日前に初めて仔を産んだばかりで、まだ興奮から醒めていないらしい。私たちの足の間を雌鶏が駆けまわり、頭の上を蝶がひらひら飛んでいる。オバマ一族の出身地はのどかで夢のようだ。

昼食後のうたた寝から目覚めたオバマおばあちゃんは、アフリカ模様のドレスを着て、家のテラスで私たちを出迎える。彼女はオバマ元大統領の祖父、フセイン・オニャンゴ・オバマの第三夫人だった。同じ血は流れてはいないが、元大統領は彼女を「おばあちゃん」と呼んでいる。

「夫はわたしよりずっと年上だった」ママ・サラ・オバマは言う。「結婚したとき、わたしは十九で、彼は四十過ぎだった。当時はそんな時代だった。女の子は自分の夫を選ばなかった。ジャガム、つまり仲人がやって来て、両親にこう言った。『何某という男がお宅の娘に興味を持っている。あなたがたはどう思うか?』

それは一九四一年のことで、ケニアのこの地域の人たちはほんの数年前に最初の飛行機を目にしたばかりだった。わたしたち部族の言葉、ルオ語でそれをデゲと呼び、それ以来どこかの家に子供が生まれるたびに、デゲと名づけた。これは驚くべき発明だというんで、飛行機に敬意を表したのさ。最初のスプーンがお目見えすると、スプーンにちなんで子供もオジコと名づけた。あるいは皿にちなんでアサンデとね。

でもこれはルオ族の教育が不足していたという意味じゃない。まったく逆だよ。ルオ族は東アフリカ全体でいちばん教育水準が高い部族だって評判だ。お金のある人は車も黄金も買わずに、子供をどこの学校に行かせるかをまず考える。ここに来る途中、制服姿の子供たちを見かけただろ？　子供たちは皆、学校に通っている。ルオ族は知識に飢えているのさ。

　わたしの夫もそうしたよ。子供らをアメリカにやって、そこで教育を受けさせた。ルオ族の教育への関心がなければ、バラクはあれほど高い地位に昇りつめることはなかっただろう。

　わたしは夫ととてもいい生活を送ったし、今日まで、だれと結婚すべきかを仲人ほどよく教えてくれる人はいないと思っている。たしかに、オバマは年上だった。たしかに、わたしは第三夫人だったけれど、夫は見た目も体型も立派だった。そんなわけでわたしたちはいい生活を送ってきた、でも永遠に生きる者はいない。もう四十年近く、わたしはひとりでやってきた。

　でもちょっと待って……わからないことがあるんだけど……」ここでバラク・オバマの義理の祖母は芝居かがった間をとる。「どうして死んだ夫のことを根掘り葉掘り訊くんだい？　あんた、わたしにプロポーズするつもりかね？」

6

　オトンデ・オデラの家の上でゆっくりと日が傾くと、私たちは古木の下から小屋の中に移動する。小屋は地元産の粘土を焼いた煉瓦造りで、血のような色合いは日に干すとクリームがかった茶色に変わる。建物の壁はひび割れ、その隙間から付近一帯がよく見える。ブリキの屋根は強い突風が吹くたびに大きな音を立て、いまにも頭の上に落ちてきそうだ。

　でも落ちてはこない。

　私たちは小卓を囲み、チャイ――ここでは紅茶のことをそう呼ぶのだ――を飲む。そして話の続きを聞く。

オトンデ・オデラ

「クラブの仕事は好きだった。もともと働き者なので、暇さえあれば他の人を手伝っていた。だれかのスーツケースを運んでやったり、掃除を手伝ったり、ホテルの部屋の切れた電球を交換したりした。私は皆に好かれていて、数か月後、ムズングのロバートソン夫妻から、転職して、うちでサンバ・ボーイとして働く気はないかと訊かれた。つまり庭師だ。

　私のような若者にとって、サンバ・ボーイまたは単にボーイ――ムズングの家庭で働く若者はそう呼ばれていたんだ――というのは、神の接吻みたいなものだった。だから迷わず同意した。私はロバートソン家に引っ越し、夫妻の家のすぐ横にある庭師の小屋に住み込んで、毎日芝生の手入れをした。ムズングの芝生はなぜか定規で測ったように育たなければならないんだ。我々のところじゃだれもそんなこと気にしなかった。だって芝刈りよりもっと大きな問題を抱えているからね。だがムズングにとってこれは、わざわざ人を――私を――雇って、ひっきりなしに教えたり直したりする必要のある問題だったんだ。

　私はロバートソン氏のことはただ『ミスター・ロバートソン』と呼んでいた。でも奥さんの方は私に

『メンサヒブ』と呼ばれたがった。イギリスから来た女性をそう呼んでいたんだ。男はサヒブ、女はメンサヒブだった。そのせいで、ずいぶん世話になったのに、奥さんの名を覚えていない。

芝刈りがうまくなったとき、自分にはまだ暇な時間がかなりあるとわかった。するとメンサヒブに家の掃除を手伝ってほしいと頼まれた。そこで階段を洗い、窓を拭き、台所の床を掃いた。そうしてすべてやり終えても、まだ時間が余っているとわかったとき――というのも生まれてこの方ずっと懸命に働いてきたから――メンサヒブに台所仕事を手伝ってと言われた。

こうしてすべてが始まった。

まるで魔法みたいだった。あたかも自分が生涯やるべきことを自分の中に見つけたようだった。メンサヒブから最初に何をするよう頼まれたのかよく覚えていない。カツレツ用の肉を切ること？　生地をこねること？　サラダ用にニンジンを刻むこと？　わからない、思い出せないな。何か簡単なことだったはずだ。なにしろ何も壊すことなく、どう動けばいいのかさえ、わからなかったんだから。

でも私は初めから自分が台所で生まれたような気分だった。あたかも神が私に望まれたことを見つけたかのようだった。私がこの世に生まれるずっと前に、神が私のために選んでくださったことを。

私がこれほどすばやくいろんなことを覚えるとはメンサヒブには信じられなかった。一度ナイフの正しい持ち方を教われば、数時間後にはとても上手に切ることができた。一度ケーキを作る様子を見れば、次の日には同じものを焼くことができた。一度一緒にＴボーンステーキを作れば、次の日にはひとりで同じものを作ることができた。これはとても難しいステーキだ。片側にはサーロイン、もう片方にはフィレがついていて、背骨で区切られている。フィレの焼き方とサーロインの焼き方はそれぞれ違って、かなり複雑だ、言っとくが、英語をひとことも知らないで、どうやってそれを全部理解したのか、いまでもわからない。

メモは全然取らなかった。書くのは苦手だったし、いまもそうだ。でもおかげで余計に飲み込みが早かった——全部記憶しなくちゃいけないとわかっていたからね。その後、大統領宮殿で厨房を取り仕切っていたときも、何のメモも持たずに百人分以上の食材の買い物をしていた。パーティー用に鶏を百羽、山羊を十頭買い、それに合わせて野菜や香辛料を揃え、スープやデザートも含めて、すべて頭の中で計算できた。そしていつだって分量ぴったりだった。

メンサヒブは毎日新しいことを教えてくれた。私が料理をうまくやるのでとても喜んでいたよ。庭師や掃除夫を見つけるのは簡単だったが、ムズングの口に合う料理を作れる人を見つけるのは奇蹟に近かった。最も裕福な人たちは本国から料理人を連れてきていた。ロバートソン夫妻はそれほど裕福じゃなかったので、私が料理上手だとわかるや、メンサヒブは夫のもとに駆けつけた。

ロバートソン氏は同意のしるしにうなずいた。それ以来、私は庭師を辞め、代わりに別のボーイが雇われた。私、オトンデ・オデラ、生まれてすぐにハイエナに食われかけた小さな村の少年は、白人の料理人になったんだ。

これはとても名誉なことだった。なにしろ料理人が手を洗わなければ食中毒が起きるかもしれないのだから、雇い主は料理人が清潔で何もかもきちんとやっていると信頼しなくてはならない。ムズングからこれだけの信頼を得られた黒人は少ない。だから私はつねに手を清潔に保つよう肝に銘じていた。そしてつねに洗いたてのエプロン。そのとき私は自分の頭にたたき込んだ。料理人は、たとえ何が起ころうと、清潔できちんとして見えなければならないと。

メンサヒブはすべてを順番に教えてくれた。鶏肉の焼き方。魚の焼き方。肉をフライパンから取り出す頃合いをどうやって知るのか。いいかい？　油がジュージューいってる間はいいんだ。ジュージュー音がしなくなったら、肉がもう油を十分吸っているから、これ以上焼いたらおいしくなくなるってことだ。

およそ一年後、メンサヒブは私ひとりで台所の仕事をしてもいいと身ぶりで示した。料理するときも、ケーキを焼くときも、夫妻が大好きなインドのパン、チャパティを焼くときも、もう彼女の助けは要らないと。

私は料理がとてもうまくなったが、英語はからっきしだった。もちろん、いくつかの単語は覚えた。ロースト――焼く。メルティッド――溶けた。ボイル――茹でる。コック――料理人。これだけ。それ以上はさっぱりだ。

だが私にはこれ以上の英語は必要なかった。白人は新聞に書かれていることについて黒人と議論したいとは思っていなかった。白人が望んでいたのは、きちんと刈り揃えた芝生、きれいに洗った床、おいしい食事だった。

これが私には合っていた。こっちだってメンサヒブとも彼女の夫とも話したくなかった。自分が料理担当のボーイだってわかっていたし、そのことは大きな喜びだった。もし話をする羽目になったら、うっかりまずいことを口走るんじゃないかと怯えただろう。ひとこと多かったりしたらクビになるんじゃないかと。

これが白人の家で学んだことだ。手を洗い、身なりを整え、決してしゃべりすぎないこと。料理人に意見があるだなんて、だれも期待しちゃいない」

7

「安定した仕事といい生活を手に入れたと感じたとき、私はそこへ女性を招き入れることにした。数か月に一度、私はケニアの家族のもとに帰省した。あるとき、従兄のひとりの結婚式に招待された。そこで、うちの村から十数キロ離れたアルオル村の娘、エリザベスと知り合った。ほっそりしていて、目がきれいで首が長かった。すぐに目に留まった。従兄の結婚式から二か月後、私たちも結婚した。娘を嫁がせることに同意してもらうため、彼女の両親に雌牛を買わないといけなかった。先方は二頭ほしがっていて、私が一頭だけと提案すると不満そうだった――私でなければ、すぐにも別の男がこの美しい娘を手に入れようとするのは明らかだった。でも、だれかが彼女の両親にこう説明してくれ

オトンデ・オデラの妻エリザベス、結婚写真を手にしている

た。私は外国でムズングのために働いているから、たとえ地元の若者のだれかが雌牛を二頭くれたとしても、婿候補としては私の方が上なのだと。

これで先方も納得した。

エリザベスはケニアでの暮らしを続け、私はウガンダに住んでいた。私は数か月おきに彼女を訪ね、プレゼント——イヤリングや衣類だけでなく、鍋とか実用的な物も持ってきた。彼女を自分のところに呼び寄せたかったが、ロバートソン夫妻の家のそばの小屋で妻と同居してもいいかどうか、メンサヒブに尋ねる勇気がなかった。

その後、機会は訪れなかった。

ウガンダの白人はますます多くの問題を抱えるようになった。英国政府のために働いていたロバートソン氏はよく動揺していた。

妻を呼び寄せるのにいい時期じゃなかった」

8

ロバートソン氏が動揺するのにはわけがあった。

第二次世界大戦の終結以来、アフリカは独立の熱狂を経験していた。彼のような宗主国の役人たちは、それまでウガンダのドーナツ、マンダジのように甘いシロップに浸って暮らしていた。本国で得られるよりもはるかに多くの給料をもらっていた。中堅の役人でさえ、大きな家を借り、使用人を雇う余裕があった。いまや彼らは別の暮らし方を模索しなくてはならなかった。

「第二次世界大戦後、ヨーロッパはもはや植民地を維持しようとはしなかった。フランスとイギリスは、植民地を金のかかる過去の遺物と見なした」アフリカ諸国の専門家でポーランド人特派員のヴォイチェフ・ヤギェルスキは言う。

アフリカ人は何世紀にもわたってヨーロッパ人から屈辱を受けてきた。彼らは奴隷として売られ、搾取され、二流の人間として扱われた。

いまや突如として彼らはアフリカ大陸の問題を己の手中に収めたのだ。

一九五一年、リビアが独立を宣言。

一九五六年には、スーダン、チュニジア、モロッコが。

一九五七年には、ガーナが。

一九五八年には、ギニアが。

その後このプロセスは勢いを増した。真の転換点は一九六〇年に訪れた。十七ものアフリカ諸国が独立を宣言したのである。

「旧宗主国は独立への準備もなく、あわててアフリカに別れを告げた。力の弱い、独立したばかりのアフリカ諸国は、みずからの権利を要求していた植民地時代よりも、容易に搾取の犠牲となったはずだ」ヴォイチェフ・ヤギェルスキは説明する。

一九六二年十月九日、厳粛な式典を催し、ウガンダも独立を宣言した。

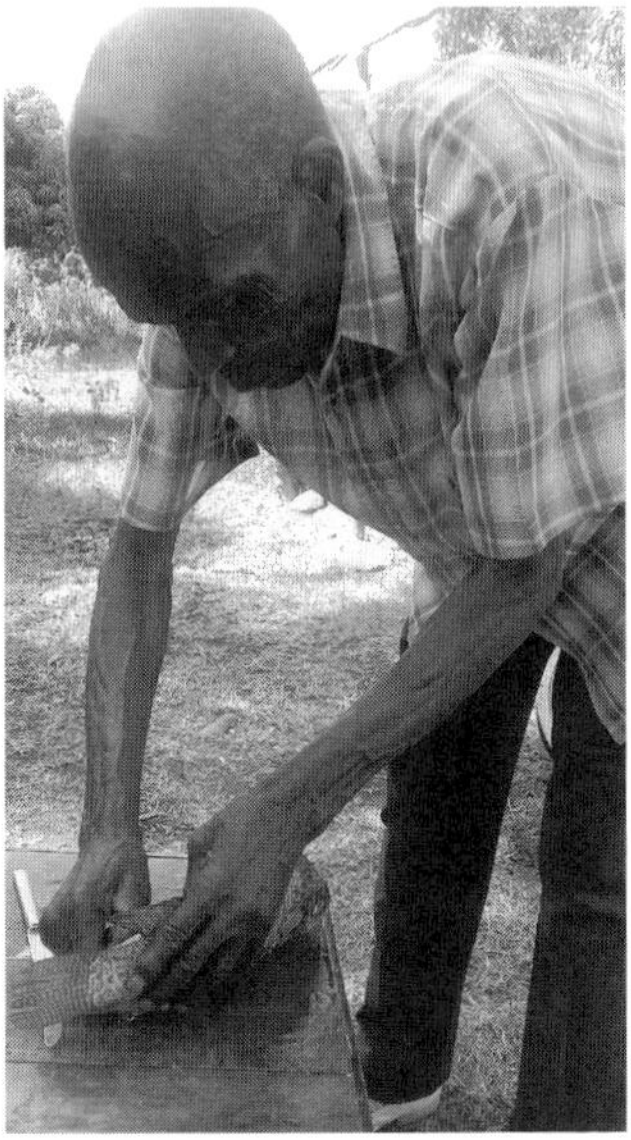

オトンデ・オデラ、イディ・アミンの元料理人

9

私たちはオトンデ・オデラと一緒に料理する食料を買いにキスムの市場へ行く。膝の高さまで積まれた緑の葉物野菜やサバンナに沈む太陽のように赤いトマト、唐辛子（いちばん辛いのからいちばん甘いのまで）を縫って進む。

ここには数え切れない種類の野菜や果物がある。私たちの目の前ではおいしそうなバナナがはちきれんばかり、パイナップルは鎧に覆われた胸を突き出し、マンゴーとパパイヤが芳香で誘惑する。

続いてバザールの肉売り場へ向かう。そこに行くのは簡単だ。ぶんぶんいう蝿の羽音が私たちを導いてくれる。イスラーム教で定められた帽子をかぶり、顎ひげをきちんと刈り込んだ肉屋たちは喜んで助言する。だがオトンデに助言は要らない。自分の意見で、いちばんいい鶏肉を選ぶ――脂が多すぎず、かと言ってあまり筋ばっていないのを。

「これと同じのをアミンにも選んだだろう」そう強調するのは、独裁者に作ったのとまったく同じ昼食を作ってくれと私が頼んだからだ。

最後に魚屋に寄って、中くらいの大きさのティラピア――ヴィクトリア湖畔でごく一般的な魚――を一匹買う。

これで全部揃った。村に戻るとしよう。オデラは家の外にある竈《かまど》の上にキャンプ用コンロを設置すると、将校が部下の兵士に指示するように、台所仕事を嫁とふたりの孫娘に割り振る。

鶏肉は焚き火で焼かれている。魚はフライパンの上でジュージューいっている。野菜は女たちが用意している。

私たちは会話に戻るとしよう。

オボテ

1

「こんな状況を想像してくれ。人々は皆、私の周りでうれしそうに歌い、バナナビールを飲んでいた。私ひとりが悲しんでいた。

ウガンダが独立を宣言し、白人たちが去ったとき、こんなふうだった。ほぼ全員がこう言っていた。

『ついにこの国は我々だけのものになる！　ついにムズングから何々しろと指図されなくなる！』

でも私は失業し、我がエリザベスをウガンダに呼び寄せる希望もなくなった。私にあったのは二本の腕と働く意欲だけだった。

そして自分の料理の腕前。

するとだれかが、ウガンダ首相ミルトン・オボテの官邸が厨房の従業員を募集していると教えてくれた。『自分はうってつけの人材じゃないか！』と思った。

そこで首相官邸事務所に出かけた。独立当初はそんな感じで、首相や大臣に用事があれば、ただ訪ねていって用件を話せばよかった。そこがアフリカ人の政府とムズングの政府の違いだ。ムズングの政府は我々の言うことに耳を貸そうともしないことがよくあった。

そのとき訊かれたのは、どんな料理が作れるかだった。私は料理名を挙げた。彼らはうなずき、数日後、試験に呼ばれた。

私は出かけていった。

試験の前半は面接だった。面接官は数人いて、その中には行政長官オイテ・オジョクもいた。後で知ったんだが、オイテ・オジョクには自分の村出身のお気に入りがいて、そいつを雇いたかったらしい。

面接の後は実技試験だった。オックステール・スープとメインディッシュのＴボーンステーキ、デザートにドライフルーツのプディングを作らなくてはならなかった。

オックステールはご馳走で、正しい調理法を知らなくちゃいけない。私はオックステールを二本取り、それを茹で、ニンジン、パセリ、香辛料（オールスパイスと胡椒）を加えた。三十分後、オックステールを取り出して、肉から骨をはずし、賽の目に切ったジャガイモを加えて、調理を終えた。

Ｔボーンステーキはとても難しい。もう話したが、これはフィレとサーロイン、二つの違う種類の肉が一枚のステーキについている。

幸い、私はメンサヒブと一緒にどちらも作ったことがあった。ロバートソン氏はステーキが大好物だったから、Tボーンステーキはもう完璧にマスターしていた。

ドライフルーツのプディングもなかなか難しい。ソースには、アンズ、梨、リンゴ、その他の果物など、たくさんの材料が入る。これらをすべて混ぜ合わせ、低温で焼き上げ、シナモン、生クリーム、バニラ、ワイン、ザクロをのせ、最後に胡桃かヘーゼルナッツを添える。ケーキ、お酒、ドライフルーツを同時に食べたような味がする。うまくできればとてもおいしい。幸い、私はこれも得意だった。

数日経って、私は返事を聞きに行った。

『明日から仕事だ』と言われた。

そのときになって初めて、自分が何に巻き込まれようとしているかを悟ったんだ。首相だって？　なんてこった。

オボテが私を選んだのは、白人の料理をうまく作れる黒人がめったにいなかったからだ。うまく作れる連中はもう仕事があって――いいホテルに雇われていた――いくら払ってくれるかもわからない首相のために職場を変える気はなかった。オボテはムズングの料理が好物で、植民地時代に慣れ親しんだ料理を食べたがっていた。独立は独立、でも食事を変える気はなかったのさ。可笑しいだろ？　黒人の首相は黒人の料理人を雇うが、でもそれは白人の料理が作れる黒人なのさ。

私がルオ族だということにも大きな意味があった。オボテはランゴ族で、ランゴ族は我々の兄弟なんだ。首相官邸には私の出身地域の者が大勢雇われていた。なぜかと考えてみたが、彼らは我々を賃金労働者のように扱っていたんだと思う。だれがウガンダを統治しているか、ウガンダにどんな政党があるか、おまえは関心がない。だれかに毒を盛ったり、だれかと共謀したりはするまい。おまえはただ稼ぎたいだけだからな、というわけだ。

　私が特に好きだったのは首相の運転手ソロモン・オククだ。彼は私の村から十数キロのところで育った。毎日のように、仕事が終わると一緒にビールを飲みながら、妻や仕事や政治の話をしたものだ。私たちはとても親しくなった。オククは親切で献身的だった。とはいえ、そのせいでのちに破滅することになるんだが。

　オデロ・オソレも好きだったな。首相の部屋係で、ベッドを整えたり、衣服にアイロンをかけたり、靴を磨いたりしていた。オソレも私の地元の出身だったが、オククよりも打ちとけない性格だった。一緒によく話をしたし、ときにはビールを一口飲むこともあったが、心配事を打ち明けたりはしなかった。お互いそんなことは気にしなかった。だれだって心の中に何かをしまっておく権利がある。我々は友達付き合いをし、互いに助け合っていた。それ以上何が必要なんだ?

　ただ行政長官のオイテ・オジョクだけは、自分と同じ村の出の友人が料理人コンテストで負けたのが面白くなかった。彼は反論できる立場になかった——最終的な決定権は首相にあったからね。だがそれをずっと根に持っていたのさ」

2

　未来のウガンダの首相および大統領、ミルトン・オボテが幼少期を生き延びたのは——彼の料理人の場合と同様——ほとんど奇蹟に近かった。あるときは危うくヒョウに食われかけた。別のときには、森の中を走っていると、狩りをしているコブラに出くわした。また別のときには、ワニが川岸からミルトンの隣に立っていた女の子をさらっていったこともある。

片方の祖父は部族長で、イギリス人に対して相当な不信感を持っていた。もう一方の祖父は薬草学に携わり、動物を治療し、呪術で雨を降らすことができた。少年はこの両祖父から目に入れても痛くないほどかわいがられて育った。

ほぼ同じ頃、ウガンダ南部の都市、ジンジャの兵舎の近くで、もうひとりの青年がぶらぶらしていた。頑健で、とても背が高く、無職だった——ウガンダでは彼のような者には仕事がなかった。青年の名はイディ・アミンといった。

彼の母親は料理と魔術で生計を立てていた。アミンの父親と別れた後、二十歳近く年下の英国植民地連隊、王立アフリカ小銃隊の伍長、ヤシンと知り合った。ヤシンは彼女の連れ合いとなった。

兵舎と隣り合わせの生活は、イディの運命に多大な影響を与えた。頑健さのおかげで彼はすぐに軍の採用担当者の目に留まった。こうして彼の経歴が始まった。

イアン・グレアム少佐は長年にわたって王立アフリカ小銃隊でアミン直属の上司だった。私は、ポーランド語から英語へのすばらしい翻訳者アントニア・ロイド＝ジョーンズと共に、イースト・アングリアにある少佐の自宅を訪ねた。グレアム少佐はまず、アミンから贈られたレイヨウの頭を見せてくれる。それから私たちをベランダの肘掛け椅子に座らせ、こう語り出す。

「生まれながらの指導者という人に出会うことがある。ごく稀なことだが。アミンは生まれながらの指導者だった。それは無論、彼の低学歴と結びついていたのだが」

アミンはつねに他のだれよりも体が大きく、力も強かった。ウガンダのボクシング選手権で何度か優勝したこともある。

アミンは従順な兵士でもあり、命令をうまくやり遂げることに喜びを感じた。ある資料によると、小学校には四年間しか通わなかった。別の資料によると、学校で過ごしたことは一日もなかったという。グレアムは、アミンの銀行口座開設を手伝ったことを思い出す。未来の大統領は二十分も練習せねばならなかった……自分の署名を。

ところがイギリス人はちっとも気にしなかった。むしろ逆だった。ウガンダが独立を宣言した晩には、イギリス好きで——彼らの意見では——頭の鈍いアミンが自分たちの役に立つと考えていたのだ。

オボテが高校を卒業したのも奇蹟に近かった。彼は偶然の一致に助けられた。ミルトンが七歳のとき、ある兵士が休暇中にアルファベットを教えてくれた。少年はたちまちそれを習得した。次の日にはもう本を手に取って一文字ずつ解読しようとした。驚いた両親は、これほど才能のある子には教育を受ける機会を与えるべきだと判断し、息子をケニアの学校にやった。

彼は一人前になって戻り、すぐにウガンダ立法評議会に選出された。

そのころ、イディ・アミンはまだ大英帝国の敵と激しく戦っていた。

ミルトン・オボテはたちまちウガンダ独立の柱のひとつになりつつあった。最初の選挙の前に彼は、伝統的な部族王国の中で最大かつ最強であるブガンダの王、カバカと同盟を結んだ。こうしてカバカが独立ウガンダの初代大統領になり、ミルトン・オボテはその首相になった。

だが彼らの半歩後ろには、野心家の陸軍副長官イディ・アミンがいた。彼は最後まで英国とその将軍たちに忠実に仕えた。

3

「最初の数週間は首相と直接会うことはなかった。とても難しい時期でね。首相の注意が必要なことがひっきりなしに起きていたんだ。ついにある日、行政長官オジョクに首相の執務室に呼ばれて、こう紹介された。

『首相、こちらが料理人のオトンデです』

オボテは新聞を読んでいた。一瞬、目を上げて私を見た。

『よろしい《グーーーッド》』と言い、それから新聞に戻った。

謁見はそれでおしまいだった。

後になってわかったが、グッドとはオボテからもらえる最大の褒め言葉だった。オジョクと共に執務室を出ると、なぜ首相が私について尋ねたのか知ろうとした。オジョクは説明を渋っていたが、とうとう、私の料理が首相の口にすこぶる合ったのだと洩らした。このところ首相は、私の作る料理だけ出すよう求めていたのだ。

当時オボテのために働いていた料理人はほかにも何人かいて、全員私よりもいい教育を受けていた。

厨房では野心が沸き立っていて、だれもが首相のお気に入りになりたがっていた。オボテがもっぱら私の料理を食べたがっていることがわかると、他の料理人から陰口をたたかれるようになり、疎まれるようになった。仕方がない、それでも生きていかねばならなかった。

その代わり、オボテからはたちまち兄弟のように好かれた。

オボテは厨房に何かを注文するための特別な呼び鈴を持っていた。呼び鈴を鳴らして、私以外のだれかが来ると、『何の用だ？　オトンデが来るべきだ』と言った。

だから、たとえ肉を切っている最中でも私が行った。エプロンをきれいなのに替え、布巾で手を拭き、かつてメンサヒブのもとに駆けつけたように走っていった。するとオボテは新聞から目も上げずに、『チャイ』と言った。紅茶だ。それで熱い紅茶を持っていくんだが、私には他のだれも思いつかなかった専売特許があった。朝、仕事を始める際に、紅茶にぴったりのほろほろしたクッキーを焼いておくんだ。首相が紅茶を所望するたび、私はティーカップと共に、焼き立ての香ばしいクッキーをいくつか小皿にのせて持っていった。これは私のトレードマークだった。頼まれたことだけをするんじゃなく、次に何が必要になるか予測せよ。おかげで仕事の節約にもなった。なぜなら五分後にまたエプロンを替え、手を拭いて、甘いものを持って馳せ参じなくてもよかったから。あるいは、クッキーを昼日中に焼いて、三十分無駄にせずに済んだから。

オボテは皆に恐れられていた。何か思い通りにいかないことがあるとひどく腹を立てたからね。とはいえ私は皆とは違った。私にはわかっていた。自分はこの仕事に精通していて、何でもうまくこなせる、だから首相が理由もなくお払い箱にするはずがないと。

オボテにはひとつだけ問題があった。自分の金で支払っていたわけでもないのに、けちだったんだ。最初の数か月は無給だった。そのことを行政長官に訴えたが、長官は私のことが気に入らなかったから、その件を伝えてくれたとは思わない。

　数か月経ってようやくだれかがそのことをオボテに言った。すると彼は私に毎月三百九十東アフリカ・シリング*を支払うよう命じた。大した額じゃない、いまだと百ドルくらいだと思う。でもついに私はいくばくかの金を稼ぐようになり、エリザベスをウガンダに連れてくるだけの自信を得た。エリザベスは、首相官邸近くの職員宿舎で私と同居することになった。

　カンパラでの私たちの最初の数年間はすばらしかった。そのとき初めて自分が一人前の男になったと感じた。仕事があった、それも首相その人のための仕事だ。ふたりの親友、オククとオソレがいた。一緒に暮らす妻がいた。やがて長男のエドワードが生まれた。私の人生は良くなる一方に思えた」

4

「一九六三年、我々が食事を出すべき人がもうひとり増えた。オボテがミリアという名のたいそう美しい、ミルクコーヒー色の肌をした娘と結婚したんだ。

あいにく、私が首相と親しいのがミリアは気に食わなかった。彼女は嫉妬し、宮殿に住むようになる

---

* タンザニア、ケニア、ウガンダで一九七〇年代まで使用されていた通貨。

と、厨房にやって来てこう言った。

『今日から、わたしが首相の料理を作りますから』

驚いたものの、雇い主の妻と議論するつもりはなかった。ただお辞儀をして、彼女のために何を用意すべきか、どう手伝えばよいかと尋ねた。ミリアは私に対してかなりつっけんどんに礼を言った。私は親友で部屋係のオソレが彼女を手伝っていることを知っていた。オソレは後で、オボテの妻の頼みは断われないと弁解した。そんなの知ったことじゃない、と私はかなり冷淡に答えた。だがもちろん、そのことが身にこたえた。それまで兄弟のように接してきたのに。ふたりの親友のうちのひとりだったのに。

翌日ミリアは厨房にやって来ると、エプロンをつけて、コンロのそばに立った。私は彼女の要求すべてに丁重に応じ、おたまやスプーンやナイフを手渡した。そのとき彼女は何を作ったか？　憶えていない。その代わり、給仕係がそれをテーブルに運び、首相によそうと、首相はひと口、ふた口と嚙みはじめ、やがてこう尋ねたのは憶えている。

『だれがこれを作った？』

『わたしよ』ミリアが言った。

『何だと?!』オボテは怒鳴りつけた。『いったいどういう意味だ?!　何のために料理人がいる！』

『妻は夫のために料理をすべきです。料理人は別の人たちのために作ればいいのよ』ミリアはうろたえた。

オボテは恐ろしい目つきで彼女を見つめた。

『料理はオトンデの仕事だ』うんざりしたように彼は言った。『おまえの仕事は彼が作るものを食べることだ』
そして私が料理したものをよそうよう命じた。もちろん私は莫迦じゃないので、その間に自分でもスープと肉料理を用意しておいた。
ミリアはひどく気を悪くしたが、もちろん口に出してそんなことは言えなかった。顔では笑っていたが、このことを決して忘れなかった。それ以来、ミリアは私の宿敵となり、彼女のせいで私は一度ならず問題を抱える羽目になった。
彼女にはいつも感じよく礼儀正しくしてきたし、彼女も私にそうしてきた。彼女は感じよく礼儀正しかった——人が憎む相手にだけ、できるようなやり方で」

5

オボテの統治時代は牧歌的どころではなかった。軍は賃金が低すぎるせいで暴動を起こし、大統領と政府の間で軋轢が増した。首相の政敵は投獄された。そのうえオボテはイディ・アミン将軍と共に、戦火に見舞われたコンゴから金を密輸して儲けた疑いを持たれていた。議会がこの問題を調査しようとしたとき、ふたりは直ちにクーデターを起こした。思いついたのはオボテで、実行したのはアミンだ。アミンはみずからカバカの宮殿襲撃を主導した。

オボテは英国人と同様に、アミンを役に立つ間抜けと見なしていた。自分はアミンの力と残忍さを支配し、それを己の目的のために利用するのだと思っていた。

カバカはロンドンに逃亡し、議会はばらばらになった。オボテが新大統領になり、野党指導者らを――自身の党UPC（ウガンダ人民会議）内部の反対派ともども――投獄した。こうして事実上、若き国家の民主主義との短い冒険に終止符を打ったのである。

オトンデ・オデラ

「神のご意志により、クーデター後、私は大統領の料理人になった。

大統領のしていることが合法かどうかは深く考えなかった。オボテは私の上司で、私の兄弟部族出身だったし、私にとって兄弟のような存在だった。私たちの間柄がうまくいっているのがうれしかった。

仕事は一変した。オボテ首相の料理人だったときは主に首相と職員のために調理していた。厨房には我々料理人が三人、ときには四人いて、それで十分足りていた。

オボテ大統領の料理人になってからは、外国の代表団と行政府の全職員、つまり数十人分の料理を作らねばならなくなった。厨房には十数人はいたから、彼らに指示を出して、仕事の手筈を整える必要もあった。

厨房を三つの部門に分けるところから始めた。肉部門、野菜部門、ケーキとデザート部門。最後のはパン焼きも担当した。我々は毎日、朝食にインドのパンを、夕食にヨーロッパ風のパンを焼いた。私はだれよりも早起きして朝の五時には厨房に入り、他の料理人の作業を監督し、大統領の食卓に出す料理はみずから用意した。チャパティの生地を試したり、クレープを焼いたりした。必要に応じてバザールに出かけ、足りないものを買った。

オデロ・オソレの仕事も変わり、部屋係から宮宰兼部屋係全員の責任者になった。本人は決して認めなかったが、この昇進はオボテの妻ミリアと親しくしていたおかげなのだと私は知っている。オソレを昇進させるよう夫を説得したのは彼女で、あんまり長々としつこく要求されたので、オボテはついに根負けして認めてやったんだ。

オソレは、私と運転手のオククと一緒にビールを飲みに行かなくなった。何をするにもミリアに取り入ろうとした。彼女のカーテン選びを手伝い、シーツや服を買いに店まで同行した。ミリアは私が嫌いだったので、オソレは私たちから安全な距離を取るほうを好んだ。私とオククががっかりしたのは言うまでもない。だが、だれだって自分の人生を自分にとって最善だと思う方向に向かわせるものだ。オソレはおべっか使いの道を選んだ。我々にはどうしようもなかった。

ウガリ（牛乳で煮たコーンミール）を添えた魚
©Collins kimeli/https://commons.wikimedia.org/wiki/File:Ugali,_the_staple_food_in_East_Africa.jpg

大統領は何を食べたかって？　肉は少なめで、その代わり**マラクワン**が大好物だった。これは胡麻、ザクロのペースト、ピーナッツ、茹でた青菜を使ったスパイシーな野菜料理だ。魚も好きで、たいてい野菜を添えたティラピアを食べていた。そしてキャッサバ――キャッサバ芋から採れる粉。またはウガリ、つまりコーンミールを牛乳で煮たものを、魚の切り身に添えて。

だがいちばんよく頼まれたのは英国料理だった。すでに話したように、私が雇われたのは、白人向けの料理を作れたからだ。

大統領は皆に『ドクター』と呼ばれていた。博士号を持っていたからね。だがオボテは笑って、自分ではなく私、オトンデ・オデラの方がドクターだと言っていた。お腹のドクターだと。

宮殿での私の地位は高まった。大統領は私のいない厨房など想像できなかったからね。他の料理人たちだけだと厨房がばらばらになってしまうと感じていたんだ。私は厨房に規律をもたらした。料理人たちに好かれる必要はなかった。重要なのは彼らに恐れられていたってことだ。

もちろん新たな責務が山ほどのしかかってきたが、オボテは私の給料を上げることなんか考えてもいなかった。相変わらず私は新人の頃と同じ三百九十シリングで働いていた。仕事が終わってからケーキを焼いたり、金持ちのパーティー用にデコレーションケーキを作ったりして、副収入を得ないとやっていけなかった。

オボテに気に入られれば気に入られるほど、敵が増えた。だが連中は私に何もできなかった。だれも手出しできなかった。たとえばこんな話がある。ある日、私は大統領の弟リヴィングストンと口喧嘩した。いつもはとてもいい関係だったが、その日に限って何か気に入らないことがあったのか、彼はいつになく機嫌が悪かった。相手が怒鳴りだすと、私も負けてはいなかった。だれの兄弟だろうと、私に怒鳴ってはいけないんだ。

それで私は拳で殴りかかった。

『やりやがったな、見てろよ』と言い放つや、彼はオボテに直訴しに駆けていった。

私は追いかけながら、途中でさらに蹴とばしてやった。

私たちはふたり一緒に大統領の私室に飛び込んだ。大統領の弟が先に、私が後に続く。ふたりとも汗だくで、興奮し、私はまだ片手で彼のシャツをつかんでいた。

『ミルトン、おまえの料理人が俺をぶちやがった！』弟はわめいた。

オボテはおもむろに新聞から顔を上げた。私を見、弟を見た。最後にうんざりしたようにこう言った。

『リヴィングストン、おまえは自分の家がないのか？』

『あるさ』弟はわけがわからず答えた。

『ここが気に入らないなら、ドアは開いてるぞ』と大統領は告げ、我々を追い出すなり、ぴしゃりと扉を閉めた。

どうしたかって？　どうすればよかったのか？　弟を殴り終えると、昼食を時間どおりに出せるよう厨房に戻った。

オボテとは長年一緒だった。互いをとてもよく知っていたし、彼には本当に気に入られていたと思う。私のいたときに彼は結婚し、私のいたときに彼の子供たちが生まれた。

でも、そこにたどり着いたとき私は貧しかったし、ずっとそのままだった。オボテの政権下、身を粉にして働いたが、結局何も得られなかった。貯金も、車も、オートバイさえも。何ひとつ。

何もかもがイディ・アミンのせいで一変することになった。良くも悪くも」

アミン

1

合同クーデターから数年後、オボテとアミンの関係は極度に緊張していた。大統領は、自分の命を狙った企てのうち、少なくとも一回について将軍に疑いをかけていた——弾丸が顔をかすめ、彼に向かって投げられた手榴弾は不発だった。

しかしオボテは相も変わらず、己の政権をおびやかすにはアミンはあまりに愚かすぎると考えていた。オボテはアミンを高慢な無関心をもって扱った。一九七一年一月、彼はイギリス連邦首脳会議のためシンガポールへ赴いた。帰国したらアミンを投獄するつもりだった。

ただアミンは悠長に待ってはいなかった。オボテが出発して数日後、戦車がカンパラの通りに繰り出した。兵士たちがエンテベとカンパラの主要道路を封鎖した。クーデターは戦車の銃身を弾丸が通り抜けるがごとく円滑に進んだ。増税し、国民に緊縮財政を強いたオボテに、人々はうんざりしていた。イディ・アミンが権力を掌握したことを、人々は神からの贈り物のように受け止めた。

もしも私が鳥ならば、
もしも翼があったなら、

オボテの隠れているところ、
はるかそこまで飛んでいく。
奴をアミンのもとへ連れていく。

こんな歌をその日は兵士たちも、一般のウガンダ人も歌った。そして戦車の前に花を投げた。

2

厨房でのオトンデはそつがない。彼のそばでは冗談や余計な言葉は一語たりとも発する余地がない。嫁と孫娘たちが突然何かの拍子に笑い出すと、たちまち目で叱る。厨房は静かで、秩序立って、落ち着いているべきなのだ。

「私のところではいつもこうだった」彼は言う。「仕事は冗談のためにあるんじゃない。厨房では私が独裁者だった」

そして詫びるのだが、私も口をつぐんで質問を控えなくてはならない。料理というのは気を散らすにはあまりに重要な問題なのだ。

だから私は黙って、彼の嫁と孫娘たちが野菜を切る様子を見つめる。オトンデが巧みな手さばきで魚の皮を剝いで切り身にするのを、切り身から骨を取り除いて揚げる用意をするのを見つめる。そのすべてに大量の塩をまぶすのを見つめる。

「アミンのと同じだけ塩を振るぞ」と彼は言うが、一口でも飲み込めるかどうかわからない。なにしろアミンはとんでもない量の塩を振るよう命じていたから。

最後に、鍋にかがみ込むオデラがまったくの別人になる様子を見つめる。さっき見たのとは別種のエネルギーが彼の中に入り込む。ブードゥーの儀式を観察しているような気分になる。オトンデの顔つきが変わり、動きも違ったものになる。さっきよりも若返り、巧みに動き、背筋がぴんと伸びたようだ。だが違う、これはブードゥーではない。これは己にふさわしい場所で、自分のいちばん好きなことをしている人間にすぎない。

鶏は焼けているし、魚はもうじきフライパンから取り出せるだろう。さて、己の政治的な父《パトロ》、ミルトン・オボテを倒したイディ・アミンの話に戻ろうか。

オトンデ・オデラ

「最初の銃撃が大統領官邸で聞こえたのは午後だった。何が起きているのか、だれも知らなかった。もっとも、何かおかしなことが起きるかもしれないという兆しは数日前からあったが。オボテがシンガポールに発ってからというもの、ラジオは彼についての話をやめ、イディ・アミンに関する話ばかりになっていた。だがそれがクーデターになるとはね。思いもよらなかったよ。アフリカではこれまで二十回以上の軍事クーデターがあり、いろんな機会に私が料理を作った大統領の多くは、もはや大統領ではなくなっていた。しかしつねに、オボテは状況を支配しているように見えた。

ところがいきなり銃撃が始まった。数人が宮殿から逃げようとし、私も最初は反射的に駆け出した。

だが妻と幼い子を連れて逃げられる可能性はなかった。

街を制圧した兵士たちがランゴ族とルオ族を殺しているという噂が伝わってきた。怖かったが、逃げても意味がなかった。我々は宮殿に閉じこもって待った。何を？　死を。我々はこう思った――カクワが、というのもアミンはカクワ族出身だったからだが、今後は彼の部族が支配することになって、我々は撃ち殺されるだろうと。

幸い、アミンに無断であえて宮殿に立ち入ろうとする者はなかった。兵士たちはただ我々を包囲して待っていた。

ついに夕刻、イディ・アミン将軍みずからジープに乗って、両脇にピストルを携えて到着した。宮殿に駆け込むと、全員に呼びかけた。我々は階下のホールに降りるよう命じられた。

そこで銃殺されるに違いないと思った。他人の背後に隠れようとする者もいたよ。

だがアミンはこう言った。

『怖がらなくていい、おまえたちにとっては何も変わらない。いままで働いてきたように今後も働いてくれ』

そして夕食を出すよう命じた。

用意したものはあったかな？　もちろん、あった。前回のクーデターで学んだのは、将軍たちはクーデターを起こすためにいるということ。料理人は、きれいに手を洗って、清潔なエプロンをつけるためにいる。そして料理をするために。解雇される理由なんかない。なぜって連中がクーデターを起こすときは腹ぺこでやって来るだろうし、連中に食わせるために何かうまいものがあるかぎり、彼らに殺されずにすむ可能性があるからだ。

想像してみてくれ、アミンが一日中クーデターをやって、夕方宮殿に着いたとき、ここで夕食が待っていなかったとしたら、どうなる？　我々は地獄を見ることになるだろう。空腹のせいでね。人間は空腹のせいで気が狂ってしまうんだ、私はそれを何度も見てきたよ。

そのときはティラピアと山羊肉のピラフを用意した——アミンの好物だと憶えていたんだ。それを全部洗いたてのテーブルクロスの上に、オボテが英国人から譲り受けた銀器に並べて供した。アミンは自分が勝利したんだから、うまい食事にありつけて当然と感じたに違いない。いいかい、上等な靴とスーツを身につけた立派な身なりの料理人が出す見事な料理以上にすばらしい褒美があるかね？

兵士たちは、カバカを倒したときと同じく、宮殿の周りの庭園に野営した。彼らにも鶏肉とピラフを用意してやった。兵士たちだってきつい一日を過ごしたんだ。やはり何か褒美を受け取るべきだった」

3

「夕食を終えるやいなや、アミンはどこかへ飛び出していった。私を待っていたのは、とても悲しい知らせだった。

近くの兵舎の兵士たちから電話があり、こう言われた——死体がある、そっちのだれかだ、なぜなら宮殿の車を運転していたから、と。

だれも死体を引き取りに行きたがらなかった。だれもが恐れていた。ここが安全だとわかった以上、宮殿の外に鼻先を突き出さないほうがましだった。でもだれかが行く必要があった。それで私が出かけた。なにより最悪の事態を予感していたから。

兵士たちは私を中庭に通した。そこには十数台の車が停まっていた。そのうちの一台、ピックアップトラックに載せられた、十数発の弾丸に撃ち抜かれた死体を私に見せた。

それはソロモン・オクク、オボテ大統領の運転手だった。私のいちばんの親友。

兵士たちは死体を私の車に運ぶのを手伝った。私はオククを宮殿に運び、冷蔵室のひとつに入れた。すすり泣きをこらえられなかった。私は冷蔵室のそばに座り、幼い子供のように朝まで泣き叫んだ。

後になって、オククは英雄さながらに非業の死を遂げたことを知った。アミンの部族、カクワ族の兵士がランゴ族とルオ族を殺していると見るや、オククはトラックに乗って、自分の村の出身者たちが住むカンパラ郊外に向かい、そこで目一杯、人を乗せると、ケニア行きの船が出るエンテベを目指した。行きはなんとかたどり着けた。というのも兵士がまだきちんと組織化されていなかったからだ。だが帰り道、検問所のひとつで捕まった。兵士たちによれば、向こうが先に武器を取り出して撃ちはじめたのだという。兵士のひとりを撃ち殺したので、彼は兵士たちに殺されたのだと。でも私は信じない。オククはとても穏やかな人だった。

数日後、状況が少し落ち着いたとき、オククの亡骸をケニアに運ぶ手配をした。私は部屋係のオデロ・オソレ、我々の共通の親友に、手伝ってくれるかと訊いた。オソレは、手伝いたいのは山々だが、いまはやることがたくさんあると言った。アミンは大柄で太っているから、靴からシャツやスーツに至るまで、新しい服を買いそろえなくてはならないんだ、と。

『だがな、きょうだい』オソレは付け加えた。『おまえはきっとひとりでうまくやれるさ』

オククの亡骸は湖を渡ってキスムに着き、そこで家族に引き取られた。立派な葬式だった。大勢の人がやって来た。その中には、彼が連絡船まで運んでやった人たち、彼のおかげで生き延びた人たちもいた。

私は涙を飲んで、いつもどおり働かねばならなかった。アミンの下では、私を寵愛してくれたオボテの下でのように多くを任せてもらえたわけではなかった。ここでは——最初からわかっていた——私の命は料理の腕にかかっていた」

4

「オククはアミンの部下に殺されはしたが、アミンはいい大統領になるだろうと私は信じていた。なにより私の暮らしはずいぶんましになったからね。

始まりはこうだ。クーデターの一年半前、英国でカバカが死んだ。カバカはオボテに毒殺されたのだと人々は噂したが、本当かどうか——私は知らない。

カバカはウガンダでは相変わらずとても人気があった。アミンは大統領になると、カバカの遺骸を飛行機でカンパラに運ばせて、立派な葬儀を執り行った。最前列で、棺のそばに立ち、まるで棺の中に横たわっているのが自分の父親であるかのように、まるでオボテと共に彼を倒したのは自分じゃないかのように、涙を流した。

カバカの遺骸をイギリスから運んできたのはふたりの将校だった。彼らは宮殿に泊まったので、到着してすぐ、私がふたりの夕食を作った。野菜スープ、ステーキ・アンド・キドニーパイ——これは賽の目に切った牛肉と腎臓にパイ生地をかぶせて焼いた料理で、メンサヒブのところで教わった——それとチョコレート・プディング。

朝、ふたりの英国人将校はアミンに会いに来るなり、昨日の夕食について尋ねはじめた。

『大統領閣下、非常に美味でした。白人の料理人がいるのですか？』

『私と同じくらい白いぞ』アミンは笑いだした。

ふたりが信じようとしなかったので、アミンは私を呼びつけた。彼らが何を言っているのかひとこともわからなかったが、私は丁寧にお辞儀をして、サンキュー、サンキューと繰り返した。

英国人パイロットふたりはあっけにとられ、アミンは鼻高々だった。黒人は白人に劣りはしないと白人に証明したかったのだ。それで英国人将校がロンドンに戻ると、すぐに私を呼んだ。

『オトンデ、おまえの稼ぎはいくらだ？』アミンは訊いた。

『三百九十シリングです、大統領閣下』私は答えた。

『本当か？ そんなに少ないのか⁉』アミンは驚いて叫んだ。

すぐに行政長官を呼んだ。

『レイク・ヴィクトリア・ホテルに電話して、あそこの料理長の給料がいくらか訊くんだ。オトンデの給料を直ちにそれと同額に上げろ。ただちにだぞ！』彼は強調して言った。

行政長官は頭を下げ、しぶしぶながら電話した。

そこの料理長は千十七シリング稼いでいることがわかった。それ以来、私もそれだけの額を稼げるようになった。そのうえ大統領は私の給料を三か月さかのぼって——つまり彼が政権を握ってからの全期間——その額にするよう命じた。

その時点で、私は大統領宮殿の全管理部門の稼ぎ頭だった。オボテの時代からやはり給料が変わらなかった行政長官は、この苦汁を飲まざるを得なかった。

やがて彼はさらなる苦汁を飲む羽目になった。ある日、長官は私をホールに呼んだ。

『オトンデ、おまえに思いがけない贈り物がある』と努めて微笑みながら言った。

私はエプロンで両手を拭うと、長官の後に続いた。車寄せには真新しいピカピカの黒いメルセデス・ベンツが停まっていた。

『これは大統領閣下からの贈り物だ。おまえが買い物に行くとき乗れるようにと』彼は言った。

私は一礼し、すばらしい贈り物に感謝して、大統領閣下にご満足いただけるよう、これからも働き続けますと約束した。

長官はひとことも返さなかった。彼だって一生懸命、身を粉にして働いてきたのに、自由に使える車は一台もなかった。宮殿の大勢の職員も車は持っていなかった。神様！　いまとなっては恥ずかしいことだが、当時はみんなの鼻を明かしてやったと、自分がとても誇らしかった。もちろん苦しんださ、アミンとその部下たちがオボテの部下をいかに扱っていたか見ていたからね。知り合いの多くは国外に逃げる羽目になり、運転手のオククも含め、何人かが殺された。だがアミンの統治は私にとって三倍の給料とピカピカのメルセデスを意味していた。それが気に入らなかったと言えば嘘になる」

5

ロンドン、ヒースロー空港の航空管制官には解明すべき手ごわい謎がひとつあった。南から接近中の航空機のうち一機が着陸許可を求め、ウガンダ大統領、陸軍元帥イディ・アミンが搭乗していると報告してきたのだ。

王立アフリカ小銃隊でかつてアミンの上官だったイアン・グレアム少佐は次のように回想する。

「彼が来るなんて英国ではだれも知らなかったし、来る理由もわからなかった。幸い、女王が翌日のランチを共にすることに同意した。食後のコーヒーを飲みながら女王は来客を見て尋ねた。『大統領閣下、どうか教えていただけますか、なぜ私どもはあなたをお迎えするというこの思いがけない栄誉に浴しているのでしょうか？』アミンは大声で笑いだした。そして笑い終えると、こう説明した。『ウガンダでは、陛下、サイズ15*の茶色い靴を買うのは至難の業なのです』」

アミンの英国贔屓は伝説だった。年々増え続ける自分の称号リストに（「ウガンダ終身大統領閣下、陸軍元帥、地上のあらゆる生物と海の魚の支配者、ヴィクトリア十字章・殊功勲章・戦功十字章受章者」という文言がラジオでアミンの名が発せられる前に毎回唱えられた）、最後のスコットランド王と大英帝国征服者の称号を追加した。また軍楽隊を設立するよう命じ、この楽隊は、キルトをまとい、バ

* 約三十三・五センチメートル。

グパイプの演奏であらゆる重要な祝典に花を添えることになっていた。

「スコットランド贔屓は私譲りなのだよ」スコットランド人のグレアム少佐は微笑む。「アミンと私は同じテントで何度も一緒に寝て、幾晩も語り合った。そのとき部族中心主義とスコットランドの氏族について話し合ったのだ」

実際、アミンは靴を買うためにロンドンに飛んだわけではなかった。イギリスで武器を購入したかったのだ。ウガンダ軍の軍備を増強し、ミルトン・オボテが潜伏中のタンザニアを含む近隣諸国を牽制するために。だが武器購入が頓挫するとアミンは激怒して、英国を主要敵国のひとつと見なすようになった。

アミンのことを陽気な間抜けで容易に操れると考えていた者は、彼の統治が始まって一年あまり後には、それがいかに見当違いだったかを思い知ったに違いない。

6

「新大統領が私に要求したことはひとつだけだ。彼はムスリムだったので、自分のために働く者全員に割礼を受けるよう要求したんだ。宮殿で働き続けたければ、包皮を切除しなければならなかった。アミンにとって宗教がそれほど重要とは思えなかったので、これにはちょっと驚いた。だが楯突いても無駄だ。行政長官オイテ・オジョク、料理長の私、そしてアミンの宮宰となった親友オデロ・オソレも割礼を受けた。オククが死んでから、オソレとまた親しく付き合えるようになってうれしかった。私たちは仕事が終わるとときどき会って話をした。彼は私が自分の問題を打ち明けられる唯一の相手だった。オククがいなくてどんなに寂しいかを話せる相手は彼だけだった。そして彼だけがそれを理解してくれた。

　我々に続いて、残りの全員――料理人、給仕係、助手らも割礼を受けた。我々は皆、大統領とその家族のかかりつけだったムラゴ病院に行くことになった。手術は一分もかからなかった。私は問題なく仕事を続けることができた。

　イスラーム教がアミンにとって、より大きな意味を持つようになったのは、のちに大統領がヨーロッパやイスラエルと断交し、カダフィ大佐と親交を結んだときのことだ。カダフィはカンパラの中心部にモスクまで建て、アミンは時折そこへ礼拝に出かけていた。私はカダフィに二回会ったことがある。彼は私を兄弟のように抱きしめ、私の作ったものを食べたが、長く話す機会はなかった。

　アミンがムスリムにますます尊敬の念を抱いているとわかると、オソレに奇妙なことが起きた。突然イスラーム教を受け入れることにしたんだ。皆がそれを嗤《わら》った。というのも、そんなことをしたのは明らかに、アミンに気に入られるためでしかなかったからで、それはかつてオボテの妻ミリアに気に入られようとあらゆることをしたのと同じだった。アミンでさえそれを嗤った。アミンはオソレを『ハッジ』と呼びはじめた――メッカとメディナに巡礼した者たちだけをこう呼ぶんだが、オソレはまだそうした聖地を訪れたことがなかった。

　そのときは、オソレはやりすぎだと思った。我々はアミンに取り入る必要はなかったし、そんなことをしなくてもアミンは気前がよかった。割礼を受けただけで私はアミンから贈り物をもらった。だが親友の選んだことには口を挟まなかった。相変わらず私たちは夕方顔を合わせては、自分たちにとっていちばん大事な事柄について語り合った。

ふたりとも仕事には満足していた。オボテは食事の支度に対して『ありがとう』と言ってくれたためしはなかったし、オソレにも服の用意に対して感謝の言葉を口にしたことはなかった。オボテは自分の家族も含め、全員を見下していた。だがアミンは？　私が何か特別な料理を作ったときは、給料とは別に金一封をくれたし、料理については感謝の言葉を五回も述べたものだ」

7

「アミンの時代、私は一張羅と公用車のメルセデスを持っていて、そのうち私用にフォルクスワーゲン・ビートルを自分で買った。妻は二人目の子を産んだ。息子のエドワードは政治家や大臣の子供たちも通っていた名門校に入った。ところがアミンは何度も私にこう勧めた。『オトンデ、おまえはこれほど才能ある料理人で稼ぎもいい。もっと大勢の女を持つべきだ』と。

ある晩、アミンは私が夕食中に若い娘と話しているのを見た。こちらにやって来ると、私たちの肩に両手を置き、その娘に私のことをどう思うか、私のことをもっとよく知りたいかと尋ねはじめた。この男は最高の料理人だから、こいつと一緒ならきっとうまい料理をたらふく食えるぞと言った。

夫や恋人を見つけるために、わざわざ宮殿のパーティーにやって来る女たちがいた。大臣のだれかを狙っているのか？　それとも影響力のある役人か？　それが駄目なら、料理人でもいい。食べるものにも事欠く国では、いっそその方がいいかもしれない。

大統領本人に、私のことをもっとよく知りたいかと訊かれて、その娘に一体何が言えただろう？

やがてその娘は私の第二夫人になった。私はムスリムじゃなかったが、我々ルオ族も複数の妻を持つことができるんだ。

女に関してアミンには強迫観念があった。つねに複数の女性と関係を持ち、愛人たちと会い、絶えず女の尻を追いかけまわしていた。アミンを拒否することはできなかった。もし女の方が拒絶すれば、その女は国を出ざるを得なかった。さもないとアミンに復讐されたからだ。アミンが既婚女性を手に入れようとしたときは、彼のボディーガードが女の夫を殺すこともあった。

彼はこの強迫観念を他人にもうつした。私の二度目の結婚式の後、妻がふたりでも少なすぎるとしょっちゅう繰り返した。私たちがどこかへ出かけたとき、ダンスパーティーがあって、私がどこかの娘と話しはじめると、アミンの部下のひとりが現れた。彼はサバ・サバと呼ばれていた。いつも大金の入ったブリーフケースを持っていて、さりげなく私を脇に連れていくと、こう言った。『大統領はあなたにこの女性と楽しく過ごしてほしいと願っている』

そして数千シリング渡された。

一見それは命令ではなく、その言葉は冗談のようだったが、アミンを拒むことはできなかった。それは彼にとっての一種の見世物だった――アミンは座って、眺め、人々が互いに親しくなる様子を見て楽しんでいたんだ。

こうしてアミンのおかげで私はさらにふたりのウガンダ人女性と結婚した。ひとりはジンジャという都市にアミンに同行したとき私が連れ帰った女で、もうひとりは彼の生まれ故郷の村近くの出身だった。結婚式の前に大統領はいつも我々に金一封を手渡し、今後も我々と我々の子供たちの面倒を見ると請け合った。実際アミンは我々のことを憶えていたから、彼のことを非難できない。我々は賞与をもらっていたし、食べ物も服も不足したことはなかった。

アミンの下で私は料理人として頂点を極めた。厨房の年間予算は八百万シリングにのぼり、私がその全責任を負っていた。パーティー用に百羽以上のローストチキンをひとりで用意することができた。ちっとも苦じゃなかった。この仕事が大好きだった。

私が考案したのは山羊の丸焼きだ。我々は山羊の内臓を取り出し、顎ひげを切り取り、腹の中に、米、ジャガイモ、にんじん、パセリ、豌豆、香辛料少々を詰めた。もちろん全部、細切れにした山羊肉と混ぜてある。それをオーブンで焼き、少し焼き色がついたら、最後に顎ひげを元どおり貼り付けた。山羊はまるで生きているみたいに、立った姿勢でテーブルの上に運ばれた。だれもが仰天したよ。山羊は、まるで牧草地から真っすぐやって来たかのようで、なのにそれをこれから食べるというんだから。

アミンとの最初の数年は黄金時代だった。当時のもので私の手元に残ったのは二着の上品なスーツ。それだけだ」

8

アミンは自分の権力をおびやかしかねない者全員を恐れていた。とりわけ教育水準の高い富裕な者たち、あるいは前政府とつながりのあった者たちを。それで警察と軍に絶対的な権限が与えられた。彼らは法の威厳で人を殺すことができた。公安局は無制限かつ闇雲に人々を殺害した。

ウガンダの首都カンパラの中心部に秘密警察の地下牢があった。人々は通勤時にしばしば、拷問される者たちの悲鳴を聞いた。あるいは銃声を。もっともアミンの部下はたいてい金槌か山刀《マチェーテ》で殺した。

アミン政権の元大臣、ヘンリー・キエンバ*が書いているように、クーデターの数年後、人々は数百人規模で殺され、犠牲者は墓に収まりきらなかった。埋葬する代わりに、公安局は人々の遺体をナイル川に捨てた。遺体はワニに食われた。キエンバは命が惜しくてイギリスに逃げた。

オトンデ・オデラ

「年を追うごとに事態は悪化した。宮殿のだれもが命を落とした人を知っていた。我々が直接知っていた人たち——オボテ時代の大臣やＵＰＣの政治家——は跡形もなく姿を消した。その後、手足と耳と舌を切り落とされた死体となって見つかった。

そんな怪物のためにどうやって料理を作れたのかと訊くんだね。そうだな、私には四人の妻と五人の子供がいた。アミンに束縛されていたから、逃げられなかった。いつ、そうされたのかも気づかなかった。彼の金なしでは立ち行かなかっただろう。私は完全にアミンに依存していて、向こうもそれを知っ

---

* H. Kyemba, *A State of Blood. The Inside Story of Idi Amin's Reign of Fear* (Ace Books, 1977), p.22. 〔ヘンリー・キエンバ『大虐殺——アミンの恐るべき素顔』青木榮一訳、二見書房、一九七七年、十九頁〕

ていた。同じように彼は、ボディーガードや大臣や友人たちも自分に依存させたんだ。それに私は、アミンに殺される人々をどうやっても助けられないと知っていた。だってどうすれば？　アミンを毒殺する？　そうなれば私も命を落としていたはずだ。それに次の大統領がもう人殺しはしないと、どうやって信じられる？

宮殿にいる我々は皆、おはようの挨拶代わりに我々を殺すよう命じかねない狂人のために働いていることを知っていた。だが、そんなことは一度も起こらなかった——ピラフ事件までは。

事の次第はこうだ。**あるとき私はレーズン入りのとても甘いピラフを作った。簡単な料理だ。米を炊いて、レーズンを加え、最後にシナモンを振りかける。**モーゼス・アミンは父親譲りの食欲で、はち切れんばかりにがつがつ食った。当時十三歳のモーゼスは、ひどい腹痛を起こした。

アミンは息子が毒を盛られたと思った。彼は宮殿中を走りまわって、こう叫んだ。『うちの息子に何かあったら、おまえら全員殺してやる！』

これからどうなるのか、私はぐずぐず待ってはいなかった。子供を連れて、裏口から一緒にこっそり出ると、車でムラゴ病院に向かった。大統領一家のかかりつけ医のところに行くと、医者は息子の腹を押しはじめた。その間、私は宮殿につないでくれと電話交換手に頼んだ。

アミンはその頃、気も狂わんばかりに『毒《ポイズン》だ！　毒《ポイズン》だ！』とわめいていた。

私が本当にアミンの息子に毒を盛ったと、だれもが信じていた。そして私が逃げたので、私のせいで自分たちは皆死ぬんだと思っていた。だから行政長官は私の声を聞くと、受話器をすぐ大統領に手渡した。後で知ったんだが、アミンは片手で電話を持ち、もう片方の手で料理人のひとりの頭にピストルを突きつけていたらしい。

その間、医者はなおも息子の腹を押していたが、とうとう子供は大きなおならをした。

『だいぶ気分が良くなった』と息子は言った。

医者はアミンに、お子さんはなんともありません、ただの食べ過ぎです、もうしばらくはガスが出るでしょう、と報告した。

アミンはその後の数週間、これをあっぱれな冗談と見なした。私を見かけるたびに笑いだし、うれしそうに肩をたたいて、こう叫んだ。

『おなら、おなら！』

私は別に可笑しくはなかった。仮に冷静さを失って、モーゼスを病院に連れていかなければ、私はとっくに死んでいたかもしれない」

9

カンパラの人々は今日でもこう語る――アミンは自分が殺すよう命じた人々の血を飲んだ。あるいは、人々の肝臓の切れ端を食べたとか。少なくとも、自分を倒そうとした参謀長チャールズ・アルベについてはそうするつもりだったのだと。「私が保健相だったころ、アミンが犠牲者の死体を一人で見たいと言ってきかなかったことが何度もあった。［中略］もちろん、一人で何をしていたのか、はっきりした証拠はないが」とヘンリー・キエンバは書いている。「アミンは血の儀式をしていたのだと一般に信じられている」*

しかしながら別の箇所でキエンバは、人々に自分は予測不可能であるという印象を与えるためにアミンはさまざまなことをしたと認めている。おそらくそのときもそうだったのでは？

「彼が人食いだったとは信じない」イアン・グレアム少佐はきっぱり言う。「無論、彼は人々を殺した。そのことは非常に残念だ。だがその人たちを食べたとは信じられない」

アミンは衝撃を与え、人々はアミンを恐れたので、彼にさらに多くのことを許してしまった。この戦略はヨーロッパ諸国にとっても都合が良かった。人食いの野蛮人アミンの例を盾に、アフリカ諸国の独立を嘲笑うことができたからだ。

アミンが人肉を食べているところを目撃した人はいない。アミンに殺されかけた直後に回想録を書いたキエンバでさえ、大統領が人食いであったかどうか予断してはいない。流布しているのは伝聞と噂話ばかり。

しかし私は情報源のすぐそばにいるじゃないか！　アミンの人肉食について、彼の長年の料理人、オトンデ・オデラでなくて一体だれに訊けばいいのか？

オデラへのインタビューを始めて一週間後、ついに私は勇気を奮い起こす。

「大勢の人が、アミンは人食いだったと言っていますが……」私はこう口を切る。

オデラは深く息を吸う。どうやらこの質問を予期していたようだ。私たちが何時間も会話している大木の下の木箱に腰掛けて、しばし思案する。そしてついにこう言う。

「神に誓って言うが、私はそんなもの見たことがない。もちろん、人々がその話をしているのを聞いたことはある。彼のために人肉を料理したかどうか、何度も訊かれたよ。

いいや。そんなことは一度もなかった。

私が管理していた冷蔵庫や冷蔵室では、出所のわからない、自分じゃ買わないような肉は見たことがない。兵士たちが、私が出所を知らない肉を持ち込んだことは一度もない。買い物は私ひとりでしていた」

そしてオトンデは泣きだす。

涙が顎から格子縞のシャツに滴り落ちる。自分を信じているかどうか確かめようとするかのように、彼は私をじっと見つめる。そんな問いに答えなければならないとは信じられないというかのように。自分の給料を三倍に上げてくれた人、その人のおかげで四人の妻と二着のスーツを得、子供の学費と養育費のために金一封を何度もくれた人、毎日栄養満点のピラフを作り、魚を焼き、手ずから野菜を切って食卓に出してきた人、母親が子を養うように自分が養ってきた人、機嫌と体調を長年気遣ってきた人――その人が他人の肝臓を食べたかもしれないなどとは想像もできないというかのように。

10

「アミンにダダというあだ名がついたのは、愛人のひとりと一緒のところを見つかったとき、『これは

＊　Ibid., p.136.［同書一一三頁］

愛人じゃない、ダダだ』と説明したせいだ。ダダとはスワヒリ語で姉妹という意味だ。これが軍の同僚たちを大笑いさせたので、彼らはアミンをそう呼ぶようになり、あだ名になったんだ。

アミンには公式には五人の妻がいた。妻たちは宮殿には住まず、隣に自分たちの家を持っていた。食事のときだけやって来て、食べ終えると帰っていった。彼女たちが話しかけてくるのは、たいていデザート――フルーツケーキかチーズケーキ――について尋ねるためだった。何かつまもうと、夕方、厨房をのぞきに来ることもあったな。アミンはめったに宮殿にいなかったから、寂しかったんだと思う。そして、甘いものほど元気にしてくれるものはない。

彼女たちと話したかって？　いや。料理人の仕事は大統領の妻たちと話すことじゃない。だからたとえ向こうから話しかけてきても、つねに丁重に、だが断固として話を終わらせた。アミンは至るところで目を光らせていたし、きっと料理人のだれかが秘密警察に密告したに違いない。私がアミンの妻たちと親しくしているとだれかが言いだすのに欠けていたのはそれだけだった。

とはいえ彼女たちの生活も楽じゃなかった。

あるときアミンはひとりきりで町を出た。護衛もつけずにしょっちゅうひとりでどこかへ出かけていたが、その夜、宮殿に、大統領が事故に遭ったという電話がかかってきた。だれもがぎょっとした。第一夫人マディナは、着替えて病院に行こうとした。皆、気が気じゃなかった。

こうして我々が意味もなく右往左往していたとき、突然ひょっこり宮殿にアミンが姿を現した。片腕に包帯を巻いていたが、重傷ではなかった。にもかかわらずかんかんだった。着飾ったマディナを目にするや、いきなり彼女を殴りはじめた。アミンはわめいた。『こんな格好をしているのは、俺が死んだと思ったからだろう?!』

そしてなおも殴りつづけた。闇雲に殴った。

我々は皆、唖然とした。だれも指一本動かそうとはしなかった。アミンが我々の目の前でマディナを殺し、その次に我々が殺《や》られるんじゃないかと怖かったんだ。ついに、アミンの信頼厚いキジトという名の男がこう叫んだ。

『大統領閣下、どうかおやめください！』

その瞬間、アミンはホルスターからピストルを引き抜き、キジトに向けて撃った。一発、二発、三発。

弾はひとつも当たらず、キジトはすぐ近くに立っていたものの、生き延びた。マディナもだ。

職員のだれもひとことも発しなかった。我々は皆、自分の仕事に戻った。けれど、アミンが我々の目の前で妻を殴れるなら、我々の目の前で兄弟のように信頼していたキジトを撃てるなら、いつでも我々を撃てるとわかっていた。

だれもが自分なりのやり方でこれに対処しなければならなかった。行政長官オジョクは従順になり、アミンの願いを、言われる前に見抜こうとした。親友で宮宰のオソレは敬虔なムスリムになり、顔をメッカの方角に向けて、毎日仕事の前と業務の合間に祈りを捧げ、暇さえあればモスクに通った。私かい？　アミンに殺されない程度に自分は料理が上手いと信じていたよ。でも宮殿で過ごす日ごとに、ここから生きて出られるという自信をなくしていった。

アミンの五人の妻のうち、二人は悲劇的な状況で死んだ。おそらくアミンの命令で殺されたんだろう。とりわけ残酷な運命に遭ったのはケイで、アミンは彼女の死体を八つ裂きにするよう命じた。

ついに私にもその時が来た」

11

「ある日の朝早く、私はケニアの母を訪ねて戻ってきたばかりだった。浴室の小さな窓越しに、我が家が兵士に取り囲まれているのが見えた。数人が地面に伏せていて、忍び寄ってくる者もいた。どういうことなのかわからなかったが、事態は深刻に見えた。

ついにだれかがドアをノックした。それはウガンダ軍の将校で、見たことのない顔だった。ドアを開けると、いきなり突き飛ばされ、倒れてしまった。それからスーツケースの中身を見せろと命じられた。

そこにはシャツとズボンしか入っていなかった。

将校はスーツケースをくまなく調べ、服以外に何も見つからないと、こう言った。

『ここに何もないのは重要ではない。おまえが大統領を殺そうとしたことはわかっている。幸い、それを我々に知らせてくれた者がいる』

私がアミンを殺そうとした？　いや違う。私は生きたかったし、だれも殺したくなかった。私は泣きだし、何かの間違いだと説明しようとした。エリザベスは将校の足下に身を投げた。だが、だれひとり私や妻の言うことに耳を貸さなかった。兵士たちは私の背中に金属棒を当て、私の体を縛りつけると、肘をつかんだ。私をトラックの荷台に押し込んで、ヴィクトリア湖畔の地下牢まで運び、囚人たちの中に投げ込んだ。ひどい場所だったよ。だれかがうめき声をあげていた。別のだれかは泣いていた。床には男が数人、横たわっていた――死にかけていたのか、もう死んでいたのかはわからない。わかったのは、ここからは出られないってことだ。イディ・アミンの国で生きていた者はだれでもそれを知っていた。

毎日、大統領や大臣や立派な身なりの人々と会う世界から、突然、壁が血と糞にまみれた地下牢に入れられて、そこで死を待つんだ。私は恐ろしくて泣いた。

これは夢じゃなく、私も他の人々と一緒に死を待っているんだとわかったとき、私は祈りはじめた。なぜかはわからない。だってそれまで一度も祈ったことなんかなかったからね。でもそのとき私はこう言った。『神様、人はだれでも死ぬと知っています。私もそれを逃れられないと知っています。でもどうかお願いです、ここではありませんように。いまではありませんように。あともう少しだけ生きていたいのです。あなたが私を十四人のきょうだいのうち唯一救ってくださったのは、ハイエナやカバから守ってくださったのは、私の人生をこんなふうに終わらせるためではないはずです』

その夜は一睡もしなかった。

翌日の明け方、兵士たちがやって来た。私は外に連れ出された。死にに行くんだと思ったが、私は殺されなかった。その代わり、車に押し込まれ、大統領官邸に連れて行かれた。そこでエリザベスと子供たちが待っていた。

ウガンダ人の妻たちは私が逮捕された直後に逃げた。その後二度と会っていない。

私たちは全員、車に乗せられた。どこに連れて行かれるのか見当もつかなかった。エリザベスは泣いたが、声はたてなかった。私は自分がどんな間違いを犯したのかと考えた。がさつすぎたんだろうか？

嫌な奴だと思われていたんだろうか？　でも私は死を宣告されるほど、だれかを傷つけたことなんかない！　結局のところ、私がアミン毒殺を企んでいると注進しただれかは、アミンが私に、そして私の妻と子供たち全員に死刑を言い渡すということを心得ていたんだ。

ナイル川が大湖から流れ出るところにある町、ジンジャを通り過ぎた。私は思った。『ああ、私たちはマガ・マガに連れていかれるんだ』そこは処刑場だった。

ところが車はマガ・マガの方には曲がらなかった。

ケニア側の国境の町ブシアに到着してようやく、私たちは殺されないとわかった。神は私を見捨てないことにした。いまもって私にはわからない理由で、イディ・アミンは私の命を助けてくれたんだ。

軍人たちはケニアの将校をつかまえ、私のことを大統領官邸の料理人だと言った。身分証を持っていないのは、即刻国外追放になったからだと。ケニア人たちはしばらく話し合っていたが、それから私の手錠をはずして、家に帰れと言った。私は鍋も、替えのズボンも持っていなかった。何ひとつ。

何もかも一からやり直さなければならなかった」

12

オデラを追放した後、アミンはさらに二年間統治を続け、揚げ句の果てに、タンザニアとの戦争を引き起こした。やがてアミンはタンザニア軍によって倒された。

一九八〇年五月、カンパラにミルトン・オボテが帰還した。

オトンデ・オデラ

「オボテは戻ってくるとすぐ、ボディーガードのひとりに私を捜しに行かせた。この男は何日かナイロビで私を捜した。そしてついに見つけたんだ。

アミンにウガンダから追放された後、いろんな仕事をしたよ。ボダボダ・バイクの運転手をしたり、ペーパータオルをあちこちのホテルに配達したり。ボディーガードは、私が掃除を手伝っていたカジノで私を見つけた。

オボテが大統領に返り咲き、私を捜していると知るや、すぐに仕事を辞めて、ボディーガードと一緒にカンパラへ向かった。そこで部屋に通され、待つよう言われた。数分後、大統領がドアを開けた。オボテは私を見るなり、すぐに引っ込んでいなくなった。ひとことも言わなかった。

ボディーガードにはこう言われた。

『すまない、オトンデ、どうやら人違いだったらしい。おまえではなく、宮宰のオデロを捜していたんだ。オデロはミリアのお気に入りだったからな。どうもミリアが彼を捜してくれと言ったようだが、名前が似ているおまえを連れてきてしまったというわけだ』

私は心が粉々に砕けてしまうんじゃないかと思った。これからどうすればいい？　ケニアに帰る切符代さえなかった。

突然、給仕係のひとりが私に冷たいコーラを持ってくると、栓を開け、グラスに注いだ。

わけがわからなかった。一体このコーラはどこから出てきたんだ？

しばらくするとオボテの補佐官がやって来た。大統領からあなたをレイク・ヴィクトリア・ホテルにお連れするよう指示を受けた、そこに部屋が用意してある、と言われた。

もう何が何だかさっぱりわからなかった。コーラ？　ホテル、それも五つ星の？　ならどうしてオボテは私を見るなり出ていったんだ?!

実は、オボテは泣いていたんだ。子供みたいに泣いていたと後になって聞かされた。自分が泣いているところを見られなくなかったんだ。私は宮殿に戻り、彼のために働いた。

さらに後になってわかったことだが、ミリアは本当にオデロ・オソレを捜していた。だがオソレ――政権内で唯一イスラーム教に改宗した男――は、アミンと共にサウジアラビアに亡命していた。そこで側近としてアミンに仕え続けた」

13

ミルトン・オボテは続く五年間ウガンダを支配した。運命は彼にめったにない機会を与えた――倒された指導者のうち元の地位に返り咲く者は少ない――が、「ガーディアン」紙の解説者が書いたように、彼はその機会を台無しにした。*国の北部で反乱が起きたとき、オボテは野蛮な攻撃で応えた。反乱勢力を標的にするはずだったが、民間人にかなりの被害が出た。軍はまたしても、アミン時代のように、人々を拷問し、殺害した。だが、これらの犯罪を指示したのは、間抜けと思われていたごつい元ボクサーではなく、礼儀正しい教養ある紳士だった。そのため、あまり見栄えがせず、西側のメディアは進んで報じようとしなかった。第二次オボテ政権は数十万人の命を奪ったが、それについて言及されることはほとんどない。

一九八五年、カンパラはヨウェリ・ムセヴェニ率いる蜂起軍に制圧された。ムセヴェニは現在もウガンダの大統領である。ミルトン・オボテは二度目の国外逃亡を余儀なくされた。

オトンデ・オデラ

「パルチザンがやって来たとき、私はまたもや何もかも用意してテーブルに並べた。だが今回はオボテやアミンのときとは違った。連中には、自分たちが信頼し、戦いの最中に料理を作ってくれた料理人たちが同行していたんだ。連中は私の作ったものは一切食べないだろう。私は彼らにとって疑わしい人間だった。

新大統領とはひとことも交わしていない。廊下ですれ違った、それだけだ。たぶん向こうは私が何者かも知らなかっただろうね。数日後、宮殿を出ていくよう命じられた。妻と子供たちを連れてケニアに戻った。所持品は二着のスーツと、いくつかのスーツケースとオートバイだけ。またもやゼロからやり直しだった。

〈あまねく世界のイエスの力《パワー・オブ・ジーザス・アラウンド・ザ・ワールド》〉教会の司教の運転手の仕事を見つけた。司教のおかげで私はイエスを

* J. Marshall, "Milton Obote. The First Leader of an independent Uganda, he imposed virtual one-man rule, but was twice overthrown", *The Guardian*, October 12, 2005. https://www.theguardian.com/news/2005/oct/12/guardiano-bituaries.hearafrica05

地元の市場で買い物をするオトンデ・オデラ　©Reuters Video/Forum

見いだした。教会に通いはじめた。いまも通っていて、毎週日曜日には最前列に立ち、自分の並はずれた人生――鯨の腹の中から逃げおおせたヨナの人生――を例にとり、いかに主が偉大か、いかに類い稀な道に沿って我々を導いてくださるかを証言している。私は遠からずイエスに会うことになると知っている、いまこうしてあんたに会っているようにね。

覚悟はできている。

八十歳を過ぎて、だんだん体も弱ってきた。家は見てのとおり。壁や屋根に開いた穴はあまりに大きくて、あんたの手がすっぽり入るほどだ。雨が降れば頭が濡れる。風が吹けば顔に吹きつける。うちの便所も見ただろ――地面に掘った深い穴だよ。夜中に用足しに行くたびに怖くなる、あそこに落っこちて、だれかが気づく前に糞の中で溺れ死ぬんじゃないかってね。大統領に料理を作っていた人間が、こんな暮らしをしているなんて思うかね？　カダフィ大佐や皇帝ハイレ・セラシエとも握手したことのある人間が？

しかもますます衰えているのに、ますます多くの家事をひとりでやらないといけない。我がエリザベスはずっと一緒にいるが、もうめっきり弱ってしまった。つまり、体は元気なんだが、頭が体についていかないのさ。家を出て、帰り道がわからなくなってしまったことがあった。最近じゃ私を見ては微笑んで、あなたはだれと尋ねることもある」

14

「私が故郷の村に戻って数年後、イディ・アミンの宮宰、オデロ・オソレも戻ってきた。彼はアミンが死ぬまで仕えていた。いろいろ誤解はあったものの、我々はいい友達で、長年互いを知っていた。だから、彼の村の近くに出かける人がいると——ここから三十分のところに住んでいたんだ——よろしく伝えてくれと頼んだ。

向こうはどういうわけか一度も返事をよこさなかった。だれを通じても『神があなたと共におわしますように』の挨拶ひとつ返さなかった。

私は思った。こっちがイエスを信じていて、向こうがムスリムだからだろうか？　だがそんなことが私たちの友情の妨げになるだろうか？　私はムスリムの友達も大勢いる。そんなのは理解できなかった。

ある日キスムの市場で、大統領宮殿で使い走りをしていた男に出くわした。私はそいつに、オソレについて引っかかっていることがあると言った。そして、オソレに会いに行って、私に何か恨みでもあるのかどうか尋ね、昔を思い出したいんだと。

その知り合いは愚か者を見るような目つきで私を見た。

『オトンデ、あんた何も知らないのか?』

『一体何を知ってるっていうんだ?』私は面食らった。

『オトンデ、あんたがアミンを殺そうとしていると告げ口したのはオソレなんだよ。あいつのせいであんたは危うく殺されかけたんじゃないか』

宮殿のだれもがそれを知っていたらしい。知らなかったのは私だけだ」

15

「オソレは数年前に死んだ。生前、会う機会はなかったから、おまえが裏切ったのは知っていると面と向かっては言えずじまいだった。

キリストのおかげで彼を許したと伝えることもできなかった。私は教会の全会衆の前でこう言った。

『主イエスよ、どうか我がきょうだい、オソレの魂を救いたまえ』

最後に祈ろう、きょうだい。あんたとあんたの近しい人々のために祈ろう。私の妻のために祈ろう。子供たちのために。ソロモン・オククとオデロ・オソレの魂のために。

ミルトン・オボテとイディ・アミンの魂のために祈ろう。

神よ、彼ら全員を憶えていてください。

神よ、あなたがとても慈しんでくださった私のことも憶えていてください。私が知っているのはひとつだけ。体はますます衰え、夜中に耳から血が流れることもあれば、すべてを失ったヨブのような気分になることもありますが、神よ、あなたがつねに傍らにいらっしゃることを知っています。そして、あなたが私を救ってくださったのは、私をこんなふうに——もはや私がだれだかわからない妻の傍らで、落っこちそうで怖い便所のある、風が吹き抜ける家で——死なせるためではなかったことを知っています。神よ、私は知っています、心から信じています、あなたがまた手を差し伸べてくださると。知っています、まだ何かすばらしいことが私を待っているのだと。知っています、あなたがこんな人生を与えてくださったのは、この場所でこんなふうに終わらせるためではないのですから。

たとえ腹を空かせたまま眠りに落ちても——そういう日もある——神よ、あなたは私を、赤ん坊のように地面に空いた穴に寝かせてくださる。そして、かつて母がしてくれたように胎盤でくるんでくださるのです」

オトンデ・オデラ　©Reuters Video/Forum

អាហារសម្រន់
オードブル

「わたしはブラザー・プークの料理人として、我々の拠点、Ｋ５のほぼ中心に専用の家をもらいました。最初はそこにひとりで暮らしていて、鍋、スプーン、ナイフ、まな板など、料理に必要なものはすべて揃ってました。その後、陣営が大きくなると、もうひとりの料理人の女と同居するようになった。わたしたちの小屋の近くには、もうひとつ完全な空き家もありました。だれが何のために使う小屋なのかは知らなかった。その話をする人はいなかったし、わたしも訊かなかった。組織の中では彼らが自分から話さないことは訊かないほうがいいと、すでに学んでいました。

毎日五時過ぎに起きて、ポル・ポトの朝食の支度をしました。わたしの小屋から彼の小屋が見えたので、よく外で働いたものです。彼が起きて、一風呂浴び、服を着る音を聞きたかった。

それが楽しかったんです。

最初のうち、わたしが料理していると、ボディーガードがひとりかふたりやって来て、わたしの手を見ていました。わたしがポル・ポトを毒殺するんじゃないかと恐れていたのかしら？　でもポル・ポトは彼らにこう言いました。「我らのムーンは放っておけ」と。わたしに全幅の信頼を置いていたんです。

それでボディーガードはわたしを放っておいてくれました。相変わらずこっちを見てはいたけれど。でもそのときはもう遠くから控えめに見ていたわ――ポル・ポトへの恐れからではなく、わたしがまだ若くてとてもきれいで、向こうも若かったから。

七時になるとブラザー・プークと他の指導者たちに朝食を運びました。当時ポル・ポトの秘書だった同志《シスター》キュー・チリトがヨーロッパ風のパンの焼き方を教えてくれました。イーストと専用の鍋があってね。生地を仕込んで、ひと晩寝かせ、翌朝、鍋に入れて火にかけた。とても上手に焼けていると皆に言われました。

野営地には広い菜園があって、必要な野菜や果物はすべてそこで穫れました。ブラザー・プークはことあるごとに、我々は自給自足でなくてはならないと力説したわ。兵士たちは、自分の飯盒を持って菜園に出て各自食べたいものを取り、それから火をおこして煮炊きする権利がありました。

彼らはもう何年もジャングルで暮らしていたので、わたしが来たころには、菜園は数百メートルも広がっていて、たくさんの野菜や果物が穫れた。男の子たちは野生のイノシシを狩ったり、湖で魚を釣ったり、農民から鶏を買ったりしてね。鶏は自分たちでも飼っていて、小屋の間を自由に駆けまわっていたけど、あんまり大騒ぎするものだから、たくさんはいなかった。だからたいてい農民から買っていたわね、米と同じように。村人の多くはわたしたちのことが大好きで、援助を断わられたことは一度もなかった。

菜園で働いていたのは、わたしたちの支配下にある村々の人たちでした。村人たちはそこに想像できるかぎり何でもかんでも植えたので、わたしは毎日何か違う料理を思いつくことができた。村から来た同志《シスター》たちが、それ以外のものの料理の仕方や、菜園で育てている植物の使い方を教えてくれたのよ。そこで育てていた、たとえばマメ科植物〔原文ママ〕の空心菜は、ニンニクと魚醤を少し足せば、そのまま食べられる。カボチャ、トマト、ナス、ニガウリ——これは瓜の一種で、イボに覆われている——それからキャベツ、冬瓜、ブロッコリー、玉ねぎも育てていました。

スープやサラダにはタケノコかバナナの花を入れていました。バナナの木は至るところに生えていて、その花を使ってブラザー・プークの大好物のサラダも作りました。タマリンド、タロイモ、ヘチマ、四角豆もあった。四角豆は莢の縁がギザギザになった豆で、花も、葉も、莢も、根っこまで食べられるのよ。味はちょっとジャガイモに似ています。前菜にはタケノコや果物をよく使っていました。

わたしたちパルチザンは高地クメール《クメール・ルー》族から亀の卵の食べ方を教わりました。わたしは亀肉のスープの作り方を覚えましたよ。ポル・ポトはあまり好きではなかったけど。彼は蛇のスープの方が好きだったわね。

ときどき高地クメール族は象殺しもしました。これはいつも大掛かりな行事で、そのとき歌われる特別な歌があった。わたしたちは肉の一部を干して、収穫が乏しい時期に備えて取っておきました——いちばん暑いときでも腐ったりしませんでしたよ。でも我々の指導者たちは象の肉を食べたがりませんでした。

ブラザー・プークは賢明にも仲間のパルチザンに、どこへ行こうとも、まず地元の庭師のところに行くよう教えていました。そして庭師が苗をくれたら、今度は兵士たちがそれを森に植えるのです。わたしたちの国土は肥沃なので、兵士たちが新しい場所に行って、野営地を設営したり、待ち伏せの準備をしたり、付近を偵察したりするときには、空心菜の苗やカボチャやナスやニガウリの種を特別な袋に入れて持っていきました。あるいは彼らが大好きな唐辛子を。おかげで彼らは胃を健康に保っていたんです。指揮官たちは、食べた野菜や果物のうち、種が吐き出され、土に覆われて、芽を出すものもあると教えてくれました。ブラザー・プークは、ジャングルの中で食料を育てる場所をできるだけ多く確保すべきだと言っていました。そうすれば敵が我々を滅ぼすことはないのだ、と。

本当にそうでした。わたしたちが新しい場所に移ったときは、たいていそこで食べられる植物を見つけました。ちょっと立ち寄っただけの場所でも、野生の唐辛子やカボチャを見つけたものですよ――どうやらだれかがブラザー・プークの指示に従って、そこに種を吐き出して芽を出すよう世話していたみたいね。

ポル・ポトはジャングルでそういう場所を見ると、いつも喜んでました。彼はカンボジアがベトナム人とタイ人とアメリカ人とフランス人におびやかされていることを知っていた。そしてわたしたちは自立する術を学ばねばならないことを。わたしたちがアンコール・ワットの古代寺院を建てた人々の末裔、クメール人として生き残りたければ、どんな問題にも自分たちで対処できるようにならなくてはいけない。食べ物から着るもの、医療に至るまで。

ただ、塩とマラリアの薬、このふたつだけはありませんでした。

高地クメール族は塩を知らなかったから、ラタナキリ州には塩が買える場所がなかったんです。でも塩がなくてもなんとか生きられた。それよりひどかったのは、マラリアの薬がなかったことです。マラリアで大勢死にましたが、そのほとんどは、ごく基本的な薬があれば助かったはずです。革命に加わった立派な闘士たちが死んでいくとき、わたしたちは完全に無力でした。当時はポル・ポトでさえマラリアに苦しんでいたけど、たまたま彼は薬を持っていたんです。

ブラザー、あなたは、我々皆が平等である以上、マラリアに対しても平等であるべきだと言うのですか？　ブラザー、当時わたしたちはロン・ノル軍と戦っていて、わたしたちの頭上にアメリカの爆弾が落とされていたのですよ。ポル・ポトはわたしたちの運動の頭《かしら》でした。彼が生き延びることが、わたしたちのだれの命よりも大事だったのです」

Darkë

午餐

エンヴェル・ホッジャ　Photoshot©age fotostock

シェチェ・パーレ――エンヴェル・ホッジャの料理人、Kさんの話

1

「自己批判集会が毎朝、厨房近くの部屋であったんだ。たとえ自分はすべてちゃんとやったと思っていても、何かしら過ちを見つけないといけない。自己満足してはいけなかった。満足すれば不審がられただろう。だから私は香辛料をひとつまみ多く入れすぎたと言った。あるいは、ホッジャは昼食を三十秒長く待たされたと。ホッジャの時間はとても貴重だったので、そうした三十秒は重大な違反なんだ。医師も、給仕係も、花を活ける係の若い娘も――だれもが何かしら自分の過ちを見つけた。我々の過ちは特別なノートに記入され、後日、年に一度、我々はそれに応じて評価された。

一年働くと、何か新しいのを思いつくのに、知恵を絞らないといけなかった――だって毎日、香辛料や遅れの話をするわけにはいかないだろ。変化し、改善し、立ち止まらない、自己批判はそのためにあ

った。

彼らに信頼されていたかって？　いや。連中はだれも信用していなかった。警備責任者のスロ・グラデツィが我々全員を一日二十四時間、厳重に監視していた。私も、他の料理人たちも、給仕係も、運転手も、ボディーガードも。一度、運転手がクビになったことがある。公用車に職員のだれかを同乗させたせいでね。そういう行為は禁止されていた。あいつらふたりでどこかへ出かけたって？　陰謀を企ているんじゃないか、というわけだ。

故郷の母を訪ねたときは、シグリミ、情報機関の職員二人にずっと尾行された。あからさまにつきまとわれて、毎日私が「おはよう」と言うと、向こうも挨拶を返してきた。

彼らをさらに別の職員二人が尾行していた——私はそいつらのことも知っていた。この二人を何人の職員がつけていたんだろう？　見当もつかない。でもきっとだれかしらつけていたはずだ。

ホッジャの別荘があったポグラデツの漁師たちが、ホッジャのための魚を獲りに漁に出たときは、二人の職員が同船し、さらに職員ばかりが乗ったボート二隻が同行した。彼らはずっと漁師たち——と同僚の職員——を双眼鏡で観察していたな。我々のために働いてくれていた農場では、牛の乳搾りさえシグリミの職員二人の立ち合いなしにはできなかった。ホッジャの食卓に出す牛乳やチーズに、だれかが何かを入れたりしないようにね。

故郷の町では古くからの友人たちと、あまりあけすけに挨拶しないようにした。相手が疑いをかけられないようにね。いつだったか昔の学校友達と十五分ほど立ち話をした。翌日、彼は警察に呼ばれた。スパイじゃないかどうか調べられたんだ。幸い、そいつは国に貢献した良家の出だったので、すぐに解放された。
でも私はただの料理人に過ぎなかった。どうして彼らは他人をあれほど管理しなくてはならなかったんだろう?
いまでも、だれかに見つめられると冷や汗が出る。きっと私のことを何か知っているに違いないと思ってしまうんだ」

2

指は小さく、短く、ぷっくりしているが、とても器用だ。六十過ぎにしては実にきびきびと動く。絶えず動いているので、いい写真が撮れない。どこかへ走っていったり、身ぶり手ぶりをしたり、跳び上がったり、何かをちぎったり、刻んだり、加えたり、味見したり、中に入れたり、出したり。

とはいえ、それは大したことじゃない。なぜならその後、写真は全部削除してくれと言われるからだ。氏名も伏せるように、また私たちが会った状況をだれにもわからないように変更してくれと言う。私たちの契約はこうだ。私は彼について書いていい、ただし、彼の住所も本名も、だれにもわからないようにすること。彼の名前はインターネット電話帳で見つかるが、アルバニア国民が飢えていたとき、自分がどこで働いていたかを毎日説明するのはごめんなのだ。

だから彼をＫさんと呼ぶことにしよう。Ｋさんは今日、ある海辺の町の荒廃した地区で妻と共に小さなレストラン兼ホテルを経営しており、人生に望むものは平穏しかない。店の常連は主に近くの工事現

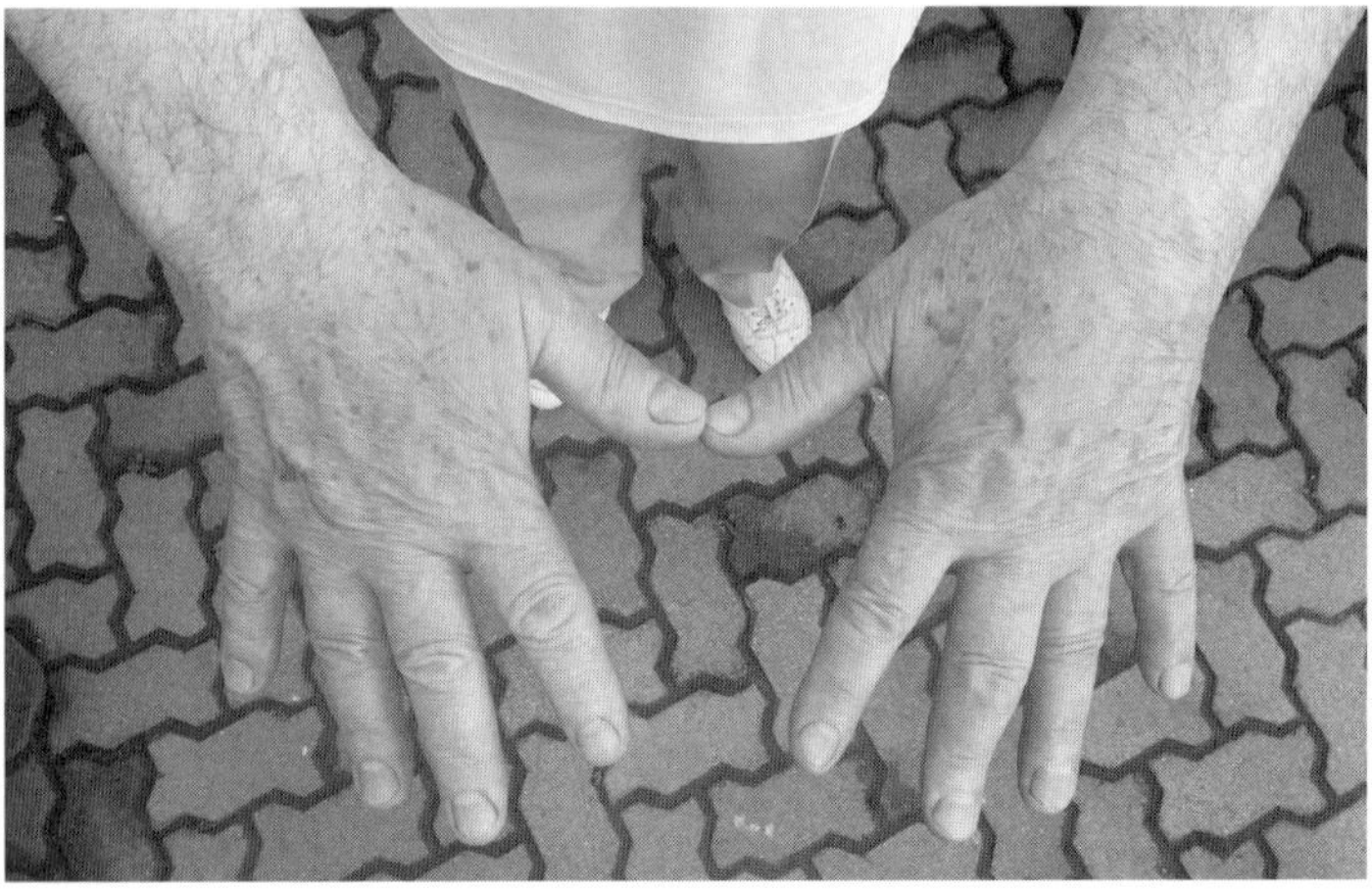

匿名を希望するエンヴェル・ホッジャの元料理人の手

場の作業員だ。彼はそうした作業員たちに、かつてエンヴェル・ホッジャのために働いたのと同じ短くぷっくりした指で、かつて人々に神を信じることを禁じ、ほぼ半世紀にわたりアルバニアを支配した、かの人物のために作ったのと同じカツレツを作る。それから――ジューッ！――フライパン、油を少々、できあがり。

私がKさんを見つけたのは、バルカン半島屈指の調査ジャーナリストのひとり、リンディタ・チェラを介してである。Kさんはとても社交的で、新しい人との出会いが好きなので、私たちの訪問を喜んでくれたが、同時にホッジャ時代について話すのを怖がっていた。それでも私たちを自分のレストランのテーブルに座らせると、魚やイカやフライドポテトを調理し、それから私たちと一緒に座って、己の料理哲学を講義しはじめた。

だから料理は自然に則してやらないといけない。

自然の中には、人生が我々に投げかけるあらゆる問いや課題や病気に対する答えが隠れている。アレルギー？どの食べ物の組み合わせがよくないかを知る必要がある。

消化？　フェンネルは血液と身体からあらゆる沈着物を完璧に取り除いてくれる。糖尿病？　おお！これは興味深いテーマだ。Kさんはここで多くを語れるが、糖尿病についてはひとまず後回しにしよう。

料理するには愛がなくちゃいけない。もし作り手にその愛がなければ、愛がその手に通わなければ、肉や野菜やブイヨンや、骨からはずそうとしている羊肉に、彼がここで陶製の乳棒を使ってユーカリの切り株の上で（「自然のものの方がプラスティックのまな板よりずっといいからね」）たたいている仔牛肉に、器用に四つ割りにされ、皮を剝かれて、そこから数回手を動かして、世界一本物らしい、羽と目と翼と尾のついた鳥になるリンゴに、愛が放射されない。鳥は一瞬動きを止めたように見えるが、すぐに目を覚まし、私たちのもとを離れて、窓の外へ逃げていく。だからもし作り手にその愛がなければ、料理なんかやめて、まったく別のことに取り組んだ方がいい。

Kさんは正直なところ、この愛をずっと自分の中に探し求めていた。彼は機械工になりたかった。自動車が好きだったのだ。だが当時は何もかも党が決めていた。そんなわけで、なぜだかわからないが、彼はすばらしい料理人になると党が決めたのだった。

長い間Kさんはこれを受け入れなかった。しかし党に楯突くことはできなかった。もしも家を出たければ、教育を受けたければ――料理人になるしかなかった。

何年も経ってようやく、己の仕事のおかげでどれだけ多くのことを学んだかを理解した。毎日、窓から見える山の斜面に行って、新鮮なハーブを収穫する。もうひとつの窓から見える建設現場には小さな菜園を作った。そこではトマトとキュウリ、またバジルやセージのほか、私が知らない数種類のハーブを育てている。

「あそこに行ってみようか」私と話しているという考えに少し慣れてきたとき、Kさんは言う。「厨房とは薬局なんだ。あらゆる病気に対する答えは食べ物の中にある。帰る頃には、君はずっと賢い人になっているよ」と請け合う。

しかし、どこかに出かける前にもう少し話そう。Kさんはその準備ができている。

私は手帳を取り出す。さあ始めよう。

3

「どうやって同志エンヴェルにたどり着いたか？　見当もつかない。私は建設現場でイタリアから来た技師たちのために料理人として働いていた。ある日、二人の兵士がやって来て、荷作りをしろ、別の仕事に連れていく、ヴロラの町に一か月の予定だと言った。

この出張は都合が悪かった。妻が妊娠中だったので、ひとりで残していきたくなかった。だが、おまえが行くといったん党が決めたら、おまえが行くのだ。議論の余地はない。

ヴロラでは海岸の急斜面の上に立つ別荘に連れていかれた。山と湾の美しい景色が見えた。そこにはオリーブと椰子の木が生えていた。だれかとても重要な人物のために働くに違いないとすぐに気づいたが、最初の数日間はだれに仕えるのかわからなかった。そこにいた料理人の女性が入院することになったので、代わりが必要だったのだ。彼女は鍋の置き場所やどこにどんな食料があるかを見せてくれたが、だれのために働くことになるかは言わなかった。口止めされていたんだ。私はあえて訊かなかった。

数日後にようやく、背の高い大柄な男がやって来て、こう言った。

『同志K、極めて責任の重い任務がおまえを待っている。私の名はスロ・グラデツィ、同志エンヴェル・ホッジャの警備責任者だ。この別荘は同志ホッジャの静養所だ。おまえはここで今後数週間、料理を作ることになる』

　へなへなとその場に崩れ落ちそうになった。エンヴェル・ホッジャ。この二十五年間、私がこの世に生まれる前からアルバニアを支配してきた男。

　だから、光栄です、ともごもご言うのがやっとだった。

　なぜ私が選ばれたのか？　見当もつかない。私は若くて陽気で、だれにでも好かれていた。エンヴェルは自分の周りに陽気な人々がいるのが好きだった。そういうことだったんだろうか？

　ヴロラでのその一か月のことは、興奮しすぎてあまり憶えていない。アルバニア料理を作ったのは確かだ。ホッジャはよその料理を食べなかったからね。でも具体的に何かって？　ホッジャは生まれ故郷の町、ジロカストラの料理が大好物だったから、きっとその地方の料理を作ろうとしたんだと思う。毎日、朝食にはチーズを焼いて、蜂蜜かジャム――いちばんいいのはオレンジジャム――を添えたことを憶えている。

　当時はホッジャを遠くから見るだけだった。でも料理はたぶん悪くなかったんだろう、二、三週間するとまたスロ・グラデツィがやって来て、ある人が私に会いたがっていると言った。庭に連れていかれると、そこのテーブルに、エンヴェルの妻、ネジミエが座っていたんだ。私は学校の教科書で彼女を知っていた。ネジミエはパルチザン時代からエンヴェルと一緒だった。戦後、マルクス・レーニン主義研究所の所長になった。

『K!』彼女は言った。『我々はあなたの料理に大変満足しています』

私は丁重にお辞儀をした。

『あなたを一緒にティラナに連れていきます』彼女は付け加えた。

これで謁見は終わった。

またしても、だれひとり私の意見を訊かなかった。それはこんな仕組みだった。おまえに何が期待できるかは、党が知っている。党と議論するな。

だから私はまた、光栄です、と言い、お辞儀をして立ち去った。

妻が妊娠中なので連絡したいのですが、と言おうかどうか少し考えた。ヴロラでの一か月間、一度も妻に電話できなかった。だが、これについてはグラデツィに訊いた方がいいという結論に達した。

それが正解だった。妻の件を持ち出すと、同志スロはこう答えた。

『すべて手配済みだ。警備担当の者がフィエルまでおまえに同行する。だが覚えておけ。だれのために働いているかは、だれにも言ってはいけない。たとえ奥さんでも』

だから妻には、ヴロラからティラナに転勤になるが、だれのために働くことになるかは見当もつかないと言っておいた。私は妻を抱きしめると出発した」

4

ヨヴァンの父親の後頭部を撃った男は、すり切れた灰色のスーツを着ていた。男が酒を飲もうとしなかったので、ヨヴァンはコーヒーをおごった。何か食べないかとも言ってみたが、男は断わった。あまり長居したくなかったのだ。

それでふたりはコーヒーをすすりながら、政治について少し、スポーツについて少し、仕事について少し話した。男はこのところの政府の決定を批判し、自分の健康について愚痴をこぼした。もっとも、それがどんな決定だったのか、具体的にその男の体のどこが痛んだのか、ヨヴァンは憶えていない。その代わり、父親の後頭部を撃った男が、ミルクなしのブラックコーヒーを飲んでいたことは憶えている。そしてスプーン一杯半の砂糖を入れたことも。

ヨヴァンはこのすべてを、ティラナのほぼ中心部にある魚介料理店で私に話す。話しながらメニューをめくって、私に海の魚を選んでくれる。アルバニアに、というか、つまるところアドリア海沿岸に来たら絶対に食べてみるべき魚だという。

「ヘダイを食べたことがあるなら、マトウダイを試してみますか?」と勧めてくれる。

話についていくのが難しい。かたや彼の語る悲劇的な話、かたや魚。

「父は魚が大好物でした」ヨヴァンは肩をすくめる。「それを知って以来、週に何回か魚を食べているんですよ」

「何もかもお父さんと同じようにしているの?」

「そのつもりです」

結局、私たちは全部が少しずつ載った〈漁師の盛り合わせ〉を注文する。三十分後、私たちはアルバニアの海の魚の盛り合わせを前にして、ヨヴァンは引き続き「父」という単語を何度も口にする。父の名はコチョ・プラク。彼らが父を捕らえに来たのは、ヨヴァンが生後六か月のとき、一九七五年の秋だった。その後、二度と父を見ていないので、父の声も、顔も、目の色も憶えていない。

母親はいまも同居しているが、父のことを話したがらない。

「母は生涯ずっとあらゆるものを怖がっていました」ヨヴァンは首を横に振る。「あんなに怖がるくらいなら、僕はいっそ死んだ方がましだ」

コチョ・プラクは地質学者で、アルバニア最大級の原油層のひとつをフィエル市近郊で発見した人物だった。

「国は父の発見のおかげで多額の利益を得た」ヨヴァンは言う。「にもかかわらず、法廷でスパイだと言われたのです。父はホッジャがここで定期的に行っていた粛清の犠牲者のひとりでした」

判決は、銃殺刑だった。

「僕と母は村に帰るしかなかった」ヨヴァンは話を続ける。「食べるものが何もなかった。僕たちは人民の敵の家族だった。仮にだれかが僕たちを助けようとすれば、その人が逮捕されていたでしょう。だから僕は木の皮のスープを食べた。焚き火でカエルを焼いたよ、シャシリクみたいに串に刺してね。女の先生は些細な理由で僕をぶっては、『父親みたいになりますよ！』とわめいた」

「どう応じましたか？」

「意地を張ってましたね。父親を憎むべきだと皆が言えば言うほど、大人になったら父を見つけ出すんだと、ますます強く心に誓いました。父が死んだと知ってからは、父の墓を見つけよう、と」

5

私はエンヴェル・ホッジャについて話を聞くため、ティラナ出身の歴史家エリオン・ヒュサイと会う約束をする。私たちは、かつては権力者専用の閉ざされた地区、いまやティラナで最もお洒落で最も高級な場所であるブローク地区に座っている。私たちはビュレック——さくさくしたパイ生地に肉とチーズが入ったもの——を注文し、それからエリオンは語りはじめる。

「ホッジャはアルバニア南部の都市、ジロカストラのイマームの息子だった。第二次世界大戦が勃発したとき、ホッジャは共産主義パルチザンに加わった。たちまちそこで頂点に昇りつめた。なぜか？冷酷だったからだ。彼は自分の邪魔をしそうな者を全員殺した。部隊の仲間も、彼らを助けた人々も。何度も自分をかくまってくれて、家に泊めてくれた義理の兄すら殺すよう命じた」

「なぜです？」

「彼にとっていちばん重要なのは権力だったから。自分から権力を奪いかねない者はだれでも殺した。有力な者や人々に尊敬されている者はだれでも」

戦後、ホッジャはすでにだれもが認める国の指導者だった。村々を集団化し、沼地を干拓し、文盲と戦い、工場を建設した。そのすべてを同盟国の金で行った。最初はユーゴスラヴィアの金で、その後ユーゴスラヴィアと仲違いすると、今度はソヴィエト連邦の金で。さらにその後ソ連と仲違いすると、今度は中国の金で。ホッジャはアルバニアを中世の社会（彼が権力を掌握した時点で、国の人口の八〇パーセントが農業で生計を立て、ほぼ同じ割合の人が読み書きができなかった）から現代社会に変えたいと考えていた。

梅毒やマラリア、教育の欠如とも効果的に戦った。ホッジャが政権の座についたとき、国民の平均寿命は四十二歳だったが、三十年後には六十七歳にまで上昇した。二十年間で、ほぼすべての子供が学校に通うようになり、アルバニア人の九〇パーセントが読み書きを覚えた。

しかし同時にホッジャは、戦時中と同様、なおも殺し続けていた。

「戦後まもなく彼は、自分が出来の悪い生徒だったことを憶えていた複数の学友を殺すよう命じた。そして、かつて自分が言い寄って振られた何人かの女生徒も」エリオン・ヒュサイは続ける。「そして、彼の厳しい政治方針に賛同しなかった数千の人々も。ホッジャは強制収容所と政治犯用の監獄からなる組織を構築した。およそ二十万人が強制収容所に送られた。彼らはそこの鉱山や建設現場で過酷な労働を科された。大勢が亡くなった」

ホッジャ政権時代に、およそ六千人が射殺された。

食料不足がますます頻繁に起きた。しかし肉が足りないなどと公の場で口にすれば、強制収容所送りになった。極端な場合は――殺された。

6

「私は部外者の立ち入りが禁止されていたブローク地区に住んでいた。作った料理は直接エンヴェルの食卓に運ばれて、そのことにすごく興奮したな。二十歳を過ぎたばかりの若造が、首都に出て、指導者のために料理を作っていたんだからね！　そのうえ数か月後にはスロ・グラデツィの信頼を得て、妻と生まれた娘と一緒に住むことを許された。

ある日、厨房からちょっと庭に出たら、思いがけずエンヴェルの息子ソコルがこちらに近づいてきた。

『K、父が今日おまえに会いたがっている』と彼は言った。

『それは大変光栄です。着替えに行ってきます。ズボンは粉まみれだし、手はべとべとですから』と私は答えた。

だがソコルは笑いだした。

『遅いよ。もうここにいる！』

そして実際、地面から突然生えたかのように、私たちのそばにホッジャが立っていたんだ。恐じ気づいたよ。背が高いと聞いてはいたが、彼は巨人で、私は――見てのとおり――どちらかといえば小柄だからね。

『ミラディタ』彼は私に挨拶した。これはアルバニア語で『こんにちは』という意味だ。『いくつか助言させてくれたまえ。君は優秀な料理人であるだけでは不十分だ。優秀な料理人というのは大勢いるからね。本当に優秀な料理人は独創的で想像力豊かでなくてはならない。わかったかね？　ではごきげんよう』

私はお辞儀をして、助言に従うよう努めますと約束した。エンヴェルは自分の仕事に戻り、私は厨房に戻った。

しかし、忘れちゃいけないことがひとつある。これはエンヴェル・ホッジャだ。指導者だ。彼の言葉はすべて命令だった。だから『君は独創的でなければならない』というのは助言ではなかった。そうあるべきなのだ。もし生きていたければ、彼の発言すべてを心に留めておかなくてはならなかった」

7

「スロ・グラデツィに同志エンヴェルの健康を担っている医師を紹介された。フェイジ・ホッジャ博士、イスフ・カロ博士、イリ・ポパ博士——当時のアルバニアで最高の医師たちだった。私が働きはじめる数年前に、ホッジャは重度の心臓発作を起こした。それ以来、頻繁に検査を受けていたんだ。ホッジャが夜眠っている間も機器を接続し、心臓がちゃんと機能しているかどうか医師たちが見守っていた。私の仕事は彼らに夜勤用のコーヒーとサンドイッチを用意することだった。

だが、ホッジャの最大の問題は糖尿病だった。長年この病気を患っていたんだ。一日一二〇〇カロリーしか食べてはいけなくて、例外は許されなかった。何もかも薬局みたいに計量しないといけなかった。

週に一度、私は診断会議に出席した。医師たちは適切な食事がいかに重要かを強調した。ホッジャの健康は君の仕事次第だと言われたよ。

そして私は知っていた——自分の命はホッジャの健康次第なのだと。もしホッジャが死んだら、『きっと料理人が彼の食事にきちんと配慮しなかったのだ』と言われるだろう。裁判、判決、ひょっとしたら死刑にもなりかねない。私は若かったし、家族のために生き続けたかった。

診断会議で医師たちは、ホッジャに必要なカルシウムの量、カリウムの量、ビタミンの量を詳しく話した。これらすべてを満たしながらカロリー制限を超えないようにして、何が作れるのか、皆で一緒に考えた。私は彼らが算出した値を厨房の言語に訳さなくてはならなかった。

壮年男性に必要な栄養素すべてを一二〇〇カロリーに収めるのは至難の業だったよ。ホッジャは大柄で、身長は一メートル八十四もあったんだ。そのうえ毎日、激務をこなしていた。

思うに、この食餌療法のせいでホッジャは人生の大部分、腹を空かせていて、だからいつもいらいらしていたんだろう。これが彼の決定にどんな影響を与えたか？　考えてみてくれ、仮にいつも腹ぺこでいらだっていたとしたら、君はどんな決定をするだろうね。

私はたちまちホッジャの機嫌を見分けられるようになり、努めてそれに対応するようにした。不機嫌だと気づいたときは、それを考慮に入れて昼食の献立を考えた。そういう日には彼の故郷ジロカストラの料理を作るようにした。子供の頃から憶えているものを食べれば、だれだって機嫌が直るだろ？

それでホッジャは朝食に、かつてのように、チーズ一切れにジャムを添えて食べた。

昼食に食べたのは野菜スープだが、肉のブイヨンを使わないもの——それは食べることを禁じられていた——それから仔牛肉か仔羊肉か魚の小さな切り身。

デザートは果物だったが、あまり甘くないもの、酸っぱいリンゴかプラム。

夕食はヨーグルト。

ホッジャはほとんどパンを食べなかった。カロリーばかりで栄養価がないと医者たちに言われて、完全にやめたんだ。

一方、とりわけ機嫌が悪くて、廊下を歩いていてもだれにも気づかず、挨拶も返さないときは、何かそれ以上のものが必要なのだと私にはわかっていた。そんなときデザートを作った。もちろん糖尿病患者用の砂糖を、看護師に相談の上で少しだけ使ってね。でも、そんな日にはホッジャは甘いものが必要で、私たち皆にとって、国全体にとって、彼がデザートを食べれば事態は良くなるとわかっていた。

これは効いた。私は彼の機嫌を直すことができたんだ。昼食の席に着くときはいらだっていても、席を立つ頃には機嫌よく、冗談を言うことさえあった。この方法で私が何人の命を救ったか、だれが知ろう？

ホッジャの看護師はコスタンディナ・ナウミという名だった。彼女はとても献身的に働いていた。私たちは共同で献立をまとめ、つねにおいしくなるよう、不足するものがないよう、それでいて、許容カロリー数を超えないように努めた。

コスタンディナはエンヴェルのために長年働いてきたんだ。彼女は一九六〇年代にエンヴェルと共にソヴィエト連邦から帰国したときの様子を話してくれた。フルシチョフとの関係を断つと、エンヴェルはソヴィエトの同志たちに殺されるんじゃないかと恐れて、飛行機に乗ろうとしなかった。彼はコスタンディナとその他数名と共に列車で、モスクワからティラナまで一週間以上かけて旅した。その道中、コスタンディナは料理人となって、火夫が石炭をくべるストーブで毎日オムレツかスクランブルエッグを作った。

コスタンディナはホッジャの食卓に出す前に料理の毒味もした。他に毒味役は雇われていなかった。彼女が来て、できあがった料理をそれぞれ少しずつ取っては食べ、我々は彼女に何も起きないかどうか見守った。何もなければ、その料理をホッジャとその家族に出すことができた。

　彼女は基本原則にとても忠実な人でね、冗談を言ったり笑ったりするのを一度も見たことがない」

8

「私はホッジャ一家に大いに気に入られてね、とりわけエンヴェルの妻ネジミエにかわいがられた。彼らのために数年間働いた頃、新年の夜、ネジミエの実家に連れていかれた。そのときはシェチェ・パーレと呼ばれるペシュコピ市の伝統的なデザートを作った。それを二通りの方法で用意した。ネジミエとその両親には砂糖を使い、エンヴェルには糖尿病患者用の砂糖を使って。

　エンヴェルのためにデザートを作るのは危険な仕事だった。一度、別の菓子、ハスデを作ったことがある。これはコーンスターチとシナモンとナッツで作るプディングで、もちろん糖尿病患者用の砂糖を使った。ホッジャはひとつ味見するなり、突き返してきた。給仕係はホッジャの言葉をそのまま伝えた。

『全然ハスデの味がしない。こんなものを作るくらいなら、何も作らない方がましだ』

　肝を冷やした。なにしろ私の命は私が作った料理の味次第なんだ！　何時間も厨房にこもって、糖尿病患者用の砂糖で試作を重ねた。それを使ったデザートを、普通の砂糖を使ったときのような味にするにはどうすればいいのか、いろいろ工夫したよ。

　運良くそのとき、元日のシェチェ・パーレはとてもうまくいった。ホッジャは珍しく私を褒めてくれたほどだ。ネジミエにはこう言われた。

『K、ありがとう。しばらくわたしたちと一緒に座って』

私は座りたくなかった。同志エンヴェルの前で座るなんて、私ごときが何様か?!

だがネジミエは言い張った。それで私は腰を下ろした。自分の作ったシェチェ・パーレのおかげで、私は元日にエンヴェルとその家族と共にテーブルを囲んだ。こんな名誉に浴した職員はほとんどいない。

レシピが欲しいかい? 小麦粉三カップ、バター半分、卵三個、砂糖一カップ、ベーキングパウダー、バニラを用意する。これで生地をこねる。

シロップ用に別途、砂糖二カップ、水を半カップ、バニラが必要だ。

ホッジャ用と同じように作る場合は、もちろん砂糖の代わりにキシリトールを使わなくてはならない。

砂糖をボウルに入れ、フライパンで溶かしたバターを加える。そこに卵、バニラ、小麦粉を加え、濃い黄色の生地になるまで混ぜる。その生地を丸めて小さなボールにし、天板に並べ、一八〇度のオーブンで二十分焼く。黄金色になりはじめたら取り出す。

今度はシロップだ。小鍋で砂糖とバニラと半カップの水を煮立てる。沸騰したら焼き上がった菓子にかける。

ホッジャ用にはできなかったが、ホイップクリームと果物を添えると絶品だ」

9

エンヴェル・ホッジャの妻ネジミエは現在百歳近い。首都ティラナの郊外で健康な日々を送っている。

私のアルバニア人の友人でガイド役のリンディタ・チェラは、彼女を二度訪ねたことがある。一度目はある新聞の取材で、その新聞社の社主はかつての党官僚らと親しかった。

「とても礼儀正しくて、すてきなおばあちゃんという印象だった」リンディタは語る。

二度目は別の新聞の取材だった。

「わたしのことを憶えていたの、象並みのものすごい記憶力ね。コーヒーを勧めてくれて、そのときも魅力的で感じがよかった。前の新聞の編集長は最近どうしているかと訊かれたので、わたしはもうそこでは働いていないと説明した。するとたちまち彼女は怪物に変身して、『じゃあだれがあなたをここに送り込んだの⁉　出てって！』とわめきだした」

にもかかわらず私たちは彼女に会いに行こうとしている――外国のジャーナリストとなら話をしたがるかもしれないじゃないか？　私はちょっと頭の回転が遅いふりをし、話すのはリンディタ、ということにする。万一に備えて私たちは手紙も書く。今日の世界をどのようにご覧になっているか、お尋ねしたい、と。ここに合法的かつ自由に来ることができる外国人をどうご覧になっているか、と。何でも買うことのできる食料品店についてはどう思われますか。そうした食品を召し上がりますか？　自由市場を活用していますか？　選挙で投票しますか？

また私はこうも訊きたい――夫の部下がアルバニア国民を裁判もなく銃殺した時代に、何か後悔していることはあるか、と。

「ネジミエとその夫の手は何千人もの血にまみれてる。彼女はだれにも何も謝罪したことがない。いつもこう繰り返す。『誤りや歪曲はあったが、我々はそのすべてを聞かされていたわけではない』と。

よくもいけしゃあしゃあと！　わたしは自分が子供の頃のアルバニアを憶えてる。ここで何が起きているか、どんな子供でも知っていたというのに、彼女は知らなかったとでも?!　わたしの母はイラクサのパンを焼いていた、ほかに食べるものがなかったからよ」リンディタは腹を立てる。

独裁者の未亡人は、かつての鶏の孵化場を転用した住居に住んでいる。近所の人たちは彼女のことを老婦人、または単にネジミエと呼ぶ。だが、どちらかというと彼女に話しかけようとはしない。奇妙な巡り合わせで、ネジミエの隣には壁一枚隔てて、彼女の夫の統治時代に強制収容所に入れられた一家が暮らしている。

私たちは泥だらけの名もない小道に入り、ぎゅうぎゅう詰めに停められた数台の車を、ブドウの蔓が垂れ下がる門を、生け垣に囲まれた小庭――そこではだれかがせっせと板を運んで、小さな焚き火をおこそうとしている――を通り過ぎ、ついに広々とした天井の高い歩廊に入る。

歩廊には掛け布団が干してある――ネジミエ・ホッジャの掛け布団が。

戸口には女物の靴が置いてある――ネジミエ・ホッジャの靴が。

靴の脇には物干しスタンドがある――ネジミエ・ホッジャの物干しスタンドが。そこに枕カバーが干してある――ネジミエ・ホッジャの枕のネジミエ・ホッジャのカバーが。

建物の歩廊に置かれた持ち物からすると、かつての独裁者の妻はつましく暮らしており、不要ながらくたを集める傾向があるとわかる。

私たちは戸口に立つ。ピンポーン。

六十がらみの女が扉を開ける（あとでわかったが、これは娘のプランヴェラだ）。リンディタは私たちが何者かを丁重に説明する。プランヴェラは耳を傾け、うなずく。その十数秒間を利用して、私は住まいの中を覗こうとするが、大きな本棚しか見えない。それ以外はすべて、蠅が室内を飛び回らないように掛ける類のレースのカーテンが覆い隠している。

突然、そのカーテンの向こうに高齢の女性のシルエットが見える。白髪をお団子に結っている。良家の子女の学校からそのまま抜け出てきたかのようなスカート。セーター。ただ彼女の目はこちらからは見えない。その代わり、厚い眼鏡の縁が見える。

そうだ、彼女だ。ネジミエ・ホッジャ。エンヴェルの妻、ヨーロッパと世界で最後のスターリン主義者。何千人もの人々の死に共同責任を負う女。

彼女はそこに立ち、しばし私を見つめる。

私も彼女を見つめる。

ほんの一瞬でしかないが、居心地が悪い。

その間に娘のプランヴェラは丁重に、だがきっぱりと、私たちが母親に接触することを拒む。

10

「ホッジャのために手の込んだ料理は作らなかったし、向こうもそれを期待していなかった。もちろんホッジャはおいしい料理が好きだったが、同時に彼もネジミエも相当なけちだった。国庫のお金だったにもかかわらず、一レク*でも使う前に五回はためつすがめつした。とはいえ、ネジミエが主に食べて

エンヴェル・ホッジャの元料理人が作ったデザート

いたのはニンジンだった——胆嚢に問題があり、医師たちに勧められていたんだ。

ホッジャとその家族は、我々の国でだれもが知っているような典型的なアルバニア料理を食べていた。何か違いがあったとすれば、料理に独自の流儀をもたらすことができる腕のいい料理人を雇えたことだね。私の流儀とは何だったかって？ 香辛料で実験するのが好きだったよ。料理にとって香辛料とは、女性の化粧のようなもので、そんな味わいがあるとは思いもしなかった味を引き出せるんだ。

私にはデコレーションの才能もあった。ホッジャに普通に切ったリンゴを出す代わりに、最後に皮に切り込みを入れ、種で目を作って、鳥のような形にして出した。ホッジャの息子のひとりの誕生日には仔豚を丸焼きにしたが、その仔豚は帽子をかぶり、口に火のついた煙草をくわえていた。ホッジャはそういうちょっとした工夫を喜んだな。この仔豚のことは何年経っても家族の皆が思い出したものだ。

いちばん想像力が必要だったのは、ホッジャが中国人と仲違いして、政権最後の数年間、アルバニアが完全に孤立したときだね。当時、国内では牛乳や肉が不足することさえあった。料理人にとっては悲劇だ。でも、何かがうまくいかないとか、何かを作れないなんて言ったことは一度もない。そんなことを言ったら負けだと思っていた。もし何かがなければ、別のもので代替しようと努力した。

たとえば皆で山に出かけたとき、あらかじめ用意したデザートをボディーガードたちが持ってくるのを忘れたことが途中でわかった。どうする？　戻るか？　それは無理だ。デザートなしか？　みんな腹を立てるぞ！

それで私はリンゴを取ってくると、いくつかを大さじ数杯の蜂蜜と一緒にミキサーにかけ、残りを焼いた。その焼いたリンゴの芯をくり抜いて、穴に蜂蜜入りのリンゴムースを注ぎ入れた。ホッジャは大喜びした。『このレシピをどこで覚えた？』と訊かれた。私はこう答えたよ。『そんなレシピはありません。ただ何か作らないといけなかったので』

同じように足りないものにも対処した。あるときホッジャは私を呼んで、こう言った。『フランスに留学していたとき、おいしい焼き栗のサラダを食べた。そういうのを作ってくれ』ホッジャの補佐のひとりがホッジャの蔵書から、とても立派な料理本を持ってきてくれた。こんな本を買ったからには、ホッジャは料理に関心があったに違いない。

そこで私たちは栗を注文した。だが共産主義時代にはよくあったように、だれかが何かをしっかり見

＊　一九二六年から使用されているアルバニアの通貨。

張っていなかったので、私たちの倉庫に到着する前に数か月が経ち、その間に黴が生えてしまった。どうすればいい？　栗に黴が生えたのは、どこかの阿呆が輸送中に見張っていなかったからだとホッジャに言うのか？　我々の国に栗が育たないのは——育つかもしれないが——これまでだれも植えようと思わなかったからだとそれとなく言うのか？

それは無理な話だ。そこにいたのは私とホッジャだけだった。彼にしてみればテーブルの上のものに責任を負うのは私だった。栗がどうなったかには興味がなかった。興味があったのはひとえに、私に焼き栗のサラダを注文したのに、なぜそれが出てこないのかということだった。

それで私はその黴の生えた栗を焼いて、殻を剥き、そして……全部捨てた。仮にそれを出していたら、ホッジャを毒殺しようとしたと疑われたに違いない。私は栗の代わりにヘーゼルナッツを使った。殻を剥いて、半分に割り、オリーブオイルを加え、牛乳で煮て、バラで飾った。このレシピはよく覚えていないが、すべてレシピどおりに作った。

ホッジャが栗について尋ねることはなかった。ひょっとしてヘーゼルナッツのサラダは栗のことを忘れるほどおいしかったんだろうか？　あるいは、自分の国では指導者であっても多くのものが手に入らないと、すでに理解していたのかもしれない。これはホッジャにとっては腹立たしいことだったに違いないと思うが、事実そうだった。

別のときには、ホッジャはフランスで種なしブドウを食べたことを思い出した。彼は食べたかもしれないが、アルバニアにはそんな品種のブドウはなかった。少なくとも信頼できる農場には。どうしたかって？　一体どうすりゃよかったんだい……座って、一粒一粒、種をほじくり出したよ」

11

エンヴェル・ホッジャは一九八五年に死去した。数年後、民主化の風がポーランドとドイツからアルバニアに達した。だが、ポーランド人が最初の非共産主義政府を選挙で選び、ドイツ人がベルリンの壁を壊したとき、ホッジャの後継者ラミズ・アリアは、これらの国々での生活ははるかに悪化したとアルバニア国民に説明した。アルバニアのテレビは、路上で飢え死にするポーランド人やドイツ人やハンガリー人の偽の映像を流した。

「死にかけていたのは僕たちの方ですよ」ヨヴァンは苦笑する。

けれどもついに一九九一年春、アルバニアでも最初の民主的な選挙が行われた。

ヨヴァンは父親の墓を見つけると誓ったことを決して忘れなかった。この選挙の直後、彼は内務省に技師プラクの裁判記録の機密解除を申請した。また父親の埋葬場所の開示も求めた。新時代なら、今度は簡単にいくだろうと思ったのだ。

ずいぶん長い間、何の返事もなかった。

「省に通って、問い合わせたり催促したりしました」彼は振り返る。「ついに受け取った公式書類には十以上の判子が捺されていて、『父上に関する記録は破棄されました』とあった」

だがヨヴァンはあきらめるつもりはなかった。公式ルートが頓挫すると、己の最も効果的な手段を使った。人柄の魅力。そして金だ。一九九〇年代初めに建設会社を設立し、ティラナでいくつか大きな仕事を受注していたから、いくらか金はあった。

奇蹟が起きた。数か月後、四十冊の裁判記録と十数本の録音テープが見つかった。すでに中年に差しかかったヨヴァンは、テープレコーダーのスイッチを入れ、生まれて初めて父の声を耳にした。「私は無実です」――テープで技師コチョ・プラクはそう言っていた。

12

「エンヴェルのための仕事は多くの満足を与えてくれたし、おかげでたくさんのことを学んだ。でもいつもびくびくしていたよ。ある日エンヴェルが不機嫌な顔で起きてきて、我々を収容所送りにするか殺させるんじゃないかと、職員全員が恐れていた。ひょっとすると看護師のコスタンディナと警備責任者のスロは恐れていなかったかもしれない――ふたりはエンヴェルにとってなくてはならない存在だったからね。だが残りの我々は？　私のような料理人は何百人もいた。我々ひとりひとりは簡単にすげ替え可能だった。

ホッジャの最初の料理人の女は自殺した。理由はわからない。その後、私よりずっと前から働いていた料理人のひとりが姿を消した。何が起きたのかは知らない。ただある日、仕事に来なかったんだ。どこへ姿をくらましたかは訊かない方がよかった。

私は生きていたかった。

エンヴェル・ホッジャの厨房から生きて出てくるために何ができるか、長いこと考えたよ。そしてついに思いついた。

彼の機嫌を直せることはもうわかっていた――ジロカストラの料理か、デザートを作ればいい。ただ私は料理本をもとに作っていたが、ホッジャが子供の頃にホッジャの母親が作っていたのと同じやり方で作るべきだった。母親はもうこの世になく、ホッジャが母親を恋しがっていることはわかっていた。

彼の母親代わりになる必要がある。

そう思いついたんだ。母親代わりになれば、ホッジャは私を殺せなくなるだろう。そんなふうに考えるのは厚かましいとわかってはいたが。

言うのは簡単、だろ？　でも実際どうやるのか？　だってホッジャには訊けないじゃないか、『同志エンヴェル、あなたの母上みたいに作れるよう、料理のヒントをいくつか教えていただけませんか？』なんて。

幸い、妹のサノがエンヴェルと同居していた。ふたりはひとつ屋根の下で一緒に育った仲だ。母親は娘が小さい頃から料理の手ほどきをしていた。そのうえサノは親切で、とても兄思いだった。私はサノのところに行き、こう言った。

『同志、私は同志エンヴェルに最もおいしいと思っていただける料理を作りたいのです。それを同志に手伝っていただけるのではないかと思いまして』

そして、どういうことか説明した。もちろんエンヴェルの幸せに重点を置き、自分の命が心配だという話は控えめにして。

サノは快く引き受けてくれた」

13

ヨヴァンは父の裁判記録で読んで知った複数の名前を、その後電話帳で見つけた。電話をかけ、会う約束を取りつけた。

「ひどいものでしたよ」と彼が言うとき、私たちの皿には魚の骨しか残っていなかった。「僕がカエルを食べていたとき、奴らには大金とうまい食べ物があった。それでも歯を食いしばって、そいつらと話を続けました。向こうが応じれば、一緒にラキヤを飲んだ。酒が入ると、奴らはどうやって人々を殺したかを話しだした。そのことで冗談を言った。何度も立ち上がって叫びたくなったけれど、自制せざるを得なかった。父の墓を見つけたかったんです、叫んでも無駄だったでしょう。だからそいつらと飲み、耳を傾け、できるだけ多くのことを記憶しようとしました」

数年後、ヨヴァンはコチョ・プラク処刑に関する記録文書にたどり着くことができた。

「そこには四人の署名がありました。一人目は死亡診断書に不在のまま署名した検視官だったので、そいつと話しても意味がなかった。この書類に署名したうち、二人の諜報員はすでに死亡していた。でも三人目は存命でした。父の後頭部を撃った男は」

ヨヴァンが電話をかける勇気を振り絞るまで数週間かかった。

まず元諜報員の住む団地まで車で行った。しなびた老人が毎日灰色のスーツ姿で近所の喫茶店に通う様子を車の窓から見つめた。ついに電話に手を伸ばした。関係ない、ほっといてくれ、と言われるのを覚悟していたが、驚いたことに、その男は会うことに同意した。

ヨヴァンは約束の時間の前に着いた。緊張のあまり煙草を半箱吸ってしまった。だが、灰色のスーツ姿の老人は落ち着きはらっていた。

「政治やスポーツといった、あらゆるどうでもいいことについて語り合った末、ついに要件を切り出しました。こう尋ねたんです。『父をどこで殺したんですか？　僕は遺骨を見つけて埋葬してやりたいのです』と」

老人は非常に礼儀正しかった。もちろん、技師プラクのことは憶えている、だがどこで射殺したかは記憶にない、と言った。「我々が働いていた場所は非常にたくさんあった」ヨヴァンが問い詰めようとすると、老人は途方に暮れてお手上げだという身ぶりをした。そして会話の終わりに、ヨヴァンを慰めようとするかのように、こう付け加えた。「ヨヴァンさん、我々皆がこの恐ろしい体制の犠牲者なのですよ」

「その瞬間、たった一度だけそいつの顔を殴りつけてやりたくなりました」ヨヴァンは言う。「そいつが？　犠牲者だって？　ちくしょう、一体何の犠牲者だっていうんだ？　こっちが平手打ちを喰らったみたいな気がしましたよ」

「それで？」私は尋ねる。

「別に何も。それが少しの間続きました。僕はだれにも復讐したくない。ただ父の墓を見つけたいだけです」

それでヨヴァンは自分の父親の後頭部を撃った男と握手を交わし、さらに捜索を続けた。

父親が殺された場所はいまも見つかっていない。

14

「サノは私に、シャプカット〔とうもろこし粉のお好み焼き〕やチョフテ〔肉団子〕やチャヒ〔ジロカストラ風チーズパイ〕といったジロカストラ料理の作り方を教えてくれた。自分たちの母親が使った小麦粉、塩、香辛料の量を正確に示してくれてね。エンヴェルが朝食に好んで食べたトルコのスープ、タルハナの作り方も教えてもらったよ。彼はトマトと玉ねぎ入りのそのスープを、寒い雨の日によく食べていた。

その折にサノはホッジャ一家の暮らしについて話してくれた。父親がいちばん上の兄を連れて外国に行き、彼女は母親やきょうだいと共におじの家に引っ越したこと。エンヴェルがフランスに留学したこと。帰国してパルチザンに加わったこと。時折こっそり家に帰ってきたこと。そして国全体の指導者になったとき、母親がどれほど誇りに思ったかを。サノは私にアルバニア史の本物の授業をしてくれたんだ、ただそれは厨房の調理台のそばでだったけどね。

サノは私と一緒に一、二時間料理をした後、自分の部屋に行って着替え、何事もなかったかのように階段を下りてきてエンヴェルと夕食を共にすることがあった。私たちが一緒に作ったものをエンヴェルが食べたとき、サノは顔色ひとつ変えなかった。エンヴェルは何度かこう言ったらしい。『サノ、あいつはこのシャプカットをどうやって作ったんだ？　うちで食べたのとまったく同じ味じゃないか！』

サノはひとことも言わなかった。自分が私に教えたことを、エンヴェルには明かさなかったんだ。

でもネジミエはそれを知っていた。彼女は私に満足していた。エンヴェルのことをとても心配していて、夫のためにしてくれていることに感謝していると何度も言われたよ。おかげで私は一家のお気に入りの料理人になった。私は目標を達成した。私の代わりが務まる者はいなかった。

多くの人々がホッジャの治世を生き延びることができなかった。首相で親友のメフメット・シェフーさえも。

私は生き残った。

自分の才能のおかげで。そして、想像力豊かで独創的でなくてはならないと言ってくれたエンヴェルのおかげで」

អាហារសម្រន់
オードブル

「組織のこと？　順番に話しますね。

両親はコンポンチャム州の小さな村の出でした。わたしには二人の姉妹と六人の兄弟がいてね。いちばん上の兄はユン・サンといい、スクンという町で中等学校の先生になりました。両親は兄の進学のために貯金をすべてはたいたんですよ。わたしたちは兄をとても誇りに思っていました。

母が敷物やハンモックや蚊帳を編み、父は母の作ったものを全部大きな袋に詰めて、町の市場に売りに行きました。父が出かけている間、母は煙草を紙で巻いて、それを村で売っていた。それに、婚礼のときには料理人として雇われてもいました。とても働き者でしたよ。

わたしが十二歳のとき、父が死んで、母はわたしをスクンの兄のところへやりました。おかげで学校に行けたんです。父はわたしが家に残って、ハンモック編みを手伝う方がいいと思っていましたから。

スクンで兄は仕事の後、秘密の会合に通っていたんです。わたしは興味津々でした。その会合のことを話してちょうだいとしつこくせがんだけど、小さい女の子には話せないと突っぱねられてね。でも、わたしがもう少し大きくなると、兄はわたしを試すようになりました。たとえば、カンボジアの農民は骨折って働き、労働者は工場で死んでいくのだと言って。わたしがどう反応するか見ていたんです。こうした言葉に感じ入って、わたしは何度か泣きだしてしまった。何もかも兄の言うとおりだと答えました。

わたしが学校を卒業すると、兄は従兄のコイ・トゥオンに会いに連れていってくれました。トゥオンはそれまで会った中でいちばん感じのいい人でした。もうわたしの考えを知っていて、人々がより良く生きられるようにカンボジアを変えようとしている組織があるんだと言いました。実はコイ・トゥオンも、わたしの兄も、その組織に所属しているというじゃありませんか。兄が密かに通っていたのは、まさにその組織の会合だったんです。

コイ・トゥオンはいろんな話をしてくれて、その話はわたしも気に入りました。なにより彼はこう言ったんです。『我々の組織が国を解放した暁には、皆にたっぷり食べ物が行き渡るようになる』

それは美しい展望でした。兵士が国民から掠めるような政権を想像してごらん。飢えて腹が膨らんだ子供たちを想像してごらん。そして、だれかがこう言うのを想像してごらん。『全員に行き渡るだけの食べ物は十分にある』と。

全員に行き渡るだけの食べ物は十分にある。

心ある人ならだれでも、そんな組織を手伝いたくなるはずよ！

だからコイ・トゥオンから、君の助けが必要だ、ときどき連絡係として、どこかから別のどこかに何か——手紙か小包——を運んでくれればいいと言われたとき、わたしはためらわなかった。『お手伝いします』と答えました。

こうして組織《オンカー》にたどり着いたんです。

それ以来、オンカーはわたし。

わたしはオンカー。

その後まもなく、わたしたちはラタナキリ州のパルチザン基地に移動しました。兄のユン・サン、従兄のコイ・トゥオン、そしてもうひとりの同志と一緒に。わたしたちはジャングルの中をほぼ一か月歩き続けました。兵士に出くわす恐れがあったので、どの村にも立ち寄らなかった。わたしたちは主に森で見つけた果実を食べ、同志たちは野鳥を捕まえることもありました。

ラタナキリは国内でもかなり未開の土地でね。そこでは多くの部族が何世紀も前と同じ暮らしをしている——象に乗って移動し、自動車を知らず、伝統的な衣装を着て。わたしたちは彼らをクメール・ルー、山のクメール人と呼んでいます。ポル・ポトが一九六三年にジャングルで暮らしはじめた最初の頃から、彼らはポル・ポトを強く支持してきました。十数人がポル・ポトのボディーガードになったほどよ。こうした部族の名をいくつか憶えています。プノン族、トンプーン族、クイ族、ジャライ族。そして彼らの象に強烈な印象を受けたのを憶えています。象たちの囲いは基地から離れた場所に置かれていました——鳴き声でわたしたちを起こさないように、それに、仮に象たちが何かに怯えたとしても、わたしたちを踏みつぶしたりしないように。

クメール・ルーは象乗りの名人でね。何か重いものを運ばなくちゃいけないとか、基地をまるごと別の場所に移動しなくてはならないとき（そういうときもあったんです）、彼らは象を使っていましたよ。家からこんなに遠くまで来たのはそれが初めてでね。わたしは若くて、何か良いことをしていました。人生はすばらしかった。

Cena

夕食

フィデル・カストロ　©Apic/Hulton Archive/Getty Images

魚のマンゴーソース——フィデル・カストロの料理人、エラスモとフローレスの話

エラスモ

「君たち、座って待っててくれ。見てのとおりのありさまだ。いましがたメカジキが運ばれてきて、俺がさばかないといけないんだ、厨房の連中はうまくできないんでね。コーヒーでも飲んで、クッキーをつまんで待っててくれよ。あるいはなんだな、俺もコーヒーを飲もうかな。メカジキはしばらくもつだろう。じゃあ始めてくれ、ヴィトルト、始めてくれ。最初の質問を。

革命？

俺が十六のとき、マエストラ山脈で革命が起こったという噂が広まりはじめた。それはすばらしいことで、革命を率いているのはフィデルという名の男だってね。

こういう話はおとぎ話みたいに聞こえた。フィデルと数人の盟友がバティスタ政権に対して立ち上がったなんてのは。バティスタはキューバでは嫌われていた。俺たちキューバ人のことを考えず、アメリカのマフィアがキューバで最大限稼げるようにすることばかり考えていたからだ。いまやフィデルはバティスタと互角に戦い、マエストラ山脈でバティスタの兵士たちを待ち伏せしていた。人々はフィデル

の歌をうたった。彼に目を瞠った。それはすごい話だったのさ。

当時、俺は故郷サンタ・クララのレストランで働いていた。ちょっとウェイターをやって、ちょっと料理人を手伝っていた、というのも料理にはずっと惹かれていたからね。そして、オーナーから皿洗いまで、レストランのだれもが毎日フィデルの話をしていた。あるときは彼が死んだと言い、だってラジオでそう言ってたからね、その後、実は生きていて戦い続けているんだと言い、さらに後になって、キューバ中にストライキを呼びかけていると。俺たちはそれを聞いて興奮したけど、家族を残してジャングルの中でゲリラを探そうなんて真面目に考えた奴はほとんどいなかった。

当時のいちばんの親友がいなければ、俺も行かなかったはずだ。そいつは、もっと早く革命に加わったロヘリオとエンリケのアセベド兄弟を知っていた。そして、もし兄弟を見つけられれば、俺たちを大歓迎してくれるはずだと言った。

俺は行くべきかどうか考えていた。でも親友にしつこくせっつかれてね。ついにある日、そいつはゲリラ部隊がサンタ・クララに近づいてきていることを知った。アセベド兄弟を含む部隊の一部は、マエストラ山脈から俺たちの町にほど近いエスカンブライ山脈に移動していた。

マエストラ山脈まではキューバの半分を歩かないといけなくて、危険きわまりなかった。

エスカンブライ山脈までなら二日で行けた。

十六歳なんてまだまだ子供だ。何もかもがすばらしい冒険みたいに聞こえるじゃないか！

ただおふくろは俺をずいぶん心配して、革命なんかに参加するんじゃないよと言った。

わかった、母さんの言うとおりにする、どこにも行かないよ、と言っておきながら、ある夜、俺は親友と一緒にこっそり家を抜け出して逃げた。おふくろをだましたのは悪かったが、それしか方法がなかったんだ。

道中はよくよく気をつけないとならなかった。というのも、至るところに兵士が配備されていて、そいつらと戦うためにエスカンブライを目指す俺たちみたいな奴を待ちかまえていたからだ。連中はもう自分たちが負けるとわかっていて、残忍きわまりない振る舞いに及んでいた。フィデル支持者の疑いのある者はだれでも殺した。人々は夜中にいなくなり、その後、切断された遺体が見つかった。俺たちは氾濫した川を渡ったのを憶えている。あと、夜中にひどく蚊に刺されて一睡もできなかったことも。ゲリラを見つけるため、地元の農民に尋ねる必要があったが、慎重にやらないといけなかった。兵士に密告される恐れがあったからね。結局うまくいった――俺たちは基地を見つけたんだ。

俺の親友はアセベド兄弟のことを尋ねた。兄弟がやって来て、実際、家族のように歓迎してくれた。ふたりは俺たちより少し年上なだけだった。痩せていて陽気で、武器を肩に掛けていた。とても感銘を受けたよ。ふたりは俺の親友を抱きしめ、ついでに俺も抱きしめてくれた。すぐに俺たちのために飯盒を見つけて、スープを注いでくれた。俺たちはおそろしく腹ぺこだったからね。食べ終えると、チェ・ゲバラのところに連れていってくれた。この人が指揮官だったんだ。彼はそこで俺たちの故郷サンタ・クララを攻略するための戦いを準備していた。革命の最も重要な戦いだ。なぜならここを制圧することでハバナへの道が開けるから。

チェは俺たちを見て、握手すると、親友の肩を軽くたたいて姿を消した。絶えずどこかに急いでいて、何をするにも時間がなかった。俺たちはアセベド兄弟と一緒にカバジェテ・デ・カサスに行った。そこにアジトがあったんだ。

兄弟は俺たちを自分たちの部隊に受け入れてくれた。ふたりに訊かれた最初の質問のひとつを憶えている。『塩を持ってるか？』

持っていなかった。

兄弟のどちらかが自分のを少し分けてくれた。ゲリラの料理はまずくて、塩なしでは食えたもんじゃないと言われたよ。

チェが亡くなってもうずいぶん経つ。ボリビアでの戦いで捕まって射殺されたんだ。アセベド兄弟はふたりとも将軍になり、片方は副大臣にまでなった。ふたりはときどきうちのレストランに来てくれる。そんなときは店を閉めて、ラム酒の瓶を開け、思い出話をする。でも当時ふたりはまだ若造だったし、チェは革命に燃えるアルゼンチン人で、メキシコでフィデルと出会い、より良い世界のため彼と共に戦いに来たんだ。

言っておくが、のちに俺がフィデルの下でやったことは全部、チェが俺たちをこき使ったことに比べれば楽な仕事だ。チェはおそろしく気難しかった。何か気に入らないことがあると、こっぴどく罵った。フィデルは批判するときも穏やかで、それはつまり、おまえには改善の機会があるという意味だった。仮に何かに失敗して、何も言われなければ、二度目の機会はもうなかったからね。

しかし当時はまだフィデルを知らなくて、ただ皆が彼の話をするのをしょっちゅう耳にしていた。エル・コマンダンテ、司令官。あるいはエル・ヘフェ、ボス、指揮官。だれかがよく話していた。彼がどんなに勇敢か。どんなにすばらしい演説をするか。彼と会ったことのある人がうらやましかった。俺が人生の半分をフィデルと過ごすことになるなんて、だれが想像しただろう？　フィデルが実の父親よりも近しい人になるなんて？

俺自身、思ってもみなかった」

ふたりの料理人

彼らはラム酒を飲み、トランプをし、口笛を吹いて犬を呼び、鼻をほじり、行列に並ぶ。タクシーの、魚の、砂糖や小麦粉の行列に。ガタガタいう古い自動車が街のさらに先の地区へと彼らを運び、そこでは売春婦が尼僧と、漁師が古書店主と、恋人たちが、もはやだれも抱き寄せることのない人たちと交じり合っている。彼らは花を売り、髪を切り、肉、または骨だけ、または鶏の脚だけを買う。

「これでおいしいスープが作れるんだよ！」私がカメラを向けた老婆は、そんな獲物を家に持ち帰るところだ。「うちに寄って、食べていきなよ！」

私たちは互いに微笑むが、きっと革命以来この老婆はそれよりましなものを食べたことがないのかと思うと、私は顔を曇らせる。

私はハバナの人込みに紛れるのが好きだ。毎年数十棟が崩壊する建物の虫歯の間を人々に交じって歩くのが。だらりとした鶏がみずみずしいトマトやマンゴーに交じる市場を。マイアミに逃げた家族とインターネットでつながる広場でキューバ人たちとたむろするのが好きだ（インターネットとWi-Fiホットスポットはハバナ市内でほんの数か所しかつながらず、しかもものすごく高額だ）。彼らは互いに子供を見せ合い、互いの健康、仕事、おばあちゃん、おじいちゃんのことを尋ねる。こうした会話の最中によく笑う。

そしてよく泣く。ラム酒とサンバと葉巻の表面の下には、何千もの悲劇が隠れているから。

そしてまた、ここに来るジャーナリストたちと、彼らと話をしたがるキューバ人たちに目を光らせる秘密警察も隠れている。初めてハバナに行った二〇〇六年、私は国会議事堂近くの公園のベンチに座った。これはワシントンにある国会議事堂の複製で、キューバとアメリカ合衆国が近しい間柄だった時代の名残りである。もう夕方で、鳥たちが狂ったようにさえずっていた。隣に腰を下ろした着古したスーツ姿の老人は、退職した公務員か会計士のように見えた。私はベンチの一方の端に座り、老人はもう一方の端にいた。彼はこちらを見ずに、うなずいてただこう言った。「わしらはここで動物みたいに生きている」と。

すると突然、茂みからこちらに向かって真っすぐ二人の私服警官が這い出てきた。二人は私と老人に身分証明書を求めた。私にパスポートを返すと、立ち去るよう命じた。老人は連行された。私が抗議しようとすると、乱暴に押しのけられた。あの老人がどうなったのか、いまもわからない。

だからキューバに行ってフィデル・カストロの料理人を探すには、細心の注意が必要なことはわかっている。自分でも、自分の話し相手にも気をつけなくてはならない。

そんなとき助けに来てくれたのがアメリカ大統領バラク・オバマで、二〇一六年春、彼はフィデルの革命以来初となる歴史的なキューバ訪問に赴く。

「オバマと同じ時期に島へ行けよ」友人でポーランド在住のキューバ人、ファンが助言する。「我が国の諜報員の皆さんはアメリカの諜報員を追いかけまわすのに忙しいはずだ。だれも君にかまってる暇なんかないさ」

ファンの言うとおりかもしれない。それで私はオバマ訪問のちょうど一週間前にハバナに降り立つ。

キューバの首都は前回の訪問から大きく様変わりしていた。新しいカフェがたくさんあり、流行の最先端のバーでは団地の革命防衛委員会の表示板がトイレのドアのすぐそばに掛かっている。キューバ全土がこの革命の成果を守ることになっていた数年前には思いも寄らなかったことだ。私はタクシーで自由に移動できる――かつては外国人輸送免許を持ったタクシーしか利用できなかった――が、唯一の心配はいかにぼったくられないようにするかということで、それというのも、キューバ人は全力で世界の他の地域と自分たちを隔てている経済的距離を埋めようとするからだ。私は自分が話したい相手と話し、だれも老人を逮捕したりせず、人々はしばしば大胆かつ率直にカストロ兄弟を批判する。私はこうしたすべてに驚く。

「批判はしても、何も変えようとしないかぎりは干渉してこない」友人の友人、ミゲルは説明する。彼の父親はハバナの共産党の重要な活動家だった。「社会主義を擁護する力と意欲をいまだに持ち合わせている人はわずかだ。僕にはそんなものはない」

亡き父親のおかげでミゲルには多くのコネがある。彼はフィデルの料理人探しを手伝ってくれている。

「よその料理人に訊いて探すのがいちばんだ」とミゲルは提案する。

彼の言うとおりだ。

それで私たちはハバナ最高のレストランの一軒に夕食を食べに行く。植民地様式の家具に囲まれ、高価な葉巻の煙に包まれて、野菜を添えたおいしい牛肉をたらふく食べる。食事を終えるとミゲルは、長年の知り合いだというオーナーをテーブルに招く。

「この人《セニョール》は」と私を指差して言う。「僕の友達だ。料理人を探してる、エル・ヘフェの、インタビューをするためにね。手伝ってくれ」

オーナーは私を見、ミゲルを見、それから左右を見回しはじめる——まるで壁の向こうに私服警官が立っていないか、かつて国会議事堂のそばの公園で会った老人のように自分が捕まらないか確かめるかのように。「だってそれは機密じゃないか」ついにオーナーは言う。「君の友達は省に手紙を書くべきだよ……」

「手紙だって⁉」ミゲルは大笑いする。「君はハバナの料理人全員を知っている。君が僕らの手紙だ」

「でもハバナの料理人全員が知られたがっているとは限らないだろ?」レストランのオーナーは秘密めかして答える。

しかしミゲルの余裕がオーナーにも伝わったらしく、彼は周囲を見回すのをやめ、その代わりふたりで燃料価格や地元の市場に並ぶ商品や携帯電話のさまざまな機種について、どうでもいい意見をあれこれ交わす。

ふたりがもうしばらくしゃべっていると、テーブルにラム酒の瓶が現れる。二杯ほど飲んだところでオーナーはもうすっかりくつろいで、フィデルの元料理人なら旧市街にレストランを開いたじゃないか、と思い出す。さらにもう一杯飲むと、そのフィデルの料理人はすでに何度かインタビューを受けたことがある（これは本当で、私もそれを読んでいたが、ただそこには住所が載っていなかった）と思い出すので、私たちが会っても危険なことは何もない。さらにもう一杯飲むとオーナーは、カストロの元料理人へのインタビューを大声で支持するようになる。

「ぜひともあいつのところに行け！」ほとんど叫ばんばかり。「それと……」ここで長い間を置く。「うちのウェイターをひとり連れていけ。同じ学校を出てるから話がしやすいだろう。ホルへ！　ホオオオオルへエエエエエ!!!　ちょっとこっちへ来い」

ホルへは二十三歳、南米の二枚目俳優のような笑顔で、とても人懐こいため、彼が何か言う前に、だれもが彼を好きになりはじめる。

エラスモがハバナの旧市街にオープンしたレストラン〈ママ・イネス〉

「あらゆるアメリカ人ツアー客に気に入られるウェイターさ」オーナーは笑う。

その日はもう団体客の予約は入っていないので、ホルへはエプロンを脱ぎ、私たちはすぐさまカストロの元料理人の店に向かう。

そのレストランは〈ママ・イネス〉といい、上品に改装された植民地様式の建物の中にある。

レストラン〈ママ・イネス〉の店内

エラスモ・エルナンデス――フィデルの元料理人はそういう名だ――は流行の赤いフレームの眼鏡をかけ、シャツのボタンをはだけて、私たちが到着する頃には、ちょうど建物の前でブラックコーヒーを飲んでいる。私たちと話したい気分かどうかわからないが、気づかれないうちにホルヘが魔法をかけ、遠い親戚数人を含む十数人の共通の知人の名前を挙げ、ほどなくふたりは話しはじめる――まるで五十歳の年の差などなく、あたかも同じ年に料理学校を卒業し、ハバナの有名な遊歩道、マレコンで一緒に安いラム酒を飲みながら卒業試験の終わりを祝った仲であるかのように。

　会話があまりにうまく進むので、翌日ホルヘは上司に数日間の休暇をもらい、毎日エラスモのインタビューに同行してくれることになる。午前中はカストロの元料理人に話を聞き、午後はホルヘが私にフィデルやキューバ料理について何か話してくれそうな他の人を探す。

エラスモ

「料理について訊くんだね。最初から俺は料理がしたかった。きっと前にレストランで働いていたからだな。俺たちの部隊には本物の料理人がいてね、カスタニェラという名だった。暇さえあれば彼のところへ行っていろんな料理の作り方を尋ねたよ。カスタニェラはその前は超高級レストランで働いていた。革命に加わったのは独裁者バティスタの部下のだれかの不興を買ったせいだ。俺たちはそこにあったものを食べていた。たいていはアヒアコ、キューバのごく一般的なスープで、だれでも作れる。俺はカスタニェラと一緒にこのスープを毎日のように作っていた。ソーセージ、ベーコン、鶏肉、または豚の頭――何でもいいが、それを煮て出汁をとる。出汁ができたら、インゲン豆、トウモロコシ、ジャガイモ、ソーセージ、米、トマト――何でも手近にあるものを入れる。魚介類を入れてもいいが、山では魚はめったに手に入らなかったし、ロブスターやエビは望むべくもなかった。それを全部、鍋に放り込む。それから弱火で三十分ほど煮込む。

こいつはうまいスープだ、それに栄養価も高いから、兵士にはうってつけだった。

チェは皆と同じものを食べていた。食べ物に文句を言うことはなかったよ。裕福な家庭の出身で、おいしい料理に慣れていたはずなのに。カスタニェラはチェのために彼の故郷の料理を作ることもできただろうが、チェが普通の兵士と違うものを食べるなんてことはあり得なかった。

チェが他の連中と唯一違ったところ、それは黒インゲン豆が大好物だったってことだ。大きな鉢を一気に食べてたな。

ついに、数週間後、俺たちはサンタ・クララ方面に向かった。俺はこの作戦の主要な戦闘すべてに参加した。カイバリエンで戦い、バティスタの兵士たちが一発も撃たずに俺たちの前から逃げ出したカマフアニでも戦った。

俺の故郷の町は一日後に陥落した。あまりにあっけなく落ちたものだから、同志の中には罠じゃないかと疑う奴もいた。だが罠なんかなかった――ハバナへの道が俺たちの前に開けていた。バティスタはそのことがよくわかっていて、十数時間後にはアメリカ合衆国に逃亡した。あまりにたくさんのことが起きたから、俺は両親を訪ねる暇もなかったよ。

サンタ・クララの戦いの後、ロヘリオ・アセベドは大尉に、エンリケは中尉に昇進した。俺たちは皆ハバナに行った。俺も評価してもらえた――チェは俺を自分のボディーガードに取り立ててくれたんだ。でもチェに仕えた期間は長くはなかった。俺がどうやってフィデルにたどり着いたか知りたいかい？ ちょっと待て、本当にあのメカジキをさばかないといけない。辛抱してここに座っててくれ、ウェイターを呼んで、コーヒーを持ってこさせよう」

＊＊＊

こうして私たちの日々は過ぎる。午前中は――コーヒー、会話、ときどきエラスモと一緒に料理、彼とは少しずつ親しくなってきた。午後は――ホルヘの料理学校の知り合いたち。

ある日、ホルヘはめったにない知らせを持ってくる。フィデルのもうひとりの料理人、フローレスのことがわかったのだ。この男は自分のレストランを開かなかったし、退職後の生活もうまくいかなかった。孤独と極貧の日々を送っているという。

ひとつだけ問題がある――この男は正気を失っていた。

「会いたいですか？」ホルヘが尋ねる。「何か話してくれるかどうかはわかりません」

会ってみたい。

そこで私たちは一台のおんぼろタクシーに乗って街の郊外へ、アーネスト・ヘミングウェイがカジキを釣りに出航したマリーナの先へ出かける。私たちはフローレスを崩れかけた家の中で見つける。黴に蝕まれた壁からは漆喰が剝がれ落ち、親指大のゴキブリが台所を這いまわっていて、家具として使われているのは二脚の古い肘掛け椅子、脚のないテーブル、何年も前に映らなくなったテレビだ。

フローレスは物語を終わらせることも、十まで数えることもできない。ある話を始めては、筋道を見失い、別の話を始めては、また見失う。彼のあらゆる発言の中で唯一変わらぬものは、フィデルへの大いなる愛だ。そして恐怖。彼らが来る。だれが？　何のために？　なぜ？　それは言おうとしない。

エラスモのレストランからフローレスが住む場所へのドライブは、二つのキューバ間をジャンプすることだ。

エラスモのキューバは、カラフルなフレームの眼鏡と流行の服を身につけ、金を稼ぎ、もっとたくさん稼ぐことを夢見ている。

フローレスのキューバは、鍋に入れるものがありますようにと夢見ている。それと煙草がなくなりませんように。あるいは、せめてシケモクがありますように。

フローレス

「……何が知りたいんだ？　おふくろ？　わかった……

――おふくろ――

……おふくろは洗濯女だった、親父はおふくろより裕福で、親父の家族は決して結婚を認めなかった――じいさんはアメリカ人相手にサトウキビを商っていて、かなりの大金を稼いでいた――だから親父が持参金のない普通の地味な娘と結婚したがっているとわかるや、かんかんになって叫びだした、でも知っておかなくちゃいけないのは、親父がとても頑固だったってことだ、ところで……

……ある日、俺は木に登って、マンゴーの実をもごうとしていた。ひとつを両手でかかえて――とりわけ立派な実だったな――これを傷つけないようにどうやって木から降りようかと思っていると、下に軍用車の列が現れた……

……車列は木の下で停まり、そのとき俺は十四かそこらで、まだガキだった、子供だよ、そのうちの一台から、顎ひげを生やし、オリーブ色の制服を着て、武器を持った男が降りてきて、俺の名を尋ねた。『フローレスといいます』俺は答えた。『名前はフローレスです』それに対して男は、立派な実を持っているなと言い、そこで間を置いた、俺は知っていた、もし相手が欲しいと思えば、マンゴーは取り上げられるだろうし、俺は奴らから逃げられない、どのみち、ちくしょう、どうやったら武装ゲリラの集団から逃げられるっていうんだ？　だからすぐさまこう言った。『喜んで差し上げます』そして木から降りると、男は微笑んで俺からマンゴーを受け取り、こう言った。『私に贈るんじゃない、革命にだ』そしてこう訊いた。『フローレス、坊主、君は読み書きができるか？』『いいえ、できません』それに対して男はこう言った。『フローレス、坊主、君が学校に行って、読み書きを習って、将来、医者か大臣になれるように、我々はキューバを変えたいんだ』俺はそれがとても気に入って、それはなかなかいい考えですねと声に出して言った、その男の護衛たちは俺に親しげな笑顔を見せたが、そのとき……

……初めてエル・コマンダンテのドアの前に立ったとき、俺はストーブ用の薪を入れた袋を背負っていて、低い梁をくぐるために、彼みたいに屈まないといけなかった、俺は思った、ここから入るのに、俺よりもかなり背の高いエル・コマンダンテが屈まなくちゃいけないなんて、そのときドアが開いて、そこに彼、フィデル・カストロがパジャマ姿で立っているのが見えた、『頭上に気をつけろ』と彼は笑い、俺の帽子を耳までしっかりかぶせてくれた、『はい、司令官《コマンダンテ》、気をつけます』と俺は言って、薪を炉の焚き口の横に下ろすと、食事の支度を始めた、俺はその日、七面鳥を焼くことになっていて、彼は葉巻に火をつけ、俺を見ていた、俺がその七面鳥をうまく扱えるかどうか興味があったんだ、でも……

……でも俺が心配で不思議に思ってるのは、なああんた、なぜアメリカ人はいまになってキューバに来はじめてるんだ？　なぜここに彼らの飛行機が着陸し、船が到着するんだ？　なぜ俺たちはそれに同意してるんだ、だれもが、全世界が、それは野球みたいなものだと――すべては、だれが先にボールを投げるか次第だって知ってるのに、なぜ俺たちは彼らに先にボールを投げさせるんだ？　まだ試合が本当に始まってもいないのに、なぜ俺たちはこの試合を彼らに勝たせるんだ?
俺に言えるのはこれだけだ。
これ以上は言えない。無理だ、奴らが捕まえに来るから。来ないといいんだが」

フィデル

「フィデルなんか大嫌いだってずっと言い続けてたのに、死んだとたん小さな子供みたいに泣いた人たちを知ってるよ」

ハバナ出身の友人ミゲルは、自分の知る人々の異常さをこちらが理解しているかどうか確かめようとするかのように私を注意深く観察する。私たちはハバナを一望できる彼の洗練された高級マンションに腰を下ろし、ラム酒を啜っている。私はすでに知っている——ミゲルは普通の人が水を飲むようにラム酒をがぶ飲みする。

ミゲルは共産主義者一家の出だが、いまは新興の四分の一資本主義キューバの中産階級に属している。コネのおかげで二束三文で買ったアパートをいくつか所有していて、観光客に貸し出している。

「ひとつは半年で元が取れた。もうひとつは十か月で」ミゲルの顔に丸々とした猫の笑みが浮かぶ。

ミゲルの話は本当だと思う。キューバは今日、彼とコネのある人々にとって本物の楽園なのだ。

「もちろん利益は何人かで分け合わなくちゃならない」と付け加える。「ひとりはこの価格のアパートを見つけるのを手伝ってくれた人。もうひとりは僕が物件を買うのに同意してくれた人。でもその甲斐はあった。僕も、彼らも潤っている」

ミゲルは政治の話をするのが好きだ。いろんなことを知っている。彼の父はフィデルとも、フィデルの弟で現第一書記のラウルとも面識があった。

「だれも聞いていないところではカストロ兄弟を罵る、昔からの共産主義者たちも知ってるよ」ミゲルは本題に戻り、自分が語る話の重要性をこちらが理解しているかどうか私の顔から再び読み取ろうとする。どうやらテストに合格したらしく、彼はこう続ける。「なぜか？　彼らの意見では、フィデルは彼らの信じていた理念を歪めたからだ。それはもはや彼らの革命《レボルーション》ではなく、フィデルーションだったからだ。君が尋ねる人の数だけ、違った意見が聞ける。ひとつ確かなことは、フィデルが本物のカリブ海気質の持ち主だったたってことさ」ここでミゲルは大声で笑い出す。

彼の言うとおりだ。フィデルの情熱的な気性は幼い頃から際立っていた。複数の伝記作家が書くところによれば、彼は学校で友人たちと賭けをした。自分は猛スピードの自転車で石壁に突っ込むんだと。フィデルは勢いをつけて、バーン！　一瞬後には脳震盪を起こして地面に伸びていた。何のためにこんなことをしたのか？　きっと彼自身にもわからなかっただろう。

その後の彼の人生もやはり、無鉄砲と無意味なリスクが混じり合う一連のエピソードで構成されている。一九五三年七月二十六日、百人部隊の先頭に立ってサンティアゴ・デ・クーバ市の武装したモンカダ兵営を襲撃したときもそうだった。

「準備不足だったし、武器もなかった。見込みはなかったんだ」とミゲルは言う。「兵士の大多数は死んだか、刑務所に入れられた」

フィデルはピノス島に投獄され、電気ストーブでスパゲッティーを茹でて時間をつぶした。彼はこの技を完璧に習得した。この先何年も、それは彼の得意料理となる。

釈放後、当局に国外退去を命じられた。こうしてメキシコにたどり着く。だが亡命生活には興味がなく、最初の機会が訪れると、定員十二名のヨット、グランマ号に八十二人の仲間を詰め込んで――またもや無鉄砲にも――キューバに舞い戻った。チェ・ゲバラの回想録によると、彼らは航行中ほぼずっと船酔いで嘔吐していた。航海が予定より数日長引いたため、最後は飢え死にしかけたという。* フィデルは、まだ革命が本格的に始まる前に、己の最初の仲間をみずから殺しかけたのだ。

幸い、地元の農民と炭焼きが、襤褸《ぼろ》を着たグランマ号の連中を実に親切に受け入れた。連中に食事を与え、道中のためにソーセージとビスケットを買ってやったりもした。ここからカストロと仲間たちはさらに先へ、マエストラ山脈へと向かった。そしてまたもや――配下にたった十人かそこらの武装ゲリラしかいないにもかかわらず――カストロは、装備の整った軍隊と強力なアメリカ合衆国の後ろ盾を持つキューバ大統領フルヘンシオ・バティスタに挑んだのである。

バティスタは反乱軍に対して一万人を派兵した。

だがカストロは自分の可能性を計算したり数え直したりはしなかった。またしても、かつて自転車でやったように、速度を上げて壁に向かって突進した。自分が勝つと、そして自分が正しいことを歴史が証明するのだと確信していた。

そしてそうなった。少なくとも数十年の間は。

バティスタの兵士たちは山中でゲリラにしょっちゅう待ち伏せされて気分が悪かった。日に日に政府軍の兵士は減っていった。ついに一九五八年、フィデルは攻勢に転じ、一九五九年初め、勝ち誇ってハバナに入城した。

エラスモ

「フィデルと顔を合わせたのは首都に入って数日後、科学者アントニオ・ヌニェス・ヒメネスの家でだ。ヒメネスはのちにキューバ人として初めて南極に到達した。彼もチェの部隊にいて、その後、国立農業改革研究所の所長になった。彼の家での会合はこの農業改革に関するものだったが、その際、フィデルの警護をする者が必要だという話になった。チェはフィデルを敬愛していて、自分の持っていたものすべてを共有したいと思っていたから、深く考えずに、俺にカストロの警護に行くよう言った。うれしかったかって？　もちろんさ！　ついにフィデルに対面できたばかりか、一緒に働けることになったんだからね。

数年間、フィデルの後について歩いた。それを持ってこい、あれを持っていけ、ここに行くぞ、あそこへ行くぞ。ところが俺たちはボスのために働いていたのに、だれも食べ物のことを気にしていなかった。つねに何かもっと重要なことがあったのさ。ボスが空腹だと最初に気づくのが俺だった、だからあ

＊　Che Guevara, *Che: Diaries of Ernesto Che Guevara*, trans. Alexandra Keeble (Ocean Press, 2008), p.37.〔チェ・ゲバラ『革命戦争回顧録』平岡緑訳、中公文庫、二〇〇八年、二十二頁〕

エラスモ・エルナンデス、フィデル・カストロの元料理人

る日、鍋とそれに入れる材料を用意して、それから火を焚いた。エル・ヘフェが会合を終える頃にはスープができていた。これは俺の仕事じゃなかったけど、料理を作るのはいつも好きだったからね。それに、おかげで俺も飢えずにすんだ。

　これがフィデルの気に入った。それでよく作るようになったんだ。

　そのうち、どこへ行くにもこの鍋を持っていくようになった。俺たちは一日二十四時間働きづめのこともあったな。フィデルが客を招いたり、だれかと長時間一緒にいたり、急に何か食べたくなったりしたとき、いつも俺が何か用意してやるのに慣れてしまったからね。だが、だれも文句は言わなかった。俺たちは皆、知ってたんだ――革命に見込みがあるのは、俺たちひとりひとりが最善を尽くすときだけだって。大臣かボディーガードかは関係ないんだ。

　こうして四年が過ぎ、その間キューバでは多くのことが起きた。フィデルは農業改革を実施し、その結果すべての土地が国有になった。彼はアメリカ人から工場を接収した。バティスタ時代のキューバではだれも気にしていなかった文盲を撲滅する運動を展開した。

何もかもがあまりの速さで進んだから、その頃のことはよく憶えていない。俺には家すらなかった。フィデルがそのときいる場所で寝ていたよ。

ある日、フィデルの女友達でマエストラ山脈時代からの同志セリア・サンチェスが俺を脇に引っ張っていって、こう言った。

『エラスモ、あなたには料理の才能がある。ボディーガードならフィデルは好きなだけ持てるけど、信頼できる料理人を見つけるのは難しい。あなたは専門学校に行くべきじゃないかしら？』

これはすばらしい褒め言葉だった。だってセリア自身、何度もフィデルのために料理したことがあって、彼女が用意したものだけが口に合うとフィデルはよく言っていたから。

セリアは的を射ていた。この軍隊ってやつは俺に向いてないなと前から思っていたんだ。俺にとってもっと楽しいのは、何かを鍋に入れて、香辛料が料理の味を一変させるのがわかる瞬間なんだ。同じ料理が毎回ちょっとずつ違ったふうにできあがるのが。そして——なにより——自分の作ったものがフィデルや他の皆の口に合うのが。

俺はセリアに、それはすばらしい考えだと言った。はい、料理人になるための訓練を受けたいです、ってね。

ゲリラの仲間たちは吃驚仰天した。俺が？　フィデルのボディーガードが？　なにしろそれが将校になるには、いちばんの早道だったからね。

だが俺は意見を曲げず、フィデルが同意してくれたので、晴れてフィデルのボディーガードから料理人になった。

学校に入るには調理の試験に合格しなければならなかった。そのとき作ったのは魚のフィレにマンゴーの果肉入りソース、おかげで受験者の中で一位になった。自分でも驚いたよ。このソースには上等のドミグラス、つまり濃い出汁が必要だ。骨髄入りの骨を用意し、それを細かくたたいて、二〇〇度に熱したオーブンで二十分焼く。最高のソースは牛骨から作るが、実際はどんな骨を使ってもいい。その間にニンジン、トマト、セロリ半分を油で炒める。骨が茶色くなったら、全部一緒に大きな鍋に入れて、とろ火で煮る。どのくらい？　少なくとも二日。よくできたドミグラスにはゼリーのような硬さがある。

あとは簡単だ。魚を切り身にして、できればオリーブ油で焼く。別の鍋でドミグラスを温める。ドミグラスが熱々になり、魚の準備ができたら、最後にマンゴーを加えるんだが、果肉はすぐに溶けてしまうから、本当に最後の最後だ。マンゴーを賽の目に切る、小さすぎず大きすぎず、親指の爪くらいの大きさに。マンゴーが溶け出すまで火を通す。切り身が焼けたら、ソースをかける。

その後、この魚をフィデルのために作ったら、とても気に入ってくれたよ。このレシピはサンタ・クララのレストランにいた頃から知っていたんだ。

学校はすばらしかったよ。フランス、イタリア、パラグアイ出身の先生がいた。不思議なことに、ソヴィエト連邦からはだれも来ていなかった。アメリカ人がキューバに禁輸措置を課してから、ここにはロシア人が大勢来ていたのに。俺のお気に入りは、高級ホテル〈ハバナ・リブレ〉の元料理長、ダビド・グリエゴっていう先生でね。いい料理人になるには――とりわけ重要人物の料理人になるには――調理ができるだけじゃ駄目だ。調理ならだれでも学べる。レシピがあって、一、二度作れば、失敗することはまずない。

だが、国家元首の厨房で働くなら、作業計画を立て、仕事を割り振る必要がある。何時間も、ときには何日も前から計画を立てておかなくてはならない。このことはゲリラでは学ぶ機会がなかった。まさにこの知識を伝えてくれたのがグリエゴだ。

ある日、学年末だったか、セリアに呼ばれた。フィデルが一日中食べるのを忘れてしまうことがよくあるとセリアはこぼした。あるいは、だれかが何か料理を作っても、おいしくないと言って、夜中に自分でスパゲッティーを茹ではじめる――これはだれも彼に作ってやることができなかったんだ、セリアさえもね。

それで俺に、放課後、フィデルのために料理を作りに来られるかどうか尋ねた。

俺は承知した」

フィデル

彼はいつも上等のアルコールと葉巻が好きだった。一九五八年五月、バティスタの攻撃が始まったとき、マエストラ山脈からセリア・サンチェス宛てに絶望的な手紙を書いた。「煙草がない、ワインがない、何もない。甘口のスペイン産ロゼが一本、冷蔵庫に〔中略〕あったはずだ。あれはどこだ？」*

---

* T. Szulc, *Fidel: A Critical Portrait* (Perennial, 2002), p.86.

「もちろん、いい酒が好きだったよ」私がこの引用を読み上げると、エラスモはこう言う。「でも好きじゃない奴なんているのかい？　それにフィデルは平均的なキューバ人が食べるものを食べていたよ」

「本当に？」私は信じない。なぜなら普通の人々とまったく同じものを食べる心優しき兄弟としてのフィデル像は、あまりにもプロパガンダの臭いがするからだ。「平均的なキューバ人は腐ったトマトを買うために長い列に並んでいた。国の許可なしでは魚一匹獲ることは許されなかった。本当にフィデルは人々よりほんの少しいいものを食べていただけなのか？」

　エラスモは眉をひそめる。

「行列はアメリカ人と彼らの禁輸措置のせいであって、フィデルのせいじゃない」彼の言葉は歯切れが悪い。「フィデルが食べていたものは人々が買えたものと大して変わらなかった」

「本気か？」私はもう一度訊く。「たとえば彼はグレープフルーツのカツレツを食べていたか？　ソヴィエト連邦が崩壊したとき、多くのキューバ人がそうしたように、昼食代わりに砂糖水を飲んでいたか？」

「あんたに何がわかる！」

　エラスモは怒ってテーブルに布巾を投げつける。むっとして背を向け、これみよがしに携帯電話に何か入力しはじめる。

　私は自分がやりすぎたんじゃないかと心配になる。だって彼には話せないこともあるのだ。この会話の時点では、フィデルは存命で、弟のラウルが第一書記だった。私は勘弁してやるべきだ。それで、丸く収めるためになだめるような口調でこう尋ねる。

「フィデルにはそもそも何か欠点があるのかな？」

エラスモはしばらく思案する。

「ひとつある」ついに口を開く。「つねに何でもいちばんよく知っている」このことはカストロのあらゆる伝記が裏づけている。エル・コマンダンテはさまざまな問題において事あるごとにあらゆる人を教え諭した。野球、政治、灌漑《かんがい》、稲作、チーズ作り、歴史、地理、魚釣りなど、自分はあらゆる分野に精通しているのだと思っていた。

「かの有名な何時間もの演説は、まさにこの思い込みから来ていた」友人ミゲルが説明する。「本当に何もかも自分がいちばんよく知っていると思っていた。共産主義を打ち立てる方法も、若い雌牛を孕ませる方法も、自分よりうまく説明できる者はいないんだって」

学生のときからもうそんなふうだった。あるときフィデルは教授のひとりを訪ねた。家に入るやいなや、台所でメイドに料理用バナナの揚げ方を教えてやった。

第一書記としてフィデルはしばしば、街で最高級のホテル〈ハバナ・リブレ〉で食事をした。そこで料理人たちに、キューバでパルゴ・ロホと呼ばれる大衆魚、フエダイやロブスターをいかに調理すべきか、鴨のコンフィをいかに作るべきかを説明した。革命前までヒルトン系列だったこのホテルには、常時最高の料理人たちが働いていた。にもかかわらず、彼らはフィデルの長広舌に辛抱強く耳を傾けねばならなかった。

フィデルが独自に編み出した、ロブスターと海老の珍しい調理法を、私はドミニコ会士フレイ・ベットによるインタビュー『フィデルと宗教』の中で見つける。**「いちばんいいのは海老もロブスターも茹**

でないこと、なぜなら熱湯に入れると風味を失い、硬くなってしまうからだ。オーブンかグリルで焼く方がよい。海老はグリルで五分焼けば十分だ。ロブスターはオーブンで十一分、または熱した炭の上にのせた焼き網で六分。調味料はバターとニンニクとレモンのみ。うまい食べ物とは素朴な食べ物だ*」

フィデルはロブスターとフエダイを自分で調理するのが大好きだった。もっとも頻繁にこの作業に没頭したのが有名な釣り旅行の最中で、カヨ・ピエドラの邸宅のすぐ隣でフィデルのために飼育されていた亀のスープが出されたものだ。のちにはみずからグリルの傍らに立って、客のために肉を焼いた。

フィデルが調理した魚を振る舞われるということは——フィデルからの最高の評価の表明だった。

フローレス

「……あんたがどうしても知りたいっていうなら、俺に料理を教えてくれたのは兄貴だ。レストランで働いていて、家に帰ってくると、ロブスターのさばき方、海老の味付けの仕方を順番にやって見せてくれた、それまで俺は、ヤムイモ、キャッサバ、村で手に入る肉——鶏肉、牛肉か豚肉——のほかは何も知らなかった、それとグアバ、トウモロコシ、揚げバナナ、オレンジ、インゲン豆だ、年金として受け取る三百五十ペソ、俺にはこれで十分、人間に胃は二つもない、鶏肉を二切れもパン二つも食べないし、酒は飲むが……

……飲むのはほんの少しだけだ、見ろ、コップにラムをちょっと注いで、そこへ水を足して、上からコーヒーを注ぐ、これが実にうまい、それから肘掛け椅子に座って、ほらここだ、少しの間、目を閉じる、するといろんなことを考えるのをやめられる、俺の頭の中にはとてもたくさん、さまざまな考えがあって、ときどきそういう考えが俺の頭から飛び出そうとしているような気がする、そんなとき俺はどうしたらいいかわからない、ただ座って、それを抑えつけようとするんだが、もう抑えようとしないこともある、ひとつのことに集中できるときもあれば、できないときもある。

あとは何だ。女房？

……女房か……

……女房とは仲良く暮らしていた、子供が二人、息子と娘がいる、だが……

……だが親父の家族が、親父とおふくろの結婚を認めようとしなかったとき、親父はある夜、父親の馬を借りて、それに乗っておふくろの家に行った、おふくろは親父を待っていて、親には庭をちょっと散歩してくると言っておいて、親父が近づいてくると、おふくろも馬に乗って、二人で村へ逃げた、親父があらかじめそこに家を借りていて、その日から二人一緒に暮らしたんだ。親父は馬を父親に送り返しさえした、だって家族が邪魔立てする以上、自分の選んだ娘との結婚を認めようとしない以上、そんな家族からは一センターボも、土地も（じいさんは土地をたくさん持っていたが）、動物もいらなかったからだと言っていた、そして何年もの間、家族とは口をきかなかった、ばあさんは手紙をよこしたけれど、でもいちばん大事なのは、あんた……

……いちばん大事なのは、だれが先にボールを投げるかであって、野球ってのは筋力だけじゃなく、

---

* Frei Betto, *Fidel y la Religión: Conversaciones con Frei Betto sobre el Marxismo y la Teología de Liberación* (Siglo XXI, 1986).

対戦相手を怯えさせる能力でもあるから、もしも先発投手が自分の仕事をうまくやり遂げれば、それで試合全体の流れが決まる、だって相手チームは熱意をなくして途方に暮れるからだ。政治も同じさ。もしアメリカ人に先にボールを投げさせるなら、ここで何かがひっくり返っているが――向こうの投手は投げる前に俺たちをノックアウトする、だからこう尋ねないといけない、なぜ連中は俺たちが貧しかったとき、ここに来なかったのかと、ソヴィエト連邦が崩壊し、ロシア人がほぼ一夜のうちに俺たちに背を向けたとき、そしてたった数か月で俺たちの豚がほぼ全頭死んだとき、俺はそこにいた、獣医と一緒に出かけたんだ、獣医はせめていくつかの農場を救いたいと思っていた、俺は彼と一緒に出かけた、なぜなら当時はフィデルのための肉さえ足りなかったから、そしてその獣医は、家畜の伝染病がすでに彼らの農場に達したかどうか調べた、そして次の農場でもその次の農場でも獣医がお手上げという仕草をしたのを憶えている、なぜなら無理だったから、俺たちが訪ねた農場のうちひとつも救えなかったからだ、それならなぜ連中はそのとき来なかったくせに、俺たちが持ち直し、俺たちのペソがいまだかつてないほど強くなったいまになって来るんだ？　あんた、これに答えてくれないか？……

……エル・コマンダンテは、あんたがどうしても知りたいっていうなら、毎日、朝食に卵を食べた、いちばん好きなのはウズラの卵だ、質素な食事で、これにインゲン豆を少し、米を少し、いつだったか……

……いつだったか同志チェとオテル・ナシオナルに座っていたとき、二人きりで、フィデルとチェがだよ、ウェイターが二人にアイスクリームを運んできた、エル・コマンダンテはアイスクリームが大好物で、昼食時に十玉かそれ以上食べることができたんだが、そのとき彼の両手はひどく震えていた、ウェイターのだよもちろん、するとエル・コマンダンテはウェイターに向かって言った。『友よ、君が先にこのアイスクリームの味見をしたまえ』ウェイターは真っ青になって、そのとき初めて二人は、自分たちが食べるものすべてを確かめるだれかが必要だと考えた、だが親父は……

……親父は俺にひとつ教えてくれた。おまえは何も聞かなかった――見ろ、観察しろ、何が起きているかを、結論を導け、だが耳はふさいでおけ、そして俺が小さい頃、靴磨きをして働いていたとき、父さんが言ったとおりにした。耳はふさいでおけ。人はいろんなことを言うだろうが、面倒を抱えたくなかったら、すぐに忘れろ、靴磨き一足で、いまでも憶えてる、五センターボもらえた、だから……

……だからいま俺は人と一緒に暮らせない、慣れることができないんだ、教会に出かけるとき、バスに乗って、新聞を買い、聖書を読み、祈るが、若い連中は年寄りに対する敬意がまるでない、俺はバス代に一ペソ払うが、年寄りに席を譲ってくれる人がいるか？　いや、このごろはだれも年寄りなんか目に入らないんだ……

……ところでエル・コマンダンテはかつてこう言った、黒人がアメリカ合衆国の大統領になれば、それはアメリカ人と対話を始めるきっかけになるだろうと、だがいつかそんなことが起こるとは思わなかった、もしエル・コマンダンテがアメリカ大統領バラク・オバマと会っていないなら、それは会いたくないからで、アメリカ大統領が何かここで言うべきことがあるからじゃない。フィデルに向かって指図する者はいないだろう、彼は理解している、野球でいちばん大事なのは、だれが先にボールを投げるかなのだと、エル・コマンダンテは野球ならだれにも負けない、もしだれかが先にボールを投げることになっているとすれば、それは彼しかない、ところで……

……ところであんたは覚えておかないといけない、フィデルにあるときこう言われた、シラスウナギのサラダを食べてみたい、シラスウナギっていうのはスパゲッティーみたいに長くて細いんだ。彼は言った、前にそのサラダを食べたことがある、シラスウナギを見つけて、作り方を覚えてきてくれとね、そして微笑んだ、だってもうこれだけ俺をよく知っていたから、たとえ俺が水に入って自分の歯でそいつを捕まえなければならないとしても、俺がそのシラスウナギを見つけてくるってことは明らかだったから、それで俺たちはフィデルのボディーガードと一緒に漁師のところへ行って、だれかシラスウナギを持っている奴はいるかと尋ねてまわった、こうしてほとんど徹夜で車で走りまわり、ついに男をひとり見つけた、その男はそいつが捕れる場所を知っているが釣りは禁止されていると言うんだ、それで俺はこう言ってやった。『この野郎、いますぐ俺たちとその忌々しいシラスウナギを捕りに行くんだよ』すると男はすぐさま、重要人物と話しているんだって理解した、俺があまりに断固とした調子で言うもんだからね。俺たちはその男とボートに乗り込んで出発し、一睡もせずに迎えた朝早く、**俺はシラスウナギにレタスを加え、それをトマト、オレガノ、刻んだパセリ、玉ねぎ、ニンジンと和えた、**こうしてフィデルはシラスウナギを手に入れたってわけだ、彼は知っていた、よく知っていたんだ、いつだって俺を頼りにできるってことを、食べ終えると微笑んだが、何も言わなかった、何も言う必要はなかった、こっちを見てくれるだけで十分だった。その目を見れば万事順調だってわかる……

……さて今度は見ろ、窓の外を見ろ、見てくれ、その木を、マンゴーの木だ、とても立派な実だろ……

……俺は、これを傷つけないようにどうやって木から降りようかと思っていた……

……その横に生えているのはライム、下の茂みはトマトだ、ここハバナじゃ家の横か、団地の中庭に植えてる、だって買うのが難しいときもあるし、自分のとこにあれば、だれにも頼らなくてすむし、バスに乗って市場《メルカド》に行かなくていいし、だれかに何かを頼む必要もない、自分のトマトがあるんだから、欲しいときに外に出て、一つか二つもいでくる、ところで……

……ところで俺はエル・コマンダンテを愛している、実の父親みたいに、実の兄弟みたいに。もしも彼が今日ここに来て、『フローレス、おまえの手が必要だ』と言えば、俺は自分の手を切り落として彼に捧げるよ。もしも『フローレス、おまえの心臓が必要だ』と言えば、俺の心臓を捧げるよ……

……一度、一緒にボートで珊瑚礁に出かけたことがある、よく晴れた日だった、彼はダイビングをした、そんなときつねに二人のボディーガードがついていた、二人とも彼と同じ血液型だった、万一に備えてね、それで……

……それで同志たちが俺からマンゴーを受け取った、俺はもう木の上にいたから、あといくつかもいでやった、そして彼らは車で去っていったが、俺はまさにそのとき革命に加わったんだ、そしてこっそり『七月二十六日万歳』という字を壁に書きはじめた、バティスタの警察がやって来て、だれがこれを書いたのかって訊かれたとき、『俺は読み書きができないから、何て書いてあるのかわからない』と言ったら、放っておいてくれた。

俺に言えるのはこれだけだ。これ以上は無理だ。話したいけど、無理だ、だって奴らがやって来るから、来ないといいんだが。

……いや、あとひとつだけ話そう、俺は人間より動物の方が好きだって話だ、うちの犬を例にとろう。

野良犬が路上でまとわりついてきて離れようとしないので、飼うことにした、米を炊いてやったら、がつがつ食って、鼻面に汗をかいたほどだ、それ以来、玄関マットに座ってて、俺がどこかに出かけるときは追いかけてくる。ベートーベンと名づけたのは、気に入らないことがあると耳が聞こえないふりをするからだ、ベートーベン、こっちおいで、ベートーーーーベーーーーン！　ほら、またやってる、こっちに来たくないと、呼ばれたのは自分じゃないってふりをするのさ、ところが……

……ところがエル・コマンダンテは暇ができると、ボートで珊瑚礁に行ってダイビングをする、ボディーガードのだれも彼みたいに深く潜ったり、あんな魚やあんなロブスターを捕ったりできるとは夢にも思わない、その後、一行は袋いっぱい獲物を持って帰ってくる、俺はそれを何度も見たことがあるが、それは全部エル・コマンダンテひとりで捕ったんだ、**それから俺はロブスターをこうやって半分に、真っ二つにさばき、身を炭火焼きにして、ライムを絞る**、そんなごく単純な食べ物がいちばんフィデルの口に合うんだ、俺はフィデルのためについ昨日もそれを作った、でもときどき……

……でもときどき心臓が俺を起こすんだ、そんなときはベッドに座って落ち着くのを待つ、落ち着いたらまた眠れるが、落ち着かなければ、日が昇るまで待って、家を出るんだ、いろんなことを考えないように、だって考え出すと、頭の中にいろんな種類の考えがとてもたくさん浮かぶからだ、ひょっとしてそれを書いておくべきなのかもしれないな、いつだったか前の女房にそう言われたんだ、書いておきなさい、フローレス、頭に浮かんだことを全部書いておきなさい、でないとあんたにとって良くないからって、そう言われたんだ、それで書こうとしてみたけど、夜中に目が覚めると、まだ暗くて、明かりもないことが多くて、日が昇る前に、もうあまりにたくさんの考えが頭の中をよぎるもんだから、どれを書き留めればいいのかわからないんだ、女房？

……女房……

……女房は出ていった。

……別々に暮らしたいんだと、俺と一緒に暮らすんじゃなく、女房のところに行って、こういう考えは俺のせいじゃない、ただそういうことが俺に起きているだけだって説明すると、あいつに追い払われるんだ、そんなときはあのマンゴーのことを考える、そう……

……あれは本当に見事な実だった、そして、これを傷つけないようにどうやって木から降りようかと思っていると、下に軍用車の列がやって来た」

ホルへ

通訳兼ガイドのホルへは、ほぼ二週間を私と共に過ごす。私たちはフィデルの食卓と何らかの関わりがあった人全員を訪ね歩く。ホルへは私を、自分のバーテンダー講座の先生で、長年フィデルの専属給仕係を務めた人のところへ連れていってくれる。私たちはハバナ郊外の住宅地にある彼の自宅を訪ねる。

「フィデルか？　いつだったか鶏肉を食べて、ひどくむせたことがあったな」元給仕係は回想する。

「骨が喉につかえたんだ。三秒か、四秒か、我々は口もきけず顔を見合わせていた。我々はボディーガードを、ボディーガードは我々を見つめ、その間フィデルは窒息しかけていた。私が最初に我に返った。あわてて近づいていって思いっきり背中をたたいた。喉のつかえが取れ、彼はまた呼吸しはじめた、だから私が命を救ったと言ってもいい。そのせいでキューバの大勢の人が私を絞首刑にしたいと思っているだろうね」元給仕係は大笑いする。

一度だけ私たちは仕事を中断する羽目になる。ある日の正午頃、料理長がホルヘを急遽レストランに呼ぶ。その晩、我がキューバ人の友人はバラク・オバマに給仕するウェイター補佐となる。オバマは――妻、娘ふたり、義母と共に――彼のレストランで夕食を取る。

「大統領はサーロインステーキ、ファーストレディはワインソースのステーキを食べたよ」その日の夜遅く会うと、ホルヘは私に報告する。「でもいちばん特別な瞬間は夕食が終わった直後だった。オバマ大統領が僕の目を見て言ったんだ。『ホルヘ、とても楽しかったよ《イット・ワズ・ア・グレート・プレジャー》』って。それがすごくうれしかったな」

「それのどこがそんなにうれしかったの？」私は尋ねる。

「僕の名前を覚えていてくれたんだよ！」ホルヘは喜んでいる。「想像できる？ うちの店にはときどきキューバの政治家も来るけど、たとえひとことでも親しげな言葉をかけてくるなんて絶対にありえない。ところが超大国の大統領が僕の目を見て、名前で呼んでくれるんだよ。あの瞬間は一生忘れない！」

翌日、エラスモはホルヘを抱きしめる。まるでこの若者が初めて戦火の洗礼を受けたかのように。

「これでもうわかっただろう、大統領のために働くというのがどういうことか」と言う。

エラスモ

「フィデルのいちばんの問題は、ゲリラ時代に一日のいろんな時間に食べるのを覚えてしまったことだ。献立なんか全然決められなかった。料理人にとっちゃ悲劇だ。昼夜問わず、いつだって仕事なのさ。だがいい面もあった。フィデルは文句を言うタイプじゃなかった。俺の作ったものを食べてくれた。

料理人を批判する奴がいたとすれば、それはむしろラウルの方だった。

俺たちは一度ビランに行ったことがある。フィデルが生まれ育ち、フィデルの母親が死ぬまで住んでいたところだ——父親は革命前に死んでいた。一家はそこに広大な農場を持っていた。フィデルは八人きょうだいで、仮に全員が農場に残ったとしても、それぞれ裕福な生活が送れたはずだ。だが彼は革命を起こし、模範を示さないといけなかった。農業改革をやったとき、キューバで最初に国有化した農場のひとつが自分の父親の農場だった。母親にはちっぽけな家しか残さなかった。

　彼の父親はそのすべてを身を粉にして働いて手に入れた。父親は俺たちが戦うべきアメリカの資本家なんかじゃなく、ガリシア出身のスペイン人で、キューバにたどり着いたときはとても貧しくて、持っていたものはすべて、みずからの手で一から築いたんだ。でもフィデルはほかの皆から土地を奪って、自分の母親に残してやることはできなかった。マエストラ山脈での戦闘中、巨大なサトウキビのプランテーションに火を放ったとき、最初に焼けと命じたのは父親のプランテーションだった。サトウキビのプランテーションが燃えるのを見たことがあるかい？　俺は見たよ。空気がべたべたして、甘い味が残ってるんだ。

母親はそのことで決してフィデルを許さなかった。もちろん、息子が来るととても喜んで、いつも俺たちを温かく迎えてくれたし、たぶん子供たちの中でいちばんフィデルを愛していたが、母子の間にしこりがあるのは明らかだった。親子が話すのはもっぱらありきたりの話題だけだった。『最近どう？』『万事順調』『仕事が多い』『今日は暑いね』……。フィデルは母親と一対一になろうとしなかった。俺も他の同志たちも席をはずしましょうかと何度も言ったんだが。『その必要はない』と言われたよ。

父親はフィデルを大した人間にならない問題児と見なしていた。彼は一族の財産を殖やすことだってできたはずだ。とても有能だったからね。高校を卒業後、法学部では一番の成績を収めた。望めば何にだってなれた。政治家？　どの政党も彼を党首に選んだだろう。スポーツ選手？　野球のアメリカンリーグはプロ契約を申し出ただろう。料理人？　料理の腕は見事だったよ。もし俺の行った学校に通っていたら、きっとキューバ一の料理人になっただろう。

だが彼は法学部を卒業すると、貧しい人々を支援しはじめた。金持ち向けの弁護士事務所を開く代わりに、貧民を助けた。やっとのことでやりくりしていた。

母親は料理上手だった。カストロの父親の二度目の妻になる前は、彼のメイドで、料理人でもあったかもしれない。俺たち全員のためにパエージャを作ってくれたときのことを憶えているよ。自分は料理が得意だと思っていたが、あれほどおいしいパエージャは作れない。どうやって作るのか訊いてみたが、黙って微笑んでいたよ。いい料理人は秘密を明かさない——むしろ墓まで持っていくものだ。そのとき俺は思った、彼女は俺にはわからない香辛料を何か入れたんだと。

これについてはその後、料理学校で先生と話し合ったが、こういう場合に味を決めるのはしばしば水だと先生は言った。水は味がしないように思えても、水質は料理の味に多大な影響を及ぼす可能性があるんだそうだ。確かに、彼らの家のすぐ近くに自前の泉があって、そこの水はとてもうまかった。その水に何か秘密があるんだろうか？」

ウブレ・ブランカ

友人ミゲルの父親はよくフィデルを訪ね、一度ならずそこで食事を共にした。

「生きていれば、君にいくつかいい話を語って聞かせてくれただろうな」ミゲルはうなずく。「たとえば、フィデルはそういうパーティーではほとんど何も食べず、その代わりひっきりなしにしゃべっていたと言っていた。いちばんの好物は牛乳とチーズだったとか。一度、記録破りの雌牛を育てるのに成功して、そのときは党員全員に農場へ行ってその雌牛を見てこいと言ったそうだ。親父も出かけた、全員が働く代わりに雌牛を見て時間を無駄にするなんて、いささか莫迦げているとは思ったらしいけどね」

その雌牛はかつてキューバ革命の象徴のひとつだった。朗らかな気質と大きく膨れた乳房の持ち主だった。それが名前の由来だ。ウブレ・ブランカ——白い乳房。キューバではこの雌牛についての歌がうたわれ、詩が書かれ、有名なヨットに敬意を表して名づけられた日刊紙「グランマ」〔キューバ共産党中央委員会の機関紙〕が、これこれの日に何リットルの牛乳を出したと事細かに伝えた。

四半世紀後、キューバの映画監督エンリケ・コリーナがこの雌牛に関するドキュメンタリー映画を制作した*。「ときどき普通の草を食べたがらないことがあって、その雌牛のためにバミューダグラスを探したり、オレンジやグレープフルーツを持ってきたりする必要があった」と映画の中で農場労働者のひとりが言った。「巨大な乳房だった。一日に牛乳を百リットル以上出した」ともうひとりが付け加えた。百リットル。平均的な雌牛の四倍である。

フィデルは実際、雌牛とあらゆる乳製品が大好きだった――チーズからアイスクリーム、新鮮な牛乳まで。彼の意見では、キューバ人は何千頭もの牛がステーキに加工されている国の住民にしては乳製品の消費が少なかった。革命前は新鮮な牛乳やヨーグルトが買えたのは大都市だけで、村では乳製品を飲んだり食べたりすることに慣れておらず、チーズも作られていなかった。前者も後者も体に良くて栄養価が高いと人々に教えることを、エル・コマンダンテは革命と同じくらい重要な目標と考えていた。

また別の言い方をすれば、それは革命の新たな前線――〈厨房の革命〉だった。

フィデルみずから考案したコブウシと乳牛ホルスタインの交配種は熱帯ホルスタインと呼ばれることになっていた。カストロは暇さえあれば飼育場にみずから足を運び――なんと！――そこで働く専門家たちに、餌のやり方、牛の扱い方、搾乳方法を教えて聞かせた。雌牛にいかに受精させるべきかまで教えたという。だが最初の数年間、繁殖結果は芳しくなかった。

そこへ現れたのが彼女。ウブレ・ブランカだ。

「どうやら、まだ仔を産む前の若牛のときに、フィデルはこの牛に目をつけたらしい」ミゲルは言う。「親父の話では、そのとき早くもフィデルはこいつの乳房に目を留めて、この雌牛を注意深く観察するよう命じ、以来しょっちゅうこの牛について尋ねた。フィデルのあだ名のひとつはその前からエル・トロ、雄牛だったし、彼の雌牛への愛はハバナの同志たちの間に相当な歓喜を引き起こした」

ウブレ・ブランカが実際に記録破りの雌牛に育っていることが判明すると、専属の十数人のチームが招集された。彼らはブランカに特別な餌を持ってきた。毎日四回の搾乳中にリラックスするよう、クラシック音楽を流してやった。

やがてブランカはあらゆる記録を破りはじめた。世界で最も多く牛乳を出す雌牛としてギネスブックにも登録された。その前の記録保持者はアメリカの雌牛だったので、それが牛乳の戦いに風味を添えた。

「フィデルは昼も夜もブランカの話をしていた」エラスモ・エルナンデスは回想する。「『こんな雌牛が五千頭いれば、キューバ全土に牛乳を供給するのに十分だ』と言っていたよ」

ブランカは党の最重要高官並みに大切に扱われていた。二十四時間、兵士が見張っていた。ブランカには毒味役もいた。彼女が食べることになっている草や果物は、まず別の動物たちが食べ、そうして初めてウブレ・ブランカに供されるのだった。

科学者たちはこの雌牛を繁殖させるよう指示されたが、彼女の子孫で同様の乳量を達成した牛はいなかった。一方、ウブレ・ブランカは責任の大きさを感じていたに違いない。というのも病気になってしまったのだ。三度目の出産後、重篤な状態に陥り、記録的な乳量を出すこともなくなった。英雄雌牛の搾乳報告が載るのに慣れた読者に向けて、「グランマ」紙は何を報じればよかったのか？　人々は、ブランカがはち切れんばかりに健康で、新たに記録を破ることを望んでいた。

乳量が減ったウブレ・ブランカは革命の助けにならなかった。それどころか、乳を出さないウブレ・

＊『大理石の牛』エンリケ・コリーナ監督、キューバ・フランス合作、二〇一三年。

ブランカは、革命が行き詰まった証拠として、帝国主義者を利する可能性があった。

キューバは病気のウブレ・ブランカを必要としなかった。それゆえ一九八五年、フィデルみずからブランカの安楽死に関する決定を下した。

エラスモ

「フィデルが乳製品以外に何を食べていたかって？ そうだな、肉はあまり食べなかったが、その代わり野菜が大好きだったな――どんな料理でも。肉料理なら、蜂蜜かココナッツミルクで煮込んだ仔羊肉がいちばん好きだった。作り方？ 鍋に仔羊肉を入れ、玉ねぎ、ニンニク、インゲン豆、黒胡椒少々、月桂樹の葉を加えて、ワインを注ぐ。ワインはどんなのでもいいが、いちばんいいのは白だ。グラス一杯のコニャックを足してもいい。全部一緒に三十分間煮込む。

次にドミグラスを温めておく必要がある。煮込む間にナツメグを少々加える。肉に火が通ったら、ドミグラスを注ぎ、ココナッツミルクを加える。最後に塩とコリアンダーで味を整える。

レチョン・アサードも好きだったな。これは母乳以外まだ何も口にしていない仔豚のことだ。まず仔豚から腸を取り出すんだが、皮と頭と尻尾は残す。次にそれをモホ・クリオージョというソースに一昼夜漬け込む。モホ・クリオージョは、オレンジ果汁を絞り、そこにオリーブ油少々、パセリ、つぶしたニンニク、そしてもちろんドミグラスを加える。肉はどの面もよく焼けるように、特別な焼き網で押しつぶして、ソースに浸す。

レチョン・アサード、乳飲み仔豚の丸焼き。フィデル・カストロお気に入りの料理のひとつ　©pxhere

最初の一時間は一五〇度で焼き、次の一時間は一八〇度で焼く。その後オーブンを開け、きれいな焦げ目がつくように、仔豚の皮にラードを塗る。フィデルはこの料理に焼きバナナを添えて食べるのが好きだった。

フィデルはときどき、出先から戻ってくる前に俺に電話してきて、こう言ったものだ。『今日は私を驚かせてくれよ、エラスモ』

だから俺は彼を驚かせないといけなかった、簡単なことじゃなかったが――俺たちが知り合って十年経っていた」

ニツァ

フリア・ヒメネス、流行の穴あきジーンズをはいた四十五歳の医師は、フロリダ州オーランドに四半世紀住んでいる。何千人ものキューバ人と同じく、両親と共に海を渡って脱出したときは、まだ十代だった。私が彼女と知り合うことになったのは、マタンサスでフリアのおばが経営している小さなホテルに泊まったからだ。私はキューバの田舎の人々が食べているものを見たいと思っていて、このホテルの食事がとてもいいと耳にしたのだ。フリアはアメリカに逃れて以来、初めておばを訪ねていた。私たちは毎日、すばらしく色鮮やかな植民地様式のパティオに腰を下ろし、フリアのおば、ドニャ・フアニータ、小柄で骨張った、つねに笑顔を絶やさない老婆が、朝食、昼食、夕食に毎回新たなご馳走を運んできてくれる。

彼女の手料理、牛肉、ロブスター、オレンジ果汁でマリネしたステーキ（ここではパロミージャ・ステーキと呼ぶ）を手放しで褒めずにはいられないとき、フリアは秘密めかして言う。

「おばはニツァの学校を出てるの」

ニツァとはだれかと尋ねると、フリアはにっこり笑ってこう説明する。

「キューバ料理で最高のものすべて。そして最低のものすべて」

それから、これについてはおばの方がよく話せるからと言って、私たちのテーブルにドニャ・フアニータを呼ぶ。老婆が腰を下ろし、スカートを両足の間に広げると、私は全身を耳にして、湯気の立つかぼちゃスープの鉢越しに、ニツァについての話を聞く。

ニツァ・ビジャポルは、キューバにテレビが到来した一九五〇年代に時の人となった。週に一度テレビに登場し、キューバの主婦たちにステーキの正しい焼き方や凝ったデザートの作り方を教えた。その間に——テレビではよくあるように——アメリカ製のミキサーやトースターやフードプロセッサーを宣伝した。そして料理本も書いた。キューバの多くの主婦にとって、それらは今日まで台所のバイブルとなっている。

「当時わたしは十三歳だった。うちにはテレビはなかったけれど、ニツァのレシピはそれでもわたしたちに届いた」ドニャ・フアニータは言う。「テレビを持ってた人たちがレシピを紙切れにメモしていたの。週に一度わたしは近所のお宅に行って、母のためにそれを書き写してきた。いまでも持ってる」ドニャ・フアニータは強調する。「いまもそれを使ってるんだよ」

そしてドニャ・フアニータは孫娘を呼ぶ。数分後、幼い女の子は古い食器棚から黄ばんだ手帳を持ってくる。手帳にはとりわけこんなレシピが書いてある。

バカ・フリータ――「揚げた牛」、つまり牛肉玉ねぎ炒め。

ロパ・ビエハ――「古着」、つまり肉野菜炒め。

私たちは美しく手書きされた文字を読む。

フィデルが権力を掌握した後、ニツァのブルジョワ的な番組がテレビに残る余地はないように思われた。だが、国の新たな指導者も彼女の才能を高く評価した。ニツァは、新しい条件下ではあったが働き続けた。アメリカがキューバに対して経済封鎖を行うと、多くの製品が不足しはじめた。一九六〇年代初めに配給券が導入された。大多数の人たちは食べ物を入手するのに長い時間を費やし、ニツァは人々がこの困難な時代を乗り越えるのを手伝うことになった。

「革命とは何なのか見当もつかなかった。わたしはそれとは何の関係もなかった」ドニャ・フアニータは何年も経ってからアメリカのジャーナリスト、トム・ミラーによるインタビューでこう語った。「でも、当時は［革命前―原註］毎日、大人の男も女も何か食べるものを探してゴミ箱をあさっている姿が当たり前に見られた。大勢の人が飢えていたけれど、シエンフエゴス〔キューバ南部の裕福な都市〕の金持ちはロブスターや大きな海老を食べ、高級なコーヒーを飲んでいた」*

ニツァは革命のための料理という使命を喜んで受け入れた。店でジャガイモしか買えない？　すると彼女は人々にジャガイモで作れるさまざまなレシピを教えた。一日目はピューレに油を入れて、二日目は玉ねぎを加えて、三日目はニンニクを足して。また、ラードとオレンジジュースを使った付け合わせの作り方も教示した。

すべてが一変したのは一九九一年、それまでフィデルと彼の革命的実験のスポンサーだったソヴィエト連邦が崩壊したときである。モスクワからの金は、ほぼ一夜にして流れが止まった。その金がないと島はやっていけないことが明らかになった。

フィデルはこの時期を「特別期間」と呼んだ。その数年前、ハバナではこんなジョークが広まった。動物園の「動物に餌を与えるべからず」という注意書きが、「動物の食べ物を盗むべからず」という看板に置き換えられていたというのである。

ソ連崩壊後、人々は新たなジョークを口にしはじめた。動物園の看板にはいまや「動物を食べるべからず」と書いてあるはずだと。

別のジョーク。キューバ革命の三つの成果とは何か？　医学、教育、スポーツ。三つの失敗とは？朝食、昼食、夕食。

ニツァの料理もますます質素になった。彼女はさらに果敢な実験を試みた。肉を、なんと果物で代用するよう提案したのだ。キューバの人々はいまでも彼女のグレープフルーツのカツレツのレシピを憶えている。グレープフルーツに衣をつけて揚げ、ニンニクを添え、ライムを搾るのだ。人々はまた、彼女がロパ・ビエハの作り方をいかに教えたかを語る。これはよく知られたキューバの肉野菜炒めだが、彼女は肉をバナナの皮で代用するよう勧めたのだった。

「何もかもとても貧しかった」ドニャ・フアニータは物思いにふける。「とりわけ『特別期間』にはグレープフルーツさえなかった。そしてライムも。ニンニクも。バナナも」

「そのとき何を食べていましたか？」私は尋ねる。

しかしドニャ・フアニータは答えられない。ものの本で私が知ったのは、「特別期間」中に五万人のキューバ人が視力を失ったことである。三日おきに人々は何かを食べる代わりに砂糖水を飲んだ。タクシーとバスが運行を停止した**。

またフリア・ヒメネスも、私たちが一九九〇年代について話しているとき、物思いにふける。

「当時わたしたちは皆、お腹を空かせていた。わたしは十二キロ痩せたけど、そのうちの七キロはソヴィエト連邦崩壊後の一年間だけでよ。そのとき父が決断を下したの、フィデルが何を思いつこうが、我々はこれ以上待っていられない、アメリカに出なくては、と」

生き延びるために人々は、家や団地の横、校庭、さらにはバルコニーにまで、大量に菜園を造りはじめた。そこにキューバで育つあらゆるものを植えた。ナス、トマト、玉ねぎ、キャベツ、ズッキーニ、キュウリ。また樹木も植えた。時が経つにつれ、そうした木々は、オレンジ、マンゴー、バナナの実を

---

* T. Miller, *Trading with the Enemy: A Yankee Travels Through Castro's Cuba*（Basic Books, 1992）, p.134.

** この問題について、詳しくは *A Contemporary Cuba Reader: Reinventing the Revolution*, eds. Ph. Brenner and Marguerite Rose Jiménez（Rowman & Littlefield, 2007）, p.1 を参照。

つけるようになった。今日でもハバナのほぼすべての団地の庭には、いくつかの畝が残っている。

ドニャ・フアニータは言う。

「当時は反発を覚えながらニツァを見ていた。革命を救うために今度は何を思いついたの？　今度はわたしたちに何を食えというの？」

ニツァも痩せた。さらに何年か奮闘していたが、だんだん自信なさげに話すようになった。ある日、予告なしに、突然彼女の番組はアンテナから消えてしまった。

エラスモ

「ここにはときどきアメリカ人がやって来る。ここはカストロの料理人のレストランだってだれかに聞いてね、俺にいろいろと質問を浴びせてくる。彼らは訊く、カストロは何を食べたか、あんな男のために料理をするなんて恥ずかしくないのかって。でもそれは国家機密だから、通りがかりに入ってきただれかれ構わず話すわけにはいかないだろ！　あんたは別だよ、あんたはポーランドから来た友達だ。ポーランド人はアメリカ人よりもすばやくキューバ人を理解する。俺たちは長年同じ国家陣営にいたんだから。

俺には恥ずかしいことなんか何もない。フィデルほどキューバにとっていいことをした人はいない。アメリカ人はひどく攻撃的だが、最悪なのは、アメリカに逃れて定住しながら、いまになって故国を訪れるキューバ人さ。どうかそんな連中に捕まりませんように！　前は彼らと議論もしたが、いまじゃもう厨房に隠れてるよ。連中はフィデルに言いたい文句をすべて俺にぶつけてくる。そんな話、どれだけ聞いていられる?! 『あったことはあったこと、でもいまは違う』――まだ連中と話していたとき、俺はこう言った。『あんたらは前は来られなかったが、いまは来られる。だれもが人生で何らかの選択をし、だれもがその代償を払うんだ』そしてこう付け加えた。『もしアメリカの道路の真ん中で心臓発作を起こしたらどうなる? まずあいつらは保険料を払ったかどうか尋ねてきて、それからようやく救助しはじめる。保険に加入していなければ、あんたを地面に置き去りにするかもしれない。だがここキューバじゃだれもが治療を受けられる』

ここから何かが彼らに伝わるだろうか? そうは思えない。

フィデルはいろんなことで批判されるが、彼のしたことに欺瞞はなかった。『あんたらの土地を没収したって?』俺はいつも連中にこう尋ねた。『彼は自分の家族の土地も接収したんだ。彼はあんたらを国外追放したか? いや、しなかった。もしあんたらが国を出たければ、道は開けていると言ったんだ。なにしろ彼が建設中の国では、あんたらは毎日夕食にロブスターを食べるわけじゃないからね』

何だって、ヴィトルト? いま俺は自分のレストランで毎日夕食にロブスターを出しているって? おい、あんたはもう何も言わないほうがいい。厨房に来い、何かもっと作ってみよう。エプロンをつけろ、ナイフを持て。

ひとつ秘密を教えてあげよう。フィデルは引退したが、それでも何度も俺に電話をかけてきた。俺に野菜スープを作りに来てほしかったんだ。いい料理人かどうかは野菜スープでわかるらしい。同じ野菜を同じ分量使って、玉ねぎを同じ時間だけ炒め、同じ鶏肉と牛肉で出汁を取る――そして俺のスープは

エラスモ（左）、フィデル・カストロ（右）とガブリエル・ガルシア＝マルケス（中央）とともに（写真はエラスモ・エルナンデス提供）

フィデルがお代わりするほどうまく仕上がったが、別の料理人には不平を言った。いい料理人は手に何かを持ち合わせていなくては、自分の料理はほかのよりおいしいという特別な才能を。フィデルは俺にこう言ってたよ。『どうやって作るのか知らないが、おまえのスープがいちばんうまい』とね。

レシピ？　すまんが、あんたにはもう話し過ぎたな。エラスモの野菜スープのレシピは――フィデルの母親のパエージャのレシピと同じく――墓まで持っていくよ。

でもセビーチェなら一緒に作ってもいい。やってみたいか？

魚の切り身を使う。白身魚なら何でもいい。魚を賽の目に切る。レモン、オリーブ油少々、塩、胡椒を加える。料理に強い風味と香りを与えるため、玉ねぎも必ず使う。

つぶしたニンニク一片と唐辛子少々を加え、冷蔵庫に十五分間入れておけば――できあがり」

フローレス

「……何を言ってるんだ？……

……もう一度言ってくれ……

……ああああああああ……

……あんたは俺がエル・コマンダンテに、フィデル・カストロに似てるって言うのか？　ありがとう、そう言ってくれて、握手させてくれ、それともハイタッチの方がいいか、おっ、ハイタッチ、キューバじゃチョカ・シンコって言うんだ、実際、大勢の人にそう言われるたびに、毎回同じようにうれしくなる、俺は若い頃もフィデルに似てたんだ、エル・コマンダンテ自身、機嫌がいいと、こう言ってくれることもあった。『フローレス、おまえは私にそんなに似てるんだから、私の軍服を着て、何日か代わりを務めてくれないか、私は休むよ』とね、しかし俺はいつもこう答える。『エル・コマンダンテ、それは無理です。だれにもフィデルの代わりはできません』するとエル・コマンダンテはいつもその答えに満足する、だから……

……だからほれ見ろ、金が足りなくなって、隣の女に煙草を一本くれと頼む羽目になっちまった。二本くれた、親切なお隣さんだ、ときどき食べ物をくれることもある、おっ、見ろよ、鍋の中にあるものを、米と鶏肉、これ全部お隣さんからだ、食べたかったら匙を取って食べてくれ、俺の配給券もお隣さんに預けてある、俺はお隣さんにこう言う。『塩、インゲン豆、鶏肉、全部もらってくれ、俺に何か必要になったら、そのときにくれ』とね、だがお隣さんはその配給券でもらえるよりも多くくれるってことを俺は知っている、キューバ人は親切な人たちだ、他人と分け合う……

……もし分け合わないと……そうだな、チェが前にどこかの工場を訪ねたとき、工場長が彼を事務所に招いてこう言うんだ。『司令官、冷たいビールはいかがです？』当時ビールを買うのは本当に大変だった、それでチェは相手にこう尋ねる。『俺のビールはあるんだな、我が同志たちには？』それに対して工場長はこう言う。『ビールが足りないのです、しかし彼らには冷たい水をお出しできます』するとどうだい？　直ちにそいつは工場長ではなくなった、チェはそいつにこう言った。『俺のビールしかないなんて、おまえは一体どういう共産主義者だ？』……

……俺に言えるのはこれだけだ……

……本当に、信じてくれ、これ以上は無理だ。奴らが来ないといいんだが……

……いや、もうひとつ話そう、つまりそれは、フィデルはアイスクリームが大好きで、十五玉でも二十玉でも平らげることができるのさ、キューバ人のだれもが毎日アイスクリームを買えるように、だれもが〈コッペリア〉*に行けるように、そこにはアメリカのどんなアイスクリーム店より多くの味の種類があるようにとつねに望んでいた。羊の乳から、ロバの乳からアイスクリームを作れと命じ、バイソンの乳からもアイスクリームを作れと命じ、それらを試食して、本当においしい、これをもっと頻繁に作るべきだと言った、ところが……

……ところが人は肉を二切れ食べたり、ロブスターを二尾食べたりはしない、たとえエル・コマンダンテでも、ボートで珊瑚礁に行って潜るとき、ボディーガードのだれも、彼みたいに深く潜ったり、あんな魚やあんなロブスターを捕ったりできるとは夢にも思わない、その後、そのうちロブスターを一尾、たった一尾だけ食べて、残りは他の皆と分ける、そういうことになってるんだ、彼はいつだって全員で分ける」

フィデル

フィデルは年を取って病気になったが、革命とその料理の最前線について考えることはやめなかった。二〇〇五年には圧力鍋の一大キャンペーンを発表した。国が毎月、キューバの各家庭に数万個の圧力鍋を配ったのである。キューバ人が受け取ったこの鍋は合計二百万個以上になった。

二〇〇八年、ついに彼は引退した。そして、もう死んだのではないかと思う人もいた頃、突然、何事もなかったかのようにチーズ工場に姿を現した。そこで、変わりゆく世界とキューバの酪農業がいかに発展すべきかについて数時間に及ぶ演説をぶった。

彼はバラク・オバマ——そして私——がハバナを訪れてから八か月後に死んだ。

数日後、私はエラスモに電話してお悔やみを伝える。

---

* ハバナの伝説的なアイスクリーム店。

「俺は小さい子供みたいに泣いてるよ」エラスモは言う。「自分でも驚いている、だって高齢なのは承知していたし、永遠には生きられないとわかっていたし、自分はその準備ができていると思っていた。でもそうじゃなかった。俺は彼と一緒に六十年近く過ごした。最期の日々まで彼のところに通った。俺に何か作ってほしいときは、彼の家のだれかが電話してくるので出かけていって料理した。彼が亡くなる当日も行く支度をしていたんだ。だがそのとき、軍隊時代の友人のひとりから電話があった。最後まで彼と一緒にいた男だ。

『来なくていい、エラスモ……』

『もう?』俺が訊いたのはそれだけ。

『ああ』と答えてそいつは電話を切った」

フローレス

「……ところが……

……ところが初めてフィデルの家に着いたとき、炭の袋を背負っていて、ドアを開けると、そこに彼、エル・コマンダンテ、フィデル・カストロがパジャマ姿で立っていた、頭上に気をつけろ、と彼は笑い、俺の帽子を耳までしっかりかぶせてくれた、はい、司令官《コマンダンテ》、気をつけます、と俺は言って、炭を炉の焚き口の横に下ろすと、食事の支度を始めた、エル・コマンダンテは七面鳥の下ごしらえの仕方を知っているかと尋ね、俺は答えた、はい、エル・コマンダンテ、知っています、すると彼は隣に座って、俺をまじまじと眺め、骨を抜いて焼く方法を知ってるかと尋ねたので、俺は答えた、はい、エル・コマンダンテ、知っています、すると彼は、正しいやり方をちゃんと知ってるかと尋ね、俺の返事を待たずに、七面鳥の骨の正しい抜き方を自分から言った、『フローレス』と彼は言った、『覚えておけ、七面鳥の骨はつねに尻から抜くんだ』そして笑い出し、俺も一緒に笑った、それからエル・コマンダンテは俺が焼いた七面鳥を食べた、ひとことも言わなかった、だが何も言う必要はなかった、だって何も言わないってことは、口に合ったという意味だとわかっていたから……

……あんたに言えるのはこれだけだ。俺はいつも彼を、フィデルを、俺のエル・コマンダンテを気にかけるだろう。彼は俺のすべてだ。俺の全人生だ……

……つい昨日も彼を見たよ、庭に立っていたんだ、すぐそこに、窓の外を見るとそこに立っていて、俺に向かって微笑んでいた、俺は彼を見て、何か必要なものはあるか確かめようとした、いつだって俺たちは目で意志疎通できた、彼が軽く目を細めれば十分だった、それで俺は彼のもとに行くべきだってわかったんだ、しかし今回彼は、俺が必要ないと、何もかもしかるべく順調に進んでいると俺に理解させた。すまない、でも本当にこれ以上あんたには話せない。あんたはもう行ったほうがいい」

បង្អែម

デザート

ポル・ポト　©Apic/Hulton Archive/Getty Images

パパイヤのサラダ――ポル・ポトの料理人、ヨン・ムーンの話

1

まず聞こえるのはよく響く、人に伝染《うつ》りそうな笑い声。実に魅力的なので、思わず一緒に笑いたくなる、笑う理由はどうでもいい、意味があろうとなかろうと。私は自分がだれのもとに来たのか、頭の中で繰り返す必要がある。ポル・ポト。集団大虐殺《ジェノサイド》。キリング・フィールド。カンボジアに少しでも興味を持った者ならだれでも知っているあの映画を頭の中で再生する必要がある。頭蓋骨、脛骨、骨盤、肋骨、脊椎。四年足らずでおよそ二百万人の犠牲者。

そんなわけでまず笑い声が聞こえ、そのあと彼女が現れる。ヨン・ムーン。二十世紀最大の犯罪者のひとりに長年仕えた料理人が。

彼女を見つけるため、私は、クメール・ルージュ最後の血まみれの指導者、あるいはむしろ彼らが残したものを葬る墓掘り人に敬意を表して名づけられたタ・モク湖の岸辺に広がる町、アンロンベンにや

って来た。

ここの家々はカンボジアの他の地域と同様、無計画に、しばしば無意味に、無秩序に急ごしらえされたもので、家々の間を、腐った椰子の木の中でせっせと働くスカラベのように、元クメール・ルージュの兵士や彼らの子供や孫たちが動き回っている。アンロンベンは彼らの最後の居留地だった。ここにたどり着いたのは最も頑なな人々、最後の最後まで革命を信じていた人々だ。

この町を取り巻くジャングルの中で、一九九八年にポル・ポトは死んだ。残りの兵士たちはここでもう一年持ちこたえたが、ついにタ・モクが逮捕され、ヘリコプターでプノンペンの刑務所に連れて行かれた。

まず私は莫迦げた記念碑を車でぐるっと回る羽目になる。白い球の上に立つ鳩を四頭の鹿が見守っている。どうやら平和を象徴しているらしい。それから小さなレストランと湖に流れ込む小川を通り過ぎると、ガソリンスタンドが見え、その向こうの玄関口に大きなタマリンドの根が干してあるのが見える。ここだ。ヨン・ムーンは力強い握手で私を迎えて笑う。こちらがまだ何も言わないのに、彼女はもう笑っている。

だから私はもう一度頭の中でこう繰り返す。ポル・ポトが、ポル・ポトと、ポル・ポトについて、ポル・ポトのために、ポル・ポトのせいで。

だがどうしようもない。ムーンおばさんの笑いはポリオのように伝染する。私は彼女と握手し、いつの間にか一緒に笑い出している。

2

「結婚したのが早すぎたのね。いまではそう思います。

わたしの夫はピッチ・チェンという名でした——ほら、ここに掛かっているのが彼の写真です。わたしと同じ学校に通っていて、兄と知り合いで、ずっと前からわたしのことが気になっていたと言っていました。

ヨン・ムーン、ポル・ポトの元料理人

でも、わたしも組織に所属していると知って、わたしを理想の妻候補と見なすようになったんです。それで彼はわたしの兄に、わたしたちの結婚に賛成してくれるかどうか訊きました。

兄は、ピッチ・チェンがいかに賢くて、いかに勇敢かをわたしに話すようになりました。確かに彼は聡明でした。優秀な成績で卒業し、学校始まって以来の秀才のひとりだった。勇気にも事欠きませんでした。後年、将軍になったのも故なきことではなかったんです。

ただ、それが兄の友達のどの人なのかは、よく知りませんでした。でもわたしはすでに革命に加わっていて、コイ・トゥオンに、共産主義者同士で結婚すべきだと説得されたんです。わたしたちは会って話をしました。ピッチ・チェンはわたしに良い印象を与えました。『まあ、いいかな』とわたしは思いました。

　わたしの未来の夫は当時ゴム工場で働いていて、表向きは平凡な労働者でした。実は、わたしたちに加わるよう人々を説得するため、そこで雇われていたんです。相当な組織網を持っていたけど、何をしているのか政府の兵士たちに気づかれてしまった。幸い、だれかが折よく警告してくれてね。それ以来ピッチ・チェンは身を隠していたので、わたしたちは秘密裏に結婚しました。わたしたちは町を出て、友人のひとりの家に行きました。学校時代の友人や、夫が党に引き入れたゴム工場の労働者たちも来てくれたのよ。ブラザー・トゥオンが厳粛に、組織《オンカー》の名において、わたしたちが夫婦になったと宣言しました。その直後、軍に集会を察知されないように全員が散り散りになりました。

　党はわたしたちのためにクラチエ州のある村に小さな家を借りてくれました。そこは友好的な村で、住民は皆わたしたちを支援していたんです。ある日そこに、ひとりの女性が現れました。ピッチ・チェンはその女が何者なのか言わなかった。彼も知らなかったのかもしれません。わたしも詮索しなかった。『ポナリーおばさんだ』と紹介されました。美人ではなかったけど、その代わり繊細な手をしていました。畑仕事や炊事をしたことがないのは一目でわかりましたよ。

　どこから来たのか、わたしは訊きませんでした。だれから逃げているのかも訊きませんでした。なぜって、当時カンボジアを支配していたシハヌーク殿下の兵士たちからに決まってましたから。だれも彼女の邪魔をしないように、それだけを心がけました。ときどき彼女はわたしを脇へ連れていって、すべての子供たちが学校に行けるカンボジアを夢見ていると言いました。

『わたしも同じことを夢見ています』と答えたけど、正直言って、好感は持てなかったわね。めったに口をきかなかったんです。ちょっとお高くとまっている感じがして。だから一か月後にふたりの男が現れて、彼女をジャングルの方へ連れていったとき、ついにいなくなってくれてほっとしましたよ。わたしとピッチ・チェンは変わった夫婦でしたね。彼は全国を旅して党細胞を組織し、わたしはオンカーの公報をよその村や町に届けていた。わたしたち、ほとんど顔を合わせることはなかったんです。ついにある日ピッチ・チェンは逮捕され、それから三年間はまったく会えませんでした」

3

彼は「蝿も傷つけない」実に礼儀正しい子供だった。*

ポル・ポトについて後年こう語ったのは、彼の兄センである。嘘ではなかった。だれもが幼いサロト・サル（のちの独裁者の本名）を、とても朗らかで感じのいい子供として憶えている。「一九二五年生まれ。当時カンボジアはまだフランスの植民地だった」プノンペンのとある学校の歴史教師、スーン・ボレイは言う。首都中心部にあるヨーロッパ風の流行りのカフェで私は彼と会っている。「父親は裕福な自作農だった。ポル・ポトの姉〔実際には従姉に当たる〕はカンボジア国王の側室のひとりにさえなった」

---

* S. Mydans, "Pol Pot's Siblings Remember the Polite Boy and the Killer", *The New York Times*, August 6, 1997.

兄は、独裁者が死んだ直後に「ニューヨーク・タイムズ」の記者がインタビューした際、サルが家を出てから何が起こったのか、まだ理解していなかった。子供の頃、サルは普通の生徒だった。首都プノンペンに出て学校に通っていた頃は、政治には何の興味もなかった。サッカーをたくさん、音楽を少しやって、あまりに勉強の成績が悪かったため、二年後には一流の高校から郊外にある高等専門学校に転校する羽目になった。しかしそこで遅れを取り戻し、一年後にはパリ留学の奨学金を得た。

サルは他の二十人の奨学生と共にフランスへと出港した。だれもがすぐにクメール料理を恋しがった。そこでジブチで停泊中に、二人の学生が市場でレモン、胡椒、香辛料を買ってきた。それをすべて船に持ち込んで、クメール料理を作った。フィリップ・ショートが記念碑的なポル・ポト伝で書いているように、作ったのはサルだった。* 具体的に何を作ったのか？　どこで料理を覚えたのか？　あいにく、調理用スプーンを手にした若きポル・ポトの姿を憶えていそうな人は見つからなかった。

4

「ブラザー・プークの笑顔に気づいて、彼を美男だと思ったのが、わたしだけだなんて思わないでくださいね、ブラザー。基地ではいつも村の娘たちがうろついていて、当時は何人もが彼に夢中だったのよ。彼が通り過ぎると、皆でくすくす笑いだした。わたしも、夫がいながら、彼女たちと一緒になって笑ったものですよ。わたしたちは皆若くて、彼はとてもハンサムだった。笑い過ぎて涙が出そうになったことも何度かあったわね。

でもポル・ポトはそんなことにはお構いなしだった。

基地で暮らしはじめて一年あまり経ったとき、朝食時に思いがけず知った顔に会ったんです。あの同じ繊細な手。同じ笑顔。『ポナリーおばさんだ』――わたしの頭をよぎりました。

そう、それは彼女だった。

『シスター、こちらはブラザー・プークの夫人だ』とだれかが言いました。

わたしは茫然と立ち尽くしてしまった。

なぜこれまでだれもわたしに、ブラザー・プークには奥さんがいるって教えてくれなかったの？

そんなことさえオンカーは秘密にしておかなくてはならないなんて、気の毒になりました。でもわたしは何でもないふりをしました。礼儀正しくお辞儀をして、前にお会いしましたと言ったわ。彼女は微笑んで、憶えていますと言った。わたしは朝食を給仕し、その後食器を片づけました。ひとことも話しかけずに。

それ以来、ポナリーおばさんはわたしたちの基地にずっといました。ブラザー・プークと同居し、同志たちと一緒に食事をし、わたしは彼女の存在に慣れていきました。なによりその頃、夫が刑務所を出て、ある日彼もわたしたちのいる基地にひょっこり現れたんです。到着したとき、夫だとわかりませんでした。いつも痩せていたけど、いまやだれかが骨の上に皮膚を張ったみたいに見えた。でも彼はにっ

＊ Philip Short, *Pol Pot: The History of a Nightmare* (John Murray, 2004), p.45.［フィリップ・ショート『ポル・ポト　ある悪夢の歴史』山形浩生訳、白水社、二〇〇八年］

こり笑って、こう言ったんです。
『やあ、同志ムーン』
ポル・ポトも微笑みました。
『シスター・ムーンはここで我々全員の食事を作ってくれているんだ』
そして彼は笑いだしました。ピッチ・チェンも一緒に笑いました」

5

日中、彼は、カンボジアではほとんどだれも買えない高級車シトロエンに乗り、カンボジアの主要な野党勢力である民主党の党首と共闘し、プノンペンで最も美しい女の子のひとり、スン・ソン・マリーとデートしていた。つまり、幼い頃からそうしてきたように、のほほんとした生活を送っていたのだ。しかし夜になると秘密の会合に通い、そこで他の人たちと共に革命を計画していたのである。

「サロト・サルはパリ留学から戻ったときには一人前の革命家だった」歴史教師スーン・ボレイは言う。「非常に政治活動的なグループに関わりはじめたのはパリでのことだ。すっかり政治にはまり、政治は彼の強迫観念となった」

パリでサルはイエン・サリやキュー・サムファンらと知り合った。ふたりは長年、最も親しい仲間となる。彼はまた、共産主義に傾倒する学生グループ、〈マルクス主義サークル《セルクル・マルクシスト》〉にも加わった。このグループからやがてクメール・ルージュの萌芽が現れることになる。

「次の学年に落第すると、組織は彼をカンボジアに送り返した。国は混乱に陥っていた。パリ帰りの若き共産主義者たちは、だれかを現地にやって、そこでどんな組織が生まれ、そのうちどれが自分たちと同じ目標を掲げているかを調べてもらいたいと考えていた」ボレイは私に説明する。「サルは最初プノンペンにいたが、その後、当時アメリカと戦争中だったベトコンの基地に赴いた」

面白いことに、ジャングルでサルはまたもやおたまを握った——軍の食堂で料理したのだ。

数年後、ベトコンの基地から戻る。スン・ソン・マリーと旧交を温め、少しの間またデートするようになった。だが娘は、サルが政界で出世する見込みはないと見て、別のだれかと結婚することにした。

「どうやらポル・ポトにはこれがひどくこたえたらしい」スーン・ボレイは言う。「それ以来、革命が彼の全人生になった」

美人のスンが結婚してまもなく、サルも結婚した。彼が選んだ相手はキュー・ポナリー、パリ時代の友人イエン・サリの義姉で、カンボジア史上初めてバカロレアに合格した女性だった。

さらに数年間、彼は地元の高校に教師として勤めた。ここでもまた実にいい思い出を残している。

「以前、ポル・ポトと同じ高校で一年間一緒に働いていたという元教師に会ったことがある。あんなに親切で生徒たちに好かれる先生はめったにいないと言ってたな。これは驚くべきことだ、とりわけクメール・ルージュがすべての学校を閉鎖したことを思うと」

だがサルは長くは勤めなかった。カンボジアを支配するシハヌーク殿下は共産党を容認せず、パリ帰りの元学生グループへの締めつけを次第に強めていった。彼らは、革命をジャングルに移す時が来たと決断を下した。全力で戦う準備が整い次第、ジャングルから戻ってくるつもりだった。

6

私はガイドのスーンと共にカンボジアの田舎を車で走る。ここは寂しい場所だ。政府が大企業にジャングルのほぼすべてを伐採する許可を出したのだ。いまでは不毛の荒れ地が高原まで続いている。木材で稼いだのは主にタイの企業で、ジャングルが元どおりになるまでには何世紀もかかるだろう――そもそも元どおりになるとしたらの話だが。

アメリカの爆弾が残した穴を見たいかとスーンが訊く。アメリカ軍は一九六〇年代、ここに数十万の爆弾を落としたが、大部分の穴はもう草で覆われるか埋められるかしていた。その穴はまだかなり原形をとどめているという。

見たい。

そこで私たちはアスファルトの道路から砂地の道に入り、道なりに数キロ走ると、やがて小さな村にたどり着く。そこでは痩せこけてはいるものの尻尾を振る犬の群れが駆け寄ってくる。犬たちは吠えたてくるが、おそらく私たちを怖がらせられると思っているというより義務感からそうしている。スーンは竹でできた小屋のひとつに入る。ここには村の最長老、ケオおじさんが住んでいる。九十歳近いそうだが、ずいぶん多くのことを憶えている。人口のほぼ半分が未だ三十歳未満のこの国において、彼の長寿と記憶は実に貴重だ。

スーンがケオおじさんに、穴を見せてもらえるかと尋ねると、老人はプラスティックのサンダルを履き、太い棒を手に取って、それで体を支え、私たちと一緒に車に乗り込む。

「連中があの積み荷を落としていったときのことを憶えている」おじさんが棒を左に振るので、私たちはそちらへ曲がらねばならない。「爆弾を積んだ飛行機の音が遠くから聞こえた。とても怖かったよ、あれは大きな損害を引き起こしていたからなあ。隣村でそういう爆弾が寺院に落ちて十二人死んだ。うちの村じゃ八人の子がいる家族の家に命中したよ」

ケオおじさんは車を灰褐色の茂みのそばで停めるよう棒で示す。この先は徒歩で行くのだ。

穴は茂みのすぐ後ろにある。草と藪に覆われているが、その大きさにはいまでも愕然とさせられる。

「爆発の直後はこの中に象を三頭、縦に積み重ねることができた」ケオおじさんは言う。「いま置けるのは二頭だが」

象について私が知るかぎり、ケオおじさんの言うとおりだ。

カンボジアへの空爆は〈メニュー〉というコードネームで呼ばれ、この犯罪に続く行為はそれぞれ食事にちなんだ名称がつけられていた。空爆に関する最終決定は一九六九年三月、リチャード・ニクソンが政権の座についた二か月後に下された。当時アメリカと交戦中だったベトナム共産党の基地もカンボジアにあった。アメリカの爆弾はベトナム人を弱体化させるはずだった。

〈朝食〉では、およそ五十機のB‐52爆撃機がコンポンチャムのベトナム共産党基地と推定される場所に二千トン以上の爆弾を投下した。推定、というのは、爆弾の大部分はベトコンを弱体化させる代わりに、民間人の上に落ちたからである。

それから〈ランチ〉の時間がやって来た――次の爆弾だ。

〈前菜〉の。

〈午餐〉の。

〈夕食〉の。

そして〈デザート〉の。

〈メニュー〉作戦の枠内で合計およそ十一万トンの爆弾がカンボジアに投下された。それらが落とされたことは一般のアメリカ人には秘密だった。爆撃について知っていたのは、ごく少数の軍人と大統領の政権関係者だけである。

だがそれはほんの始まりに過ぎなかった。

〈メニュー〉作戦が終わり、ベトナムでの戦争も終わったが、爆弾はカンボジアに落とされ続けた。アメリカ軍はこの小さな国に合わせて五十万トン以上の爆弾を投下した——これは、二発の原爆も含め、第二次世界大戦中に日本に落とされた爆弾の三倍である。

こうした爆撃の結果、少なくとも十万人のカンボジア人が殺された。それよりはるかに多いかもしれない——犠牲者の数を正確に特定することはできない。

アメリカの爆弾がカンボジアに落ちれば落ちるほど、ますます多くの人がクメール・ルージュに加わるようになった。一九七〇年代初め、武装ゲリラはせいぜい二千人しかいなかったが、二年後には三万人を超えた。彼らは国土のほぼ半分を制圧していた。

アメリカ国民は四年以上の間、まんまとだまされていた。カンボジア空襲に関する真実が明るみに出たのは、ようやくウォーターゲート事件後のことである。*

一九七三年八月十五日にアメリカ議会が爆撃終了を命じたとき、クメール・ルージュ軍はすでに四万から五万の兵を擁し、着々と首都を目指していた。

7

私たちはケオおじさんを乗せて竹でできた小屋に車で戻る。ケオおじさんはサンダルを脱いで、床に仰向けになる――いちばん暑い正午には、この姿勢の方が楽なのだと言う。蝿が何匹とまっているのか数えようとするかのように、天井を見つめる。

私たちはもう少し話をする。スーンは私たちがポル・ポトの料理人に会いに行くことを隠さない。ケオおじさんはしばらく思案した末、ついにこう言う。

「弟はポル・ポトの時代、うちの村の村長だった。その頃はまだ家内がいた。家内が畑に出ていたとき、弟がやって来て、ふたりは何か言い争った。家内は弟にくどくど文句を言った、だって身内だったし、弟を恐れるべきだとは思いもしなかったのさ。その晩、弟の部下たちが家に帰る途中の家内を捕まえた。家内はひどく殴られて、二日後に死んだ。従順でなければならなかったのに、そうじゃなかったからだ」

＊ Mariass. Zawadzki, "Brudne sprawki Ameryki", *Gazeta Wyborcza*, 21.02.2014.（マリウシュ・ザヴァツキ「アメリカの汚いやり口」「ガゼタ・ヴィボルチャ」紙、二〇一四年二月二十一日付）

私もスーンも何と言えばいいのかわからない。私は口ごもりながら、誠にお気の毒です、と言う。スーンが通訳する。だがケオおじさんは私たちの方を見もせず、思い出に耽っていた。

「弟とその部下たちはそうやって五十人以上殺した。殴りつけることもあれば、単に食べ物を与えないこともあった。あいつは悪い奴じゃなかった、そんな行動をとったのは実におかしなことだ。ついにベトナム人がやって来てポル・ポトを追い払うと、弟は村長ではなくなった。数年後、弟はある種のがんに罹り、少しずつ皮膚が剝がれ落ちていった。鼻まで落ちたという話だ。本当かどうかはわからない、弟は家から出なかったから、だが人々はそう言っていた。弟の連れ合いは出ていき、子供たちは会いたがらなかった。村のだれも、コップ一杯の水さえあいつに持っていってやらなかった。いつ死んだのかもわからないし、その後だれひとりあいつを土に埋めようとしなかった」

「それじゃどこに葬られているのですか？」スーンが尋ねる。

「みんなが埋まっているところ。穴のそばだ」

穴のそばだって？　ほんの十数分前に私たちがいたあの穴の？

ケオおじさんは同意してうなずく。ちょうど私たちが車を停めた、あの茂みの中だ。

ということは、私たちはそうとは知らずに、ケオおじさんの妻も、犯罪者の弟も眠っている集団墓地の上を歩き回っていたのだ。

私はスーンに、なぜそれを言わなかったのか、ケオおじさんに尋ねてくれるよう頼む。

「あんたらが尋ねたのは穴のことだ」ケオおじさんは一瞬たりとも天井の蠅から私たちに視線を移さない。

8

クメール・ルージュの指導者たちはしばしば料理人を妻にした。のちに国家元首となるキュー・サムファンはソー・ソチエットという女性と結婚した。キューがソーを見初めたのは、彼女が自分と他の指導者に料理を運んできたときのことだった。後年ソーが語ったところによると、それ以来キューはしょっちゅう台所に手伝いに来たり、一緒に穀物を選り分けたりするようになった。彼が言い寄ってくるのをどう考えればいいのか、彼女にはわからなかった。彼はパリ留学帰りの知識人で、彼女は素朴な田舎娘だった。「彼がニンニクの皮むきを手伝いに来たとき、どんな性格なのかを確かめる機会がありました」とソーは語った。* どうやら性格テストは合格だったらしく、やがてふたりは結婚した。

ブラザーの中で二番目に重要だったヌオン・チアは料理人リー・キム・セインと結婚した。クメール・ルージュが権力を握ったとき、ブラザー・チアは模範を示すことと自分の妻が高い地位を占めないようにすることを心がけた。チアはカンボジアを共同統治したが、妻は相変わらず麺を作っていた。

ポル・ポトは何度かヌオン・チアに妻を国外旅行に連れていってはどうかともちかけた。そうしたところで悪く思う者はいなかったろう。リー夫人はそれにふさわしい抵抗運動の闘士だったからだ。だがヌオン・チアは妻を厨房に留めておくことを選んだ。配偶者のために特権を得ようとしていると、他人

---

* Lauren Crothers, "Wife Portrays Khieu Samphan as the Loving Family Man", *The Cambodia Daily*, June 11, 2013.

に悪く言われたくなかったのだ。

　きちんと教育を受け、己の革命人生を料理人として始めたわけではなかった指導者の妻たちでさえ、鍋のそばに立たねばならなかったのは一度や二度ではなかった。のちの防衛大臣ソン・センの妻ユン・ヤットしかり、のちの外務大臣イエン・サリの妻キュー・チリトしかり。やがて二人とも大臣になった――前者は教育相、後者は社会問題相――が、遅かれ早かれ何度も料理をする羽目になった。したがって、政権で最も重要な五人のうち四人の妻が鍋のそばで働いた。おたまを手にした姿が目撃されなかったのは、ポル・ポトの妻キュー・ポナリーだけだった。

　料理人の世界が政治の世界とこれほど密接に絡み合った国は、世界でも他に類がない。

ヨン・ムーン

「ゲリラ時代、女性が基地に現れることはめったになかったわね。主に村の娘たちが料理をしたり、菜園を手伝ったりしに来てましたよ。指導者たちはまだ若くて、娘たちに惹かれていたけど、オンカーは恋愛を認めていませんでした。女の子と付き合いたければ、結婚しなくちゃいけなかったんです。

　わたしとポル・ポトですか？　彼がわたしを好きだった、それも大好きだったのは知ってます。彼はいろんな問題についてわたしに相談することがありました。なぜってわたしがいつも自分の考えを正直に言うと知っていたから。あるいは厨房にやって来て、わたしが働いている様子を見ていることもあったわね。たとえばトウモロコシの皮を剝いたりしていて、わたしが下を向いていると、突然だれかがこちらを見つめていると感じることがあった。見ると――ブラザー・プークなんです。どのくらいそこに立っていたのかしら？　それになぜ？　わかりません。わたしが顔を上げると、いつも微笑んで立ち去りました。

でもわたしにはもう夫がいた。彼にもすでに奥さんがいた。話すことは何もありません。わたしたち二人とも別のだれかと結婚していたし、オンカーはこういう問題についてはとても厳しかったんです」

9

「ある晩、夕食時にポナリーおばさんがいつもと違う振る舞いを始めました。我々は気をつけなければ、ベトナム人は我々を滅ぼす機会をうかがっている、と大声で叫んだんです。

『変だわ』とわたしは思いました。ベトナム人は闘争中、わたしたちを助けてくれた。わたしたちは彼らと同盟を結んだのに。でももちろん、わたしはひとことも言いませんでした。

ところがブラザー・プークはたちまち食べるのをやめました。彼は口元を拭くと席を立ちました。だれもポナリーおばさんとは議論しませんでした。不思議でしたよ。だってブラザーたちはいつも、これでもかというほど議論していましたから。でもそのときは皆、夕食を食べ終わるとさっさと寝に行ってしまいました。

理解できませんでしたよ。

その晩からポナリーおばさんはベトナム人についてますます頻繁にしゃべるようになりました。我々を殺そうとしている、我々を憎んでいる、とか。クメール人とベトナム人はつねに敵同士だった、とか。

ある日、テーブルを囲んで会議を開いていたとき、ひとりの副官がポル・ポトにコップ一杯の水を持ってきました。ポナリーおばさんはそれを引ったくるなり、激怒して床に投げつけたんです。

『サル！』あのひとは叫びました。『サル、飲んじゃ駄目よ！　毒が入ってる』

ブラザー・ポル・ポトは落ち着いてくれと頼みました。

『いいえ、サル、落ち着くもんですか！』ポナリーおばさんは叫び続けました。『あいつが水に毒を入れたのよ！　ベトナム人があなたを毒殺しようとしてるの！』

そして彼女はサルを、サルは彼女を見つめました。

サルはもう何も言わなかったけど、彼の悲しみは忘れられません。いつも朗らかで、いつも笑顔で、いつもうれしそうなポル・ポトが、その日は地面から引っこ抜かれたキャッサバみたいに見えました。

そのうち、ポナリーおばさんが普通に行動する日もあることがわかりました。そんなときは会議に参加し、論理的に自分の意見を述べ、革命とわたしたちの日常生活について基地の人々と話し合うんです。

ところがベトナム人の話をすることもあった。そんな日には完全に自分の世界に閉じこもっていました。彼は恐ろしかったに違いありません、だってポナリーおばさんは体を震わせ、何も見えていない目でわたしたちを見つめたり、真夜中に目を覚まして大声で叫んだりしたんですから。奴らが来るって。あるいは逃げろって。そんなときあのひとはかわいそうなポル・ポトを揺さぶりました。彼を起こすと、すぐに一緒にジャングルへ逃げてと言い張った。あるいはただ獣のように叫んだりしました。その声は基地の至るところで聞こえました。

あのひとがベトナム人についてしゃべりはじめたとき、なぜポル・ポトが部屋を出ていったのか、そのときわたしは理解しました。

それに、わたしの小屋のそばに建てられた小屋がだれのためのものかも理解しました。それまでは空き家だったんです。

ポナリーおばさんがそこに閉じ込められたのは、ベトナム人のことを話した日です。ポナリーおばさんはそこで食べたり飲んだり、用を足したりしました。

わたしは引き続き彼女のために料理をしていたけど、食べ物を小屋に持っていくのは高地クメール族《クメール・ルー》の男で、皿を下げてくるのもその人でした。ときどき悪態や叫び声が聞こえた。ポナリーおばさんはその人を最悪だって罵っていました。彼はただ食事を運んだり、女の子を中に入れてポナリーおばさんのうんちを片づけさせていただけなのに。そこに行きたがる人はいませんでしたね。ポナリーおばさんはそんな日には人を引っ掻くことだってできたから。

その後、つらい日々が過ぎ去り、ポナリーおばさんは大声を上げなくなりました。同じ女の子がポナリーおばさんの髪をとかしたり、体を洗うのを手伝いに来ていました。それからクメール・ルーの男が小屋の戸口から立ち去ると、ポナリーおばさんはまたわたしたちの基地に姿を見せるようになり、何事もなかったかのように人と話しはじめた。彼女はまたブラザー・ポル・ポトの小屋に戻りました。ふたりはまた一緒に暮らすようになったんです。

わたしはポナリーおばさんが好きじゃありませんでした。病気だったせいでも、病気のせいで大声を上げたり垂れ流ししたりするからでもなくてね。あのひとを好きじゃなかったのは、だって知り合ったのはまだ病気になる前でしたから、高慢で感じがよくないと思ったからよ。ブラザー・プークとは大違い。

それに、ポル・ポトより五つ年上なのも嫌でした。女の方が年上の夫婦なんてほかに聞いたことがなかった。ポナリーおばさんがブラザー・プークに魔術を使ったに違いないと陰口をたたく人もいましたよ。

わたしは魔術は信じないけど、ブラザー・プークはもっといい奥さんを選べたのにとも思いました。なによりあのひとは特に器量よしというわけじゃなかったですから。不細工だったと言うつもりはないけど、あまり長いこと見つめたいような顔ではありませんでした。わたしたちの基地ではあのひとよりもずっときれいで陽気で若い女の子が大勢働いていたのよ。彼女たちの方がはるかに妻にふさわしかった。

でももちろん、だれにもそんなことは言いませんでした。

わたしはポナリーおばさんが好きになれなかったけど、どういうわけか向こうはわたしのことが好きでした。

あるとき、あのひとがベトナム人の話をしていた頃、ブラザー・プークの副官のひとりにこう言われたんです。彼女のところに行って落ち着かせてやってくれとブラザー・プークが頼んでいると。

『一体どうしろっていうの?』わたしは怒って言い返しました。だって全然そんな気になれなかったから。

『あのひとはあんたが好きなんだ。ただしばらく一緒に座っててくれ』と副官は説明しました。

それで行ってみると、あのひとは実際、少し落ち着いたんです。あのひとの髪をとかし、食べさせてやることを許してもらえました。わたしはそこにひと晩とどまり、その間あのひとは叫び声を上げませんでした。そこで次の晩わたしは自分の籐製マットをあのひとの小屋に運び込み、そこで毛布にくるまって寝ました。

そんなことが何日か続いてね、ある晩わたしが目覚めると、ポナリーおばさんは眠ってなくて、ただわたしをじっと見つめてるんです。自分のマットの上に座って、目を見開いて、わたしがあたかも自分を殺しに来たベトナム人であるかのような目つきでじっと見ているんです。

ぞっとしましたよ。わたしは頭を上げず、目を大きく開けて横たわったまま、あのひとが何をするか見ていました。

朝まで一睡もしませんでした。ポナリーおばさんもです。日が昇ると、わたしはあのひととわたしたちの指導者たちのための朝食を作りに駆け出しました。

こんな生活に疲れ果ててしまった。

幸い、数か月後に高熱を出して、マラリアだとわかりました。

それでよかったんです。ポナリーおばさんよりマラリアの方がましでした」

10

一九六〇年代から七〇年代にかけての時期、カンボジア以上に不安定な国を想像するのは難しい。空から何トンものアメリカの爆弾が落ちてきて、国土のますます多くが共産主義ゲリラの手に渡り、そのうえロン・ノル将軍が電光石火でクーデターを引き起こし、シハヌーク殿下から権力を奪ったのだ。シハヌークは中国へ逃げた。中国の共産主義者たちは、この状況下では、これまで不倶戴天の敵であったクメール・ルージュとシハヌークが同盟を結ぶべきだと考えた。

シハヌークにとっては、長年自分を倒すためにジャングルに集っていた共産主義ゲリラと同盟を結ぶことが、カンボジアの政治に何らかの意味を持ち続けるための唯一の方法だった。クメール・ルージュにとっては、殿下との結びつき《マリアージュ》はプロパガンダとして大きな意味があった。カンボジアの農民は王室が雨を降らせたり止ませたりしていると信じていたため、ロン・ノルによるクーデター後は農作物が穫れなくなるのではないかと恐れていた。シハヌークとの同盟のおかげで、クメール・ルージュ支持者の数はさらに増えはじめた。

一九七一年、クメール・ルージュはシハヌーク殿下を引き連れ、自分たちが奪い取った領土を歴訪した。それは殿下にとっても、そのとき殿下に会った人々にとっても、すばらしい体験だった。ムーンおばさんにとっても。

ヨン・ムーン

「その間ずっとわたしは料理人として殿下に同行しました。殿下にお目にかかれて、殿下を間近で見ることができるようになってうれしかったですよ。

同行したもうひとりの料理人は、のちに国防相になったソン・センの妻、ユン・ヤットでした。わたしたちは、殿下のために何を作ろうか、伝統的なクメール料理であると同時に殿下のお口に合うようにするには、と長いこと話し合いました。

　殿下はとても感じのいい方でしたけど、わたしたちの作ったものは全然食べてくれませんでした。中国から出来合いの料理の缶詰を持ってきていたんです。それにバターとビスケット。お付きのひとりが毎日、殿下のためにパンを焼いていました。フランスではそういうパンをバゲットと呼ぶんです。わたしの見たところ、パリ留学時代にバゲットを知ったわたしたちの指導者たちは、殿下のそのパンを羨ましがってましたね。だれも何も言わなかったけど、そっちの方を見てましたよ。

ヨン・ムーンが作った料理

　わたしたちの作った料理を殿下は一度も口にしようとはなさらず、缶詰とパンしか召し上がりませんでした。残念でしたよ。あんなにこぞって殿下を迎えたカンボジアの農民からのもてなしを、殿下が受け入れようとなさらないなんて。

　そのときは、毒殺を恐れているんだ

と思っていました。
何年か経って、中国で毎日殿下を見ていたとき、殿下は単にわたしたちクメールの料理を見下していたんだとわかりました」

11

車のタイヤから作ったサンダルを履いた人たちが次々と町を占領した。住民は喜んで彼らを迎えた。新しく来た者たちが平和をもたらしてくれると信じていた。

バタンバンの住民、ペアン・ソフィによれば、お祭り気分が漂っていたという。一九七五年四月のことだった。ペアンと友人たちは自分たちの町を占領したばかりのゲリラを迎えようと駆け出した。ゲリラのことはあまりよく知らなかった。若い革命家たちが缶詰を恐れていたことは憶えていた。「缶詰の中の何か［おそらく殺虫剤—原註］のせいで、革命家のひとりが重病になったので、その後彼らは、サーディンの缶に魚の絵がついていると魚用の毒が入っていると思い込んで、僕の友人にその缶詰をごみ箱に捨てるよう命じたんです。その代わり連中が歯磨き粉を食べているのを見ましたよ*」とペアンは回想する。

他にも複数の者が、ゲリラたちが便器の水を飲んでいるのを見た。

四月十七日、ポル・ポトのゲリラ部隊はプノンペンを占領すると、直ちに自分たちの革命の中心計画のひとつに着手した。都市から村への住民の再定住である。彼らは村で新たな人間を作りたかったのだ。

何の準備もできていない、しばしば路上で捕まえた人々に列を組ませて、村に送り込んだ。人々の家に押し入り、住人が必需品を持ち出すのにほんの数分しか与えないこともあった。安全のためだ、なぜならアメリカ軍がプノンペン爆撃を計画しているからだ、と彼らは言った。数日のうちに全員家に戻れると彼らは約束した。

嘘だった。

最初、彼らはほとんど殺さなかった。死刑に処されたのは、ロン・ノル政権の者たちと、自力で村までたどり着けなさそうな入院患者だけだった。

彼らはまた人々から眼鏡と靴を取り上げた。どちらも資本主義の遺物であり、人間の個性の表現だと見なされたのだ。新たな、より良いカンボジアはそこから逃れるべきなのだ。新政権のそうした初期に人々の足からもぎ取られた大量の靴が、それから何年もの間プノンペンの通りに山積みにされていた。

ヌオン・ヴァリンはプノンペンの私立高校でフランス語を教えていた。長年クメール・ルージュに共感していたので、ゲリラが首都を占領すると、友人たちと一緒に歓迎しに行った。彼女の報告を数年後にベトナムのカンボジア人難民キャンプで、ポーランドの特派員ヴィエスワフ・グルニツキが書き留めた。

「彼女はパトロール隊に止められ、怯えて当惑した人々の集団に加わるよう命じられた。抗議しても無駄だった。［中略］兵士は彼女の背中を銃床で殴りつけると、靴を脱いで身分証明書を捨て、列と共

---

* Eds. Ben Kiernan and Chanthou Boua, *Peasants and Politics in Kampuchea, 1942–1981*（M. E. Sharpe, 1982）, p.320.

に進むよう命じた*」

ヌオン・ヴァリンは楯突こうとした。罰として最も劣悪な懲罰部隊のひとつ、ポ・ペトに割り振られた。そこではいつも空腹だった。「一日に百グラムの米、月に一度、卵一個、時折、きわめて不定期に、春雨と野菜と魚の切れ端が入った農民風スープ、プラホックを一杯もらった。しかし何週間も、コミューンの厨房がたった八十グラムの米しか［中略］出さないこともあった」

12

「わたしは重いマラリアに罹りました。その後何か月も杖をついて歩かなければならなかった。ブラザーたちが言うには、もう少しで死ぬところだったそうよ。

生き残ったのはひとえに、ポル・ポトが自分の薬をくれたから。たくさんは持っていなかったけど、わたしに分けてくれたんです。

それでなんとか死を逃れましたが、ポナリーおばさんから身を隠すことはできませんでした。わたしが回復すると、ポル・ポトはポナリーおばさんに、あのひとの頭の中に現れたベトナム人と一緒になって仕事の邪魔をされたくないと思った。それであのひとを女性組合の議長に任命しました。そしてわたしをあのひとの秘書に任命したんです。

怒りのあまり泣き出すかと思いましたよ！

でもポル・ポトは、ポナリーおばさんがわたしと一緒に過ごすのが好きだと知っていた。オンカーは、わたしにあのひとと一緒に働いてほしかった。

オンカーはわたし。

わたしはオンカー。

議論の余地はありませんでした。

わたしの仕事は主に、あのひとをなるたけ指導者たちから遠ざけておくことでした。ポナリーおばさんが子供好きだということは前から知っていました。彼女とポル・ポトは子供を持つことができなかった。キュー・ポナリーは結婚前に腫瘍を患って、卵巣を摘出していたんです。

もしかしたら子供の存在があのひとを落ち着かせてくれるんじゃないかと思って、わたしたちが解放した村々で彼女のために集会を開きました。子供たちはあのひとのために歌い、詩を暗唱し、それから座って、自分たちがどんな暮らしをしているかを話してくれた。あのひとは子供たちと一緒に歌った。子供たちの話に耳を傾けるのが大好きでしたよ。

わたしたちが村々を回っている間、ポナリーおばさんは一度も例のベトナム人の話をしませんでした。叫んだりもせず、ちゃんと体も洗っていました。そう、意思疎通が難しい日もありましたよ。そんなときはまるで上の空といった感じでね。子供たちがあのひとのために歌っていても、心ここにあらずといった様子で壁を見つめるだけでした。時折、出し抜けにこう尋ねることもありました。『同志サルはど

---

* Wiesław Górnicki, *Bambusowa klepsydra* (Państwowy Instytut Wydawniczy, 1980), p.112.（ヴィエスワフ・グルニツキ『竹の死亡通知』国立出版研究所、一九八〇年、一一二頁）

こ？　彼は安全なの？』とか、『彼のところに連れていってくれる？』とか。

でも、キャンプでの眠れない夜よりずっとましでした。

その後わたしたちがポル・ポトのもとに戻ると、ポナリーおばさんは村で耳にしたことをすべて、事細かに話して聞かせました。そのとき、その短い瞬間、あのひとは確かに、同志プークが夢中になった、聡明で、頭の回転が速い、見事な観察者に見えました。

けれどもそれから一週間もすると、あのひとはまたキャンプの至るところで敵の姿を見るようになってしまって、わたしたちはまた旅に出る羽目になりました。そしてまたもや繰り返しです。

ある日わたしがコンポンチャム州にいたとき、若い男の子がひとり走り寄ってきて、こう叫びました。

『シスター、シスター！』

『どうしたの？』わたしは尋ねました。

『プノンペンが制圧された！』男の子はそう叫ぶなり、走り去っていきました。

無論、真っ先にポル・ポトのことを考えました。わたしはうれしかった。だってこれは彼にとって重要な日だとわかっていたから。でも彼のことが心配でもありました。人々を気遣って、彼が夜眠れなくなるのを憶えていましたから。彼が国全体の責任を負うことになったいま、心配事はますます増えるだろうと思いました。そして、彼は皆のことを気にかけているのに、彼のことを気にかけてくれる人は彼のそばにひとりもいないんだって」

13

彼らは大鍋に小便をした。最後の男が用を足す前に、液体は鍋底で発酵しはじめていた。外務大臣のイエン・サリでさえ、こうやって用を足していた。「この悪臭は想像しがたい」＊こう書いたのはローランス・ピック、クメール・ルージュのある高官の妻で、ポル・ポト時代を現地プノンペンで体験した唯一の西側出身者である。初めは料理人だったが、その後、通訳になった。菜園の仕事も手伝っていた。外務省職員らが鍋に小便をしていたのは、彼女が育てていた植物の肥料にするためだった。

自分は善き共産主義者であると証明するいちばんの方法がトイレ掃除だった。クメール文化においては最も侮辱的な仕事のひとつと見なされていたものだ。最も大胆な者は素手で洗い、こびりついた排泄物を爪でこそげ落とした。彼らにとっては驚くことではない。命のために戦っていたのだ。

ピックはまた数時間に及ぶ自己批判集会に参加したことを回想する。そこでは多かれ少なかれ架空の罪を告白し、友人を密告しなくてはならなかった。

そうした集会のひとつに、トウモロコシを盗んだ疑いをかけられている男が出たことがあった。男は一度、空腹のあまりトウモロコシを一本もいで、焼いて食べたことがあると白状した。彼は妻ともども村に送られた。「彼らは二度と戻ってこなかった」とピックは書く。「人々はこう言った。それほど腹を

＊ Laurence Picq, *Beyond the Horizon. Five Years with the Khmer Rouge*, trans. Patricia Norland (St. Martin's Press, 1989), pp.109–110.

空かせていたなら、きっと裏切り者だったに違いないと*」

クメール・ルージュのカンボジアにおいて「彼らは二度と戻ってこなかった」とは死を意味した。

クメール・ルージュの支配下では、至るところで、当時の用語でB1と呼ばれた外務省内でさえ、深刻な飢えが蔓延していた。米が到着すると、職員たちは「オンカー万歳！　経済路線万歳！　集団化万歳！」と叫んだ。

しかしながら米が届かないこともよくあった。

そこでセアンという名の料理人がハーブと草とバナナの木の茎でスープを作った。しかし鍋に入れられそうなものが何もない日もあった。あるいは、全職員のために入手できたのが腐った卵と黴の生えた果物の籠ひとつずつという日もあった。

ピックはそのとき重要な発見をした。クメール・ルージュは飢えを政治の道具として使っていたのだ。


飢えは不服従に対する罰だった。

飢えは良からぬ出自に対する罰だった。

飢えは病気に対する罰だった。革命の役に立たないことに対する罰だった。

飢えは規律を維持するのに役立った。

「飢えがあらゆる思考に取って代わった。［中略］食べ物を受け取ると、わたしたちはオンカーに感謝した**」

省内でメニューが変わるのは、重要な活動家の政治セミナーが始まるときだけだった。そんなときは特別な車が魚や野菜やロブスターさえ運んできたという。

一九七五年、そうした訓練のひとつに、ヨン・ムーンは夫ピッチ・チェンや功績ある革命家たちのグループと共に参加した。彼らはバン、年長者と呼ばれた。バンは他のB1職員と一緒に宿泊するのではなく、かつて地元のブルジョワジーが住んでいた邸宅に泊まった。バンの食事は他の者たちよりもよかった——鶏肉、豚肉、米——ばかりか、ワインまで出され、彼らのボディーガードが、ピックの本によると、特別に焼きたてのパンを運んできた。

その頃、一般のカンボジア人は飢え死にしかけていた。

ムーンとその夫が参加したセミナーのテーマは次のようなものだった。オンカーの展望と先見の明、都市からの強制移住とその結果（好ましいものに限る！）、貨幣の廃止、シハヌークの役割。ポル・ポト自身がバンに説明したところによると、シハヌークはクメール・ルージュの人質であり、自分たちに好きなように利用されるだろうということだった。檻に囚われた虎なのだと。

「カンボジア革命は歴史上前例がない」と彼らは言った。

「村と都市の永遠の分断は決定的だ」

「オンカーはレーニンの上を行き、毛沢東の先を行く」

「全世界がオンカーに注目しているのは、その革命が最も美しく最も純粋だからである」

---

* Ibid., p.147.

** Ibid., p.106.

14

「わたしがプノンペンに呼ばれたのは首都制圧から二か月後のことです。夫はもうそこにいました。夫はまず中央銀行総裁になったのですが、その後、指導部が、わたしたちは世界で最初の貨幣のない国になると決定したため、銀行は要らなくなりました。

その時点で、わたしたち二人とも訓練に送られたんです。

訓練が始まる前、わたしはポル・ポトに尋ねました。

『なぜわたしにこんなセミナーが必要なの？　わたしは料理がしたい！』

ブラザー・ポル・ポトは微笑みました。

『オンカーは別のことのために君を必要としている、シスター・ムーン』と彼は説明しました。『ブラザー・ピッチ・チェンは中国で大使になる。君は大使夫人になるんだよ』

わたしは大使というのが何なのかも知りませんでした。

そこでこう言いました。

『どこにも行きたくありません。ここ、カンボジアに残りたい！　指導者の皆さんのために料理を続けたい！』

ポル・ポトはまた微笑みました。

『今後はヌオン・チアの夫人、シスター・リー・キム・セインが料理をする。君には別の任務がある』

わたしはつらくて、涙もこぼれたんじゃないかしら。でも莫迦みたいに口答えなんかするもんですか。オンカーは、わたしたちにとって何が良いか、わたしたちに何を期待できるか、よく知っているんです。わたしたちは中国へ行く。この先どうなるんだろう。自分が党のためにそうするとわかっていました。そして革命のために。そして、わたしの人生のすべてと同じく、ブラザー・ポル・ポトのために」

15

Ｂ１の黒幕はルーンという女性だった。夫のドゥーンは産業省商務局の局長だった。彼が妻を外交官向けの店の店長職に据えたのだ。* 精力的で進取の気性に富んだルーンは週を追うごとに昇進し、ついにあるとき、イエン・サリの右腕となった。つまりＢ１の管理部門全体の責任者となったのである。彼女はここに自分のいとこや親戚を引き入れ、次第に多くの地位に任命していった。

ローランス・ピックの回想によると、菜園で働いていたとき、いくつかの畝に大変立派なキャベツがうまく育ったことがあった。するとたちまちルーンが現れ、キャベツを全部——しょっちゅう腹を空かせている省の職員らと分け合う代わりに——自分の外交官向けの店に持っていってしまった。

---

* これに関する詳細な情報と、クメール・ルージュ指導部内で縁故主義が蔓延した際のその他の状況に関しては以下を参照。Serge Thion, "The Pattern of Cambodian Politics," in *The Cambodian Agony*, eds. David A. Ablin and Marlowe Hood (M. E. Sharpe, 1990), pp.149–64.

「ルーンのような人は、あらゆる戦争、あらゆる革命に乗じて現れる」歴史教師スーン・ボレイは言う。「彼女が気にしていたのはもっぱら、これでいかにどれだけ稼げるかだった。外交官向けの店の金はだれも監査していなかった。次第に多くの地位を占めるようになった彼女のいとこたちは独自の派閥を形成しはじめ、それが彼女の権力を増大させた」

偶然にも、ポル・ポトの料理人ムーンはルーンの姪にあたり、中国（北京）の大使館は、カンボジア新政府が外交官を派遣した中で最も権威のある機関だった。セルジュ・ティオンによると、この最も多くの成果をもたらす首都の大使にピッチ・チェンが任命されたのは、ひとえにルーンが自分の姪をそこへ送りたかったからだという。*

シハヌーク殿下の取り巻きのカンボジアの共産主義者らを悩ませた縁故主義は、たちまち彼らの隊列にも忍び込んだ。

16

私は三回、さまざまな機会にムーンに尋ねる。ルーンについて、彼女との関係について、夫が大使になったのはルーンのおかげなのか、と。

ムーンは三回とも——実にクメール的なやり方で——質問が聞こえないふりをする。

17

「出発前に指導部との送別会があってね。その席でポル・ポトはわたしを驚かせました。わたしは大使館の党細胞書記に任命されたんです。つまりわたしをピッチ・チェンの上司にしたというわけ。党が最も重要なのだと、だれもが知っていました。そしていまや党内で夫はわたしの部下になったんです。夫は大使なのに、党細胞会議の議長を務めるのはわたしで、彼は耳を傾けていなくちゃならなかった。ポル・ポトが北京に来たときは、わたしを副大使と呼び、笑いながら夫に、わたしの指示に従っているかと尋ねたんですよ。

北京では一生懸命働きました。一年後には中国語を話せるようになって、二年後にはかなり上手になりました。中国映画をクメール語に翻訳したりもした。それでも夫とは全然比べものになりません。ピッチ・チェンは一年足らずで中国語をものにし、北京の同志たちも驚いていました。

わたしたちが北京に来て一年後、長男が生まれました。その後息子がもう二人生まれました。全員、中国の学校に通いました。三人とも、いまでも完璧に中国語を話します。

ただ、自分で何もしなくていいというのだけは気まずかったわね——洗濯もアイロンがけも料理も。何もかも中国人に雇われた職員がやってくれました。

いちばん妙な気分だったのは、わたしたちに料理人がいたことね。ラオ・ソンという名で、非常に経

---

* Ibid.

験豊富でした。彼はもっぱら中国料理を作ってくれました。インゲン豆、キャベツ、鶏肉、餃子とか。ラオ・ソンはわたしよりずっと料理上手だったので、わたしは暇さえあれば、料理の作り方を見せてほしいとお願いしました。そうやって餃子や春巻の作り方を覚えたんです」

18

私はプノンペンで知り合いの知り合い、プラクとケオと会う約束をする。このふたりの兄弟はクメール・ルージュ統治時代を奇蹟的に生き延びた。プラクはガイドの仕事をしていて、アンコール・ワットの古代寺院から、カワイルカが見られるクラチエ、首都プノンペン、港湾都市シハヌークビルまで、観光客を連れてカンボジア全国を案内する。

ケオは銀行の支配人だが、本当に情熱を傾けているのはオートバイだ。最近までカンボジアでは適切な速度で走ることが難しかった。クメール・ルージュが道路の大部分を帝国主義の遺物として破壊したため、ケオはタイまで出かけていた。バイクで二度、ひどい事故に遭い、二度とも奇蹟的に回復したのだが、走るのはやめない。

「囚われの身で育った人間は、その後一生、自由を満喫することができないんだ」彼は言う。

私たちは首都で最高のレストランの一軒に腰を下ろし、それぞれ甘酸っぱいスープを注文して、クメール・ルージュが支配し、ふたりの兄弟が子供だった時代について会話を始める。

プラク

「一九七五年、ポル・ポトが権力の座についたとき、僕は一歳半だった。母はまだ僕を母乳で育てていた。自分が送られようとしているコミューンでは、食べ物を手に入れるのにいろいろ支障があるとわかったので、母は僕を連れて行かないことにした」

ケオ

「このことはコミューンで母と一緒だった女性から聞きました。その人とは何年もあとに偶然出会ったんです。プラクはその頃のことを憶えていません。私もです。クメール・ルージュはひとつのコミューンに、夫と妻が、兄弟姉妹が、あるいはかつての隣人が一緒に住むことがないよう配慮していました。彼らはまったく新しい社会を構築しようとして、すべての古い絆を断ち切ったのです。十代のとき、私もプラクや母とはまったく別の場所に送られました」

プラク

「僕が寝るときは母と一緒だった……それは確かだ」

ケオ

「それだって当然のことじゃなかった、なぜなら、幼い子供でさえしばしば親から引き離されて、党、つまりベビーシッターのような人たちに育てられたからです。おまえと母さんを一緒に寝かせてくれたとすれば、そのとき母さんはもう病気だったんじゃないか？　詳しいことは知りません。私は大人たちと一緒に働きに行かされましてね。朝から晩まで稲刈りをしました。私たちはわりとましな、二番目のカテゴリーでした。父が軍人だったことを母が何とか隠しおおせたおかげで」

プラク

「母はクメール・ルージュに自分の名として数か月前に死んだ女友達の名前を伝えたんだ。だれにもばれなかった」

ケオ

「父は内戦中にクメール・ルージュとの戦いで殺されています。もし連中がそれを知ったら、私たちは生き残れなかったでしょう。

それでも食べ物はほんの一握りしかもらえなかった。文字どおり。米と何かどろどろしたもの。毎日同じ、味もしないし、肉もなし。あれだけの重労働をさせられている育ち盛りの少年が十分食べられる量には到底足りなかった。それで友達のキムとよくネズミ狩りに出かけました。私たちはこっそり抜け出した。だれかに見られたら大ごとになっていたはずです。コミューンから長いワイヤーとマッチをくすねたんですよ。いまとなっては笑い話でしょう。マッチを盗むなんて、でも当時は一大事だった。私たちは一週間、警備員たちを観察して、厨房の入口が見えないような場所を見つけて、マッチがどこにあるのか確かめなくちゃならなかった。それから私が見張りに立って、キムが厨房に忍び込みました。

キムは五分後に戻ってきたけれど、それは私の人生でいちばん長い五分間でしたね。

ワイヤーとマッチが手に入ると、私たちは夜ごと畑に出かけるようになった。こっそり忍び込んで、ネズミが現れるまで静かに待つ必要がありました。すばやい手首の動き、そして運が良ければ、肉が手に入った。私たちは小さな火をおこし――だれも煙には気づきませんでした――食べ終えると、だれにも気づかれないようにキャンプに戻りました。

ある日、夜の自己批判集会で指揮官のひとりが、厨房からマッチを盗んだのはだれか、取り調べを始めたんです。心臓が飛び出すかと思いました。幸い、キャンプの他の人たちは料理人を責めはじめました。キムと私はひとことも言わなかった。罪を着せられたのは私たちに料理を作ってくれていた女性たちでした。何か罰を受けたけれど、詳しいことは憶えていません。ひとりは確か別のキャンプに移動させられたと思います。それについてどう思うかですか？　いまでは莫迦なことをしたと思いますが、でもあの異常な時代をまともな物差しで測ることはできません。私たちだれもが生き残るために戦っていたんです。

その後、結局キムは殺されました。なぜなのかは知りません。ある日姿を消し、二度と現れませんでした。ひょっとして彼のところでマッチが見つかったんだろうか？　本当に知りません。

ねえ、いまではこう思うんですよ、もし彼らが賢ければ、人々にネズミ狩りをさせていただろうって。ネズミは作物も穀物も駄目にしていたし、人々はあんなに飢えていたんだから、ネズミを全滅させられたでしょう。私たちにとって焼いたネズミはご馳走だった。その後、あちこちで食べましたよ、バンコクや北京の、本当に高級なレストランで何度か、でもあのときのあのネズミほどうまかったことは一度もありませんでしたね」

プラク

「それは知らなかった。そのネズミの話は」

ケオ

「話したよ。どうやら忘れてしまったんだな」

プラク

「知らなかった」

ケオ

「プラク、おまえは知ってるはずだ。プノンペンからバタンバンのおばのうちに行くたび、道路脇でネズミを三匹一ドルで売っている場所を通り過ぎる。そのときいつもおまえにこの話をしてるだろ。そしてこう言ってる、いつかここで車を停めて、焼いたネズミを食ってみろ、弟よって。なぜって、食ったことがない奴は人生について何も知らないから。そんなにひどいもんじゃない。ただ自分に打ち勝たないと……」

プラク

「知らなかった……」

ケオ

「おまえはそれを頭から追い出したんだな。よくやった、あんな話は憶えていない方がいい。私だって、できることなら忘れてしまいたい」

プラク

「僕はクメール・ルージュ時代のことは何も憶えてない。まだ小さかったから。憶えているのは母さんが死んだときのことだけだ」

ケオ

「母はもう長いこと病気でした。コミューンにいた例の女性からそう聞いています。母のどこが悪いのか、だれにもわかりませんでした。クメール・ルージュは医師を皆殺しにしたので、コミューンで唯一の医療従事者は、注射の打ち方と腫れ物の切開の方法を何日か訓練させられただけの、私と同い年の少年でした。でも母に腫れ物はなかったので、その子は何も切開できず、注射は一度も届かなかった。母のどこが悪いのか診断できる人はひとりもいなかった」

プラク

「ある朝、目が覚めて母さんに寄り添った。片手を母さんの体の上に置いて、同じようにしてくれるのを待った。

でも母さんは寄り添ってくれなかった。僕はまだ寝ぼけたまま、母さんの乳房を探しはじめた――そのときはもう乳離れしていたと思うけど、まだ本能的に、夜中に乳首を吸うと落ち着いたんだ。

でも乳房は冷たかった。

すっかり目が覚めて、母さんを揺さぶりはじめた。『母さん！』と叫んだ。『母さん、起きてよ！』

でも母さんは目を覚まさなかった。

何がどうなっているのかわからなかった。僕は泣きだした。

これが子供時代の最初の思い出。僕が憶えている最初のこと。硬くなった母の手」

ケオ

「プラク、弟よ……おまえは忘れることができるんだから、そんなことだれもができるわけじゃない、それも忘れてしまえ。一体何だってそんなことを憶えていなくちゃならないんだ」

19

クメール・ルージュ統治時代、人々が食べていたのはネズミだけではない。

人々はバッタ、イナゴ、コオロギ、蛆虫、赤蟻やその卵を食べた。

森でタランチュラを捕まえ、茹でたり、焚き火で焼いたりした。

一九七五年以前には魚やさまざまな種類の肉を包んだように、バナナの葉でカエルを包み、火にくべて焼いた。

象、亀、トカゲ、水蛇とその他の蛇、サソリを食べ、シロアリの卵のスープを食べた。

茹でたり焼いたりしたコウモリを食べ、コウモリの血まで飲んだ――コウモリは果物をたくさん食べるから――その血が力と健康を与えてくれると信じて。

クメール・ルージュ統治時代、人々はほぼすべてのカワゴンドウを食い尽くした。カワゴンドウはイルカの中では唯一、汽水域に生息する希少種である。数万頭いたうち、今日残っているのはわずか数百頭にすぎない。

人々は捕まえられるあらゆる種類の鳥とその卵も食べた。

20

ムーンおばさんの従兄で、彼女をオンカーに引き入れたコイ・トゥオンは、ムーンおばさんが言うには、彼女の知る中で最も好ましい人のひとりだったが、彼もまた、高位のクメール・ルージュ指導者のうち粛清の最初の犠牲者となった。トゥオンは一九七七年に逮捕された。彼が行き着いたのはＳ21、そこからはだれも出てこられない場所だった。プノンペンのほぼ中心に位置するこの監獄は、政権にとって最悪の敵、主に反逆罪で告発されたクメール・ルージュの元メンバーに割り当てられていた。

コイ・トゥオンは、ポル・ポト暗殺を目論み、タイ人、アメリカ人、ベトナム人に支援を求めたと供述した[*]。

「そうした状況では家族全員が罰せられた。兄弟、姉妹、さらには被告人とたまたま接触した人まで」スーン・ボレイは言う。「粛清に至れば、裏切り者と関わりのあった者たち全員が命を落とした」

コイ・トゥオンの場合、妊娠中の娘まで殺された。そして、まだゲリラ時代に彼が革命に参加するよう勧誘した人たちも。彼らの唯一の罪は、間違った人物にオンカーに引きずり込まれたということだった。

その中にはルーンとその夫ドゥーンもいた。ある日ふたりともいきなり消えた。

命を落とすには、被告人との遠いつながりさえあれば十分だった。ローランス・ピックはファットという名の男の話を書いている。妻はルーンの補佐で、ファットはB1の中庭で飼育されているウサギの世話をしていた。夫妻はルーンと一緒に殺されなかったため、ウサギが生きているかぎり自分たちも生きるのだと彼は考えた。それで最善を尽くしてウサギの面倒を見た。

ある日、ウサギが腫れはじめた。ぞっとしたファットは、多少医学の知識があったローランス・ピックのもとに駆け込んだ。ウサギは不治のウイルス性疾患、兎粘液腫に罹っていることがわかった。ファットはそれとは何の関係もなかったが、にもかかわらず、その後まもなく彼も、その妻も、生後数週間の赤ん坊も姿を消した[**]。

21

「コイ・トゥオンが死んだと知ったとき、わたしは足を切られたも同然でした。

のちに、B1でわたしたちと一緒に訓練を受けた大使たちが妻ともどもプノンペンに呼び戻されているという知らせを耳にしました。だれひとりそこから戻ってこなかった。ラオスの在外公館にいたヨムとディン。ベトナムにいたチャンとトゥ。北朝鮮にいたヤエムとニ。全員死刑になりました。

彼らはスパイ活動をしていたという話です。ベトナム人のために、アメリカ人のために、ロシア人のために。本当に？　何かあったのかもしれない。あるいはだれかが誤りを犯して、罪のない人たちに刑を宣告したのかも。カンボジアには当時多くの敵がいましたから。アメリカ人は爆撃が役に立たなかったという事実を決して認めようとしませんでした。ソヴィエト連邦とベトナムも、わたしたちのことはわたしたち自身で決めたいという考えを受け入れなかった。わたしたち以外の全員が裏切ったなんてことがあるのかしら？

わからない。

次はわたしたちだ、と思いました。いまにもだれかがやって来て、手紙を渡されて、わたしたちもプ

---

* David Chandler, *Voices from S-21: Terror and History in Pol Pot's Secret Prison* (University of Colifornia Press, 2000), p.63.［デーヴィッド・チャンドラー『ポル・ポト　死の監獄S21　クメール・ルージュと大量虐殺』山田寛訳、白揚社、二〇〇二年、一〇九―一一〇頁］

** L. Picq, *Beyond the Horizon*, p.99.

ノンペンに戻らなければならなくなるに違いないと思っていました。

そしてひとつだけ言っておくわ。

わたしは飛んで帰ったはずです。

わたしと夫は中国でとても好かれていて、何人かは自分たちを頼りにしてくれと言ってくれました。わたしたちを匿って、別の国に運んでくれると。逃亡を手伝うと。

いつだってわたしはそうした会話を打ち切りました。それに同意することは決してなかったはずです。

オンカーはわたし。わたしはオンカー。

オンカーがわたしに戻ってほしいと思えば、わたしは帰国したはずです。

オンカーがわたしは監獄に入るべきだと言うなら、わたしは監獄に入ったはずです。

オンカーがわたしは裏切り者だと言うなら、わたしはオンカーに同意したはずです。

イエン・サリが言ったように、オンカーはパイナップルのように百の目を持っている。わたしに百の目がありますか？　いいえ。だからわたしは、オンカーの方が、より多く、より良く見えていると信じていました。

そして、オンカーがわたしは死ぬべきだと言うなら、わたしは死んだはずです。

このことは夫とも話したことはありません、夫がもう大使ではなくなったときも、ポル・ポトが死んで、わたしたちがここアンロンベンに住むようになってからも、わたしたちは会話の中であの日々には決して戻りませんでした。でも夫がわたしと同じ考えだったことは知っています。

でもわたしたちは呼び戻されなかった。一通の手紙も来なかった。わたしたちはなおも生きていました」

22

コイ・トゥオンの死後、クメール・ルージュの支配はわずか一年しかもたなかった。

ポナリーおばさんの悪夢が現実になった。ベトナム人が本当に現れたのだ。決して降伏しないはずだったプノンペンは、ほんの数日で占領され、ポル・ポトの革命は悪夢さながらに終わった。ベトナム人は着実に、かつての同志の犯罪を発見していった。

しかしクメール・ルージュは、だれもが彼らの殺戮行為を知っていたにもかかわらず、長い間、世界からカンボジアの合法的な政府と見なされていた。ポル・ポトと彼に忠実な革命家たちは森の基地に戻り、そこから権力を取り戻そうとして失敗したものの、うまいこと木材や宝石を取引し、おかげで相当な資金が得られた。

その間、西側は彼らの犯罪に関する国連の調査を停止した――主に、相変わらずアメリカの目の上のたんこぶであった共産主義ベトナムを弱体化させるためである。

この政策の立役者のひとりがズビグネフ・ブレジンスキー〔一九二八―二〇一七。ワルシャワ生まれ、カナダ育ち。一九五八年アメリカに帰化した政治学者。ポーランド語発音ではズビグニェフ・ブジェジンスキ〕、当時のジミー・カーター大統領の国家安全保障問題担当補佐官であった。

23

「プノンペン陥落？　それが起こるかもしれないことは、数日前にはもうわかっていました。

　夫のところに、親しくしていたソマリア、セネガル、スーダンの大使が来て、こう言ったんです。

『衛星写真によると、ベトナムが国境付近に非常に大きな兵力を集結させている』

　たとえそうだとしても、我が国の軍隊は攻撃に対する準備が整っているのだから、連中はひどく失望するだろうと夫は答えました。

　なんてこと。準備は整っていなかったんです。

　ベトナム人がプノンペンに進軍したとき、北京にシハヌークが現れた――ポル・ポトは殿下が囚われの身になる前に救おうとしました。ピッチ・チェンが空港に迎えに行きました。中国人は殿下のために独立した住居を用意していたんですけど、殿下はひどく退屈して、よく大使館にいらしたんです。夫は殿下のために特別にテニスを覚えたのよ、だって殿下は絶えず注目されることを求めたから。まるで大きな子供みたいでしたよ。私を見てくれ、私がどんなにすばらしいか、どんなに賢いか、どんなに上手にプレーするか見てくれ！　殿下はほとんど何にでも不平を言っていたのに、なぜかわたしのことは気に入ってくれてね、理由はわからないけど。わたしにはこうおっしゃいました。『マダム、私のことを気にかけてくれるのはあなただけだ』って。

　そんなとき、大きな赤ん坊みたいににっこりしました。

　試合に負けると腹を立ててラケットを放り投げ、それから二週間わたしたちとは口をききませんでした。でもその後は何事もなかったかのように戻ってきましたよ。

ポル・ポトは何もかも失い、ジャングルの中をベトナム人から逃げ回っていたというのに、夫はシハヌークとテニスをしていたんです。そのすべてが悪夢から出てきたみたいでした。

ついにある日、当時まだ外務大臣だったイエン・サリから手紙が届いたんです。ピッチ・チェンを大使の職から解任し、わたしたちをカンボジアに呼び戻すという内容でした。

イエン・サリからのそうした手紙が何を意味するのか、わたしはもう数年前から知っていました。でも今回は書いてある内容以上のことは何も意味していなかった。わたしたちは戻ることになっていた」

24

「オフロード車で次の森の基地に運ばれたんです。わたしたちは真っすぐポル・ポトのところに連れていかれました。彼は年を取り、ひどく疲れているように見えました。髪がごっそり抜けて、前回北京で会ったときよりもずっと弱っていたけど、でも相変わらず美男でした。

わたしは何か作りましょうかと尋ねもしませんでした。当たり前のことでしたから。そして籐のマットの上に食べ物を置くと、彼はわたしを見て、お皿を見て、こう言いました。『しかし我らがムーンの料理は何もかも少なすぎるな。きっと我々は満腹しないだろう』相変わらず逆さま言葉の冗談を言っていました。わたしたちふたりとも、いまより二十歳若かったときのように。わたしは泣き出してしまいました。わたしは目にしたんです、彼の夢が叶わなかったのを、政府がネズミを追うように彼を追っていたのを、彼がまたマラリアに罹り、その数か月後に発見される癌のせいですでに苦しんでいただろうことを。わたしは知っていました、彼が政権の座にあった間、人々を殺していたという嘘をベトナム人が広めていたことを。わたしにできるのは、彼がそれを耳にしたとき、どれほど苦しんだかを推しはかることだけです。

でも彼を助けることができなかった。

わたしは泣いてしまったけど、彼を悲しませたくはなかったんです。だから微笑みかけました。笑いながら泣いていました。すると彼はわたしを見て、やはり微笑み、それから自宅に帰っていきました。それ以来、彼はわたしを見るたびにこう言いました。『我らがムーンはどうした？　いつも私を見ると笑ってるじゃないか』それどころか、わたしは毎回泣きたい気分でしたよ。

彼のそばにポナリーおばさんがいないことにも気づきました。基地で聞いた話によると、状態がひどく悪化したため、ブラザー・ポル・ポトを悲しませないよう、国内の別の地方に連れていかれたのだそうよ。

一年後ポル・ポトは、主に健康回復のため、一年間の予定で中国に赴きました。帰国後は一切、肉を食べなくなりました。中国の医者が禁じたんです。それで朝食には焼きそば、オートミール粥、春巻を作りました――支度が間に合うように、四時に起きなくちゃならなかった。

お昼はスープだけで、たいていはブイヨンでしたね。ときどき焼き魚や干物を食べたけど、中国の医師が許可した肉は黒鶏だけでした――中国にはそういう品種があって、肉は黒く、骨も黒っぽいんです〔烏骨鶏のこと〕。中国人は、この黒鶏で作ったスープが力と健康を与えてくれると信じています。わたしたちは中国人からこの鶏を数羽手に入れ、味方のクメール・ルーがポル・ポトのためにその鶏を育てていました。それで彼に黒鶏とメロンのブイヨンを作ったんです。とても簡単なスープですよ。鶏肉から骨を抜いて、ブイヨンが煮立ったら、そこに刻んだメロンを加えます。スープはとても重要で、彼の胃を落ち着かせてくれました。でもポル・ポトが飲んだのは澄んだスープだけです。肉はヌオン・チアかイエン・サリが受け取っていました。まずい状況でした。でも最悪の事態はまだこれからだったんです」

25

メア・ソムは十八歳、村娘らしい丸顔と、クメール・ルージュ軍の砲弾運びで鍛えた筋肉の持ち主だった。だれかが塹壕で彼女に目に留め、兵士たちの間から指導者のもとに移動させた。ムーンおばさんが北京の在外公館から戻るまでは、メア・ソムがポル・ポトやその他のブラザーのために料理を作っていた。

ポル・ポトの妻キュー・ポナリーは、プノンペンから脱出した後、パイリンという土地で離れて暮らしていた。メア・ソムは若くてきれいだったのでポル・ポトの目に留まった。オンカー当局は自分たちの指導者を例外とし、ポル・ポトがメア・ソムを晩年の妻とすることに同意した。

これでポル・ポトも、料理人と結婚したクメール・ルージュの指導者のひとりとなった。

26

「それを知ったとき、ふたりを見るのがつらかった。とてもつらかった。シスター・ソムは、妻が夫を気遣うようにはポル・ポトを気遣ったりせず、たちまちわがままなシハヌークみたいに振る舞うようになりました。自分は指導者の妻なんだから、何もかももらって当然なんだって。もちろんソムは自分とポル・ポトのために料理をしていたけど、それでも皆がわたしにこう言いました。『ブラザー・ポル・ポトはあんたの料理の方が好きなんだ。怒らないでくれよ、おばさん。彼に何か作ってやってくれ』

　でもわたしは怒っていました。大勢の人に料理を作っていたのに、だれも進んでわたしを手伝おうとはしなかった。わたしは指導者たちのキャンプから、どこか別の場所に移動させてほしかった。そう声に出して言いました。

　イエン・サリがそれを聞きつけたんです。ある日、いきなりわたしにコイ・トゥオンに関する話を始めました。

『我々を裏切った』彼は言いました。『おまえの従兄コイ・トゥオンは我々をアメリカ人に売り渡そうとした』

　わたしは怒って答えました。当時わたしは国外にいたのよ、コイ・トゥオンが何をしてたかなんて知るもんですかって。

　イエン・サリはちょっと考えてから、こう打ち明けました。

『おまえたちを国に呼び戻す手紙はすでに用意してあった。おまえと同志ピッチ・チェンをな』

その手紙は死を意味していました。わたしたちふたりともそのことを知っていました。

『それならどうしてわたしたちを召還しなかったのですか？』わたしは尋ねました。

『ブラザー・ポル・ポトが許さなかった』イエン・サリは微笑みました。そしてこう付け加えたんです。『おまえは八回、反逆罪で告発されていたんだよ、シスター・ムーン。さまざまな人が、おまえは裏切り者だと八回言った。なぜおまえが北京から召還されなかったか、知ってるか？』

知りませんでした。

『なぜならブラザー・ポル・ポトが、許さないと言ったからだ。仮におまえが裏切り者なら、それはすなわち自分も裏切り者ということだ、と。仮に我々がおまえを逮捕しようとするなら、それは彼も逮捕するということだ、と』

またしてもポル・ポトがわたしの命を救ってくれたのだとわかりました。なのにわたしはそれさえ知らなかった。

その後、なぜブラザー・サリはわたしにこのことを伝えたのか、何度も考えましたよ。ついにわかりました、それはポル・ポトの妻、メア・ソムのせいだったんです。イエン・サリは、わたしが心を痛めていることを知っていました。彼はこう言いたかったんです、ポル・ポトは、彼が思ってくれているとわたしが知らないときでさえ、わたしのことを思っていたのだと。彼はわたしを慰めたかったんです。

それ以来、わたしはもう二度とブラザー・マットレスから離れたくありませんでした」

27

「ポナリーおばさん、ポル・ポトの最初の妻とは、その後一度だけ、マライ〔カンボジア北西部にあるコミューン〕で、一九九〇年に会いました。向こうはわたしがだれだかわかりました、おかしなものね、だって十五年以上も会ってなかったんですよ、それに、その頃はもうあのひとはだれのこともわからなくなっていました。ポル・ポトには後妻との間に子供がひとりいたけど、ポナリーおばさんはそのことを知らなかった。

『同志サルは元気ですか？　無事ですか？』と訊かれました。『彼のところへ連れていってくれる？彼のところへ連れていって。お願い』

あのひとは叫んだりはせず、懇願するようにわたしを見つめました。目から涙が流れていました。

『お願い』彼女は繰り返しました。

どう答えたらいいか、わからなかった。なるたけ早くそこを離れました」

28

パイリンは急速に拡大しつつある宝石の都であり、贅沢に装飾を施した美しい寺院がそびえている。この小さな町はコーヒーのプランテーションとタロイモ畑に囲まれている。

山からここに降りてきて、政府軍とはもう戦わないと誓った元革命指導者たちの家々は、今日、新しい建物と比べると、小村の貧しい親戚の家のように見える。

最初に裏切ったのはイエン・サリ、ポル・ポトの義弟だった。一九九六年八月、これ以上の闘争は無意味だと感じ、ベトナム人によって任命されたフン・セン新首相、元クメール・ルージュの兵士と話をつけたのだった。サリの後にキュー・サムファンとヌオン・チアが続いた。

周辺の森では、いまでも広大な荒れ果てた唐辛子畑に出くわすことがある――クメール・ルージュの兵士たちが己の指導者の指示にしたがい、至るところに食用植物を残そうと努めた時代の名残りだ。

いまでも地雷に出くわすこともある。パイリンには、そのせいで足を失った人が何十人も暮らしている。クメール・ルージュは二十年前に武器を捨てたとはいえ、いまもなおここでは地雷が爆発する。

パイリンには元クメール・ルージュの兵士が大勢住んでいる――一兵卒から上層部まで。私はそのうち二人をレストランでの昼食に招待する。かつての中堅の指揮官、スムとサンだ。ポル・ポト時代に彼らが何を食べていたのかを知りたい。

スムは背の低い痩せた五十代の男だ。ゲリラで彼の部隊は、クメール・ルージュのために宝石を集めていた人たちを監督していた――彼らが勝手に石を売らないよう見張っていたのだ。時が経つにつれ、スムは石の扱いに十分慣れてきたので、国外販売の責任者になった。

サンはもう少し背が高い。軍では部隊の指揮官を務め、最寄りの大都市バタンバンを数回攻撃したことがある。

二人ともサリと共に降伏した。

「人生であの頃ほどいいものを食べたことはなかったなあ」スムさんは夢見るように言う。

私たちは、ニンジン、地元品種のキャベツ、私には何だかわからない香辛料が入ったウナギのスープを食べている。

「たとえばウナギ。部下たちはよくウナギ用の罠を仕掛けたもんです。長さ二、三メートルの竹の中に餌を入れておいて、ウナギが出られないように穴をふさぐんです。食べようと思えば、毎日だって食べられました。いまじゃめったにありつけないご馳走ですよ。ご招待いただき、ありがとうございます」

「森で野生のイノシシを狩っている連中もいたな」サンさんが付け加える。「いまじゃどうだい？　イノシシの肉一切れがレストランで五万リエル、つまり十二ドルもする。ウナギのスープは、私もご招待にあずかってとても感謝してますよ、三万リエルもしますから。こんな料理を食べる余裕があるのは商売がうまくいってるときだけで、とてもじゃないが毎日食べる余裕はありません」

「年に一度、皆でタイとの国境近くに行って、ポル・ポトや他の指導者たちと一緒に訓練したんだ」スムさんは回想を続ける。「そして彼はよくこう言っていました。君たちひとりひとりが生き延びるために、料理、狩り、食べ物を手に入れる方法を知らなければならない、と。そして実際、我々全員の背嚢の中には、飯盒、スプーン、ナイフが入っていた。飯盒は火にかけることができました。私たちのだれもが何かをすばやく料理できたんですよ」

「そこがポル・ポトの天才的なところだった」サンさんがうなずく。「カンボジアをいかに強化するか、いかにもう一度強い国にするかという考えがあった。でも何というか……うまくいかなかった」

そしてサンさんとスムさんは大きな音を立ててげっぷをする——ここではそういう習慣なのだ。どうやらポル・ポトとその同志たちも食後にげっぷをしていたようだ。それから二人とも爪楊枝に手を伸ばし、煙草で茶色くなった歯をせせりだす。

29

笑顔を浮かべる優しいブラザー・マットレスは、側近の同志に裏切られても殺害をやめなかった。いまや足を引きずりながらかろうじて歩いていたが、クメール・ルージュの支配地域とタイとの国境をうっかり越えた外国人を射殺するよう、なおも命じた。その後、ソン・センの殺害を命じた。最も忠実で献身的な部下のひとりであり、だれもがポル・ポトの後継者と目していた人物だが、ポル・ポトは自分の知らないところで彼が政府と交渉しているのではないかと疑っていた。ソン・センは、かつて指導部の料理人だった妻と子供たちともども殺された。彼の肉親のうち合計十三人が非業の死を遂げた。

ソン・センを殺すことで、ポル・ポトは己に判決を下した。

最も頑なな信奉者でさえ、彼のそばで無事でいられる者はいないと気づいた。

なおも政府側に寝返っていなかった最後のクメール・ルージュ高位指導者のひとり、タ・モクは、自分の番を待つつもりはなかった。直ちにポル・ポトの側近三人を射殺し、ソン・センを撃ったサルンを鉄製のトラの檻に閉じ込めて、丘の頂から落とすよう命じた。

30

「ソン・セン？　ポル・ポトが彼を殺しただなんてわたしは信じませんよ。彼は最古参の、最も忠実なゲリラ集団の出でした。ポル・ポトにとっては他のだれより大事な存在だったんです。ポル・ポトが彼の死を知ったとき、わたしはそばにいました。彼は真っ青になって。手にしていたコップを落としたんです。彼をとても愛していました。

ソン・センを殺したのはタ・モクよ。ポル・ポトに罪を着せるために、わざとそうしたんです。ポル・ポトは部下をあまりに信じすぎていました。そしてタ・モクはおそらくベトナムのスパイだった。ソン・センとその家族が死んですぐ、わたしたちのところにタ・モクの使いがやって来て、ジャングルに来るよう言われました。裏切り者ポル・ポトの裁判が開かれるって。そういう言葉を使ったんですよ、想像できますか？　ポル・ポトがカンボジアの敵との闘争を始めた頃にはまだ生まれてもいなかったどこぞの若造が、いまや彼を裏切り者呼ばわりしていたんです。

わたしはその集まりには行かなかったし、夫のピッチ・チェンも行かなかった。タ・モクはそのせいでわたしたちを射殺するかもしれなかった。だれもが彼を恐れていました。いつだったか、通学途中に木に登ってパパイヤをもいでいた子供たちの一団を逮捕するよう命じたことがあってね。彼は子供たちを裏切り者呼ばわりしたんですよ。なぜならパパイヤの木はみんなのもので、だれがパパイヤを食べてよくて、だれが食べてはいけないかを決めるのはオンカーだからというんです。そこにはパパイヤの木がたくさん生えていて、その横ではパパイヤが地面に落ちて腐っていたことなんかお構いなしに。

ポル・ポトが実権を握っている間、そういうことがどうやらカンボジア中で起きていたそうです。わかりません、当時は国にいなかったから、でも仮にそんなことが起きていたとすれば、それはきっと彼のあずかり知らぬことだったに違いありません。ブラザー・プークはパパイヤを食べようとした子供を逮捕するなんて決して許さなかったはずです。決して。わたしはポル・ポトのことなら自分の母親や父親よりもよく知っています。

ヨン・ムーン、夫を偲ぶ祭壇の前で。右に夫の軍服が見える

ポル・ポトは殺人者ではなかった。

ポル・ポトは夢想家だった。

彼は公正な世界を夢見ていました。だれひとり飢えたりしない世界を。だれひとり威張ったりしない、だれひとり自分は他人より優れていると思ったりしない世界を。

ポル・ポトは人々から食べ物を奪うなんてできなかったはずです。もしだれかがそんな命令を下したとしたら、それは間違っても彼じゃありません。

だからタ・モクが激怒することはわかってましたけど、その集まりがどんなものになるかもわかってました。うちに来た若造みたいな他のひよっ子どもが、だれが裏切り者で、だれがそうじゃないか議論することもわかってました。自分が泣くだろうってこともわかってました。

わたしは出たくありませんでした。

たとえこのわたしがトラの檻の中で死のうとも、わたしは最後まで、世界にポル・ポトとして知られた、優しいブラザー・マットレスの味方でした。

そしていまでも味方なんです」

31

アメリカ人ジャーナリスト、ネイト・セイヤーは、ポル・ポトの死の直前に彼と話すことができた西側唯一の記者である。タ・モクは元リーダーを交渉の切り札のように扱った。降伏にあたってより良い条件を交渉するために、ポル・ポトを政府に引き渡す用意ができていた。西側のジャーナリストに元リーダーの取材を許可したことは、彼の善意を示したつもりだった。

セイヤーはジャングルの中の竹でできた小屋にポル・ポトを訪ねた。何年ものち、私は彼に、この訪問中、何か食べ物に関わることを憶えているかと尋ねてみた。

「ポル・ポトは妻と娘が育てている小さな野菜畑を持っていて、タイから密輸された食料品を食べて暮らしていた」セイヤーは答えた。「中国茶にタイの塩を入れて飲んでいたよ。彼らの汚いささやかな秘密は、クメール料理よりもタイと中国の食べ物をはるかに好んでいたことだ。彼らはそのとき私のために『宴会』の支度をしてくれた。輸入品の缶入り〈プリングルズ〉、水牛のハンバーガー、生ぬるいスプライトとコカ・コーラ、偽造品のウイスキー〈ジョニーウォーカーブラックラベル〉」

ポル・ポトはセイヤーとのインタビューで己の犯罪を一切認めなかった。

32

貨幣を廃止した独裁者の墓は、今日、巨大なカジノの高層ビルの陰に立っている。ガイドのスーンによると、数年前、だれかがポル・ポトの骨を買わないかと持ちかけてきたそうだ。

「それは手の一部で、どうやら本物らしく、その男は百ドルで売りたがっていた。長年、燃え残ったポル・ポトの骨が墓の上に散らばっていた。だれもそんなものに興味を持たなかった、犬さえもね。ようやくこの何年かだよ、ここで骨を見かけなくなったのは」

ヨン・ムーン

「そこには二度行きました。ひどい眺めですよ、死んでもなお彼を貶めようとしているみたいで。二度目の妻、メア・ソムがそこに行ったのは、二〇〇〇年代初めの一度きりでした。彼女はまずわたしのところに来て、こう尋ねたんです。

『ムーン、ブラザー・ポル・ポトのために一緒に何か作りませんか？』

わたしはにっこりして言いました。

『もちろん、一緒に作りましょう』

わたしたち二人で彼のお気に入りの昼食を作りました。パイナップルと唐辛子の甘酸っぱいスープとローストチキンを。

そのときわたしはメア・ソムに、彼が自死した可能性はあるかと尋ねました。人々がそう言ってたんです。一部の人がですけど。彼はタ・モクが自分を殺そうとしていると知って、もう目覚めないように、基地にあった薬を大量に服用したんだって。でもメア・ソムは否定しました。あれは心臓発作だったと。

わたしたちは料理を全部、彼が火葬された場所に持っていきました。カンボジアの人たちは、人が死んだ後、魂が次に生まれ変わるために食べ物が必要だと信じていますから。わたしは信じてません。でも皆が信じているから、そうしないといけない。彼の魂はきっともうそこにはいません。僧侶たちが言うように、これだけ何年も経ったあとでは魂はだれか別の人の体に入ったでしょう。すると、もしかして世界のどこかでポル・ポトは生きているのかしら？　十代か、二十歳くらいになっているはずね。どこにいるのかわからないけど、わたしは信じている、わたしたちはいずれまた彼のことを耳にするって」

33

「いまは主にゆっくりしているわね。ケーブルテレビがあって、サッカーとレスリングを見るのが好き。どうしてかわからないけど、土曜日はいつもテレビをつけて見てるのよ。イングランド・リーグが好きで――チェルシー・ロンドン、アーセナル……そんなとき幸せだって感じる。もしかしたら強くて健康な若い男たちを見ているからかもしれないわね。わたしは人生でずっとそんな男たちと過ごしてきた、だってゲリラでは男たちはすばらしく筋肉隆々だったから。いまの若い子たちを見てると、あの男たちが恋しくなる。いまどきの子たちときたらスーパーマーケットに並んでる鶏肉みたい。筋肉なんて全然ないの。

わたしがもっと若ければ、チケットを買ってイギリスに飛んで、チェルシーかアーセナルを生で見たのに。でもそれはもう無理ね。テレビで満足しないと。

だからわたしはサッカーが好きだし、アメリカのプロレスも好き。ジョン・シナが戦うのを見るのが好きなの。サッカー選手では、ポル・ポトと同じ優しい笑顔の人が好き。何て名前だったかしら？　忘れちゃった。有名なサッカー選手を見せてちょうだい、そしたら教えてあげる。ああ、この人よ！　メッシ……あなたにもわかるでしょ、笑い方がそっくりなのが。

足りないものは何もないわね。山からここ、アンロンベンにたどり着いたとき、夫とわたしは何も持っていなかった。わたしたちは小さな土地を買って、自分たちの手で木を切り、地面を均しました。それから、どちらも農作業の経験がなかったけど、二人で田植えをし、収穫しました。水牛が一頭いて、その後もう二頭買い足したんです。

わたしたちの家は道路のすぐそばだから、少し稼ぐために、ガソリンを買っては、それをコカ・コーラのペットボトルに詰め替えて売りました。

いまじゃうちの子たちは、わたしたちの仕事のおかげで本物のガソリンスタンドを持ってますよ。

著者とヨン・ムーン

テレビをつけずに、ただ座って、自分の人生を、出会った人々や握手した人々を思い出す日もあります。夫のことを思い出します。ゲリラ時代の仲間たちのことも。

ポル・ポトのことも思い出すわ。

ブラザー、あんたはわたしたちが違った間柄になった可能性はあるかって訊くのね。そんな質問は理解できないわ。可能なかぎり、最高の成り行きだった。長年わたしは彼が笑うのを毎日見られたし、彼が冗談を言うのを毎日聞けた。彼のために料理を作れた。本当に多すぎるくらい。

あんたは、わたしが彼を愛していたかって訊くのね。わたしから聞いた一切合切話の後で、自分自身で答えてみてちょうだい。一体、彼を愛さずにいられたかしら？

＊＊＊

あなたがいま読み終えたような本に取り組む作業には多くの困難が伴う。そのうち主なひとつは信頼に足る情報源を見つけることだ。無論、本書で取り上げた独裁者それぞれについて伝記が書かれている。ポル・ポトの人生と彼の政権について私たちが比較的よく知っているのは、フィリップ・ショートとデイヴィッド・Ｐ・チャンドラーの仕事のおかげだ。フィデル・カストロにも、彼を取り上げたいくつかの詳細な著作がある。一例を挙げれば、タッド・シュルツの著書 *Fidel: A Critical Portrait* である。しかし、サダム・フセイン、イディ・アミン、エンヴェル・ホッジャのいずれにも、そうした詳細な研究書はなかった。

料理人に関してさらに状況は厳しい。オトンデ・オデラの話はファン・モレノの著書 *Teufelsköche: an den heißesten Herden der Welt* をはじめ、いくつかの記事で見つかる。ヨン・ムーンについてはローランス・ピックが先に引用した回想録に書いている。彼女とエラスモ・エルナンデスについては、さらにいくつかの記事が見つかる。情報源はこれだけだ。

しかし、私との会話の中で料理人たちは、こうした情報源から私が知っていた話をしばしば否定する（もしくは違ったふうに語る）ことがあった。たとえばオトンデ・オデラの場合がそうで、私よりも十年以上前にファン・モレノが彼にインタビューした（このときの証言はドイツの週刊誌「デア・シュピーゲル」と前述の著書に載っている）。モレノが伝える彼の人生の物語は、私自身がオデラから聞き、ここに記した物語とは、細部がいくつか異なる。

ヨン・ムーンについても同様で、彼女は私の質問のいくつかを、うやむやのまま退け、回答を避けた。カンボジアのジャーナリスト、テット・サンバトは二〇〇一年に、ポル・ポトの妻キュー・ポナリーとの交友関係についてムーンにインタビューした。その報告と、私が二〇一七年にムーンと話した際に聞いた話は、互いに食い違っている。またいずれも、ローランス・ピックがムーンとその家族について書いたものとも異なる。食い違いは彼女の家族の問題に関わるため、詳細は挙げないが、興味のある方はピックの優れた著書 *Beyond the Horizon: Five Years with the Khmer Rouge* を参照していただきたい。

こうした違いは些細なもので、もちろんすべて語り手たちの年齢のせいにできるのかもしれないが、そうした状況があまりに頻繁に繰り返されたため、それに対してこちらは何らかの戦略をとらざるを得なかった。そこで私はこう考えることにした――人は自分の人生を、何年も経って記憶している（あるいは記憶していたい）とおりに語る権利があるのだと。無論、不一致が見られた場合、私はそれについて問いただした。しかし、語り手がその時点で私に語っていることが真実だと考えていた場合、私はそれを真実として受け入れた。

得た情報はいくつかの方法で検証した。まず第一に、もちろん文献によって。それから――独裁者に会ったことがある人たち、あるいは、彼らの政権がいかに運営されていたかを知る人たちに原稿を読んでもらった。最後に――それぞれの章に対して、各国の歴史の専門家に助言を求めた。皆さんのお名前を巻末に記載している。

本書中の出来事や場面を確認するのに多くの時間を費やした。にもかかわらず、その多く（たとえば、独裁者と料理人の会話や、その際に話された言葉）は、だれにも確認しようがない。私たちは料理人を信頼しなければならない――私たちが彼らと出会い、料理を作ってもらうとき、彼らを信頼するのと同様に。それに、実際、彼らが憶えていてほしいと思うとおりに彼らを憶えておくのが、なぜいけないのだろうか。

＊＊＊

コーヒー

本書は四年間にわたって四つの異なる大陸で書かれた。何十人もの方々の助けなくしては決して仕上がらなかっただろう。

まずなによりも、私のインタビューに答えてくれた独裁者の料理人たちに感謝します。

取材の協力者と通訳の皆さんに感謝します。私は彼らを非常に慎重に選んだ。なぜなら彼らは料理人を見つけ（それは容易ではなかった）、インタビューに応じてくれるよう説得しなければならなかったからである。皆さんのおかげで私はしばしば、久しく会っていなかった知り合いに会いに行くように料理人に会いに出かけた。彼らの率直さと技能があってこそ、料理人たちは、これまでだれにも言わなかった多くのことを私たちに話してくれた。

彼らとは次の方々である。

イラク

ハサン・アーシュール

イブラヒム・エリヤス

マーカス・フリーマン

ウガンダ

カール・オデラ

ユリア・プルス

アルバニア

リンディタ・チェラ

ベサル・リクメタ

キューバ

ホルヘ・コティージャ

ミゲル・X

カンボジア

イン・スーン

また、本書の執筆中、私を助けてくれたすべての人に感謝します。とりわけ以下の方々に。カタジナ・ボニ、スーン・ボレイ、イアン・ブルマ、ショーン・バイ、オルガ・フレボル、アリ・ディブ、アルトゥル・ドモスワフスキ、パヴェウ・ゴジリンスキ、イアン・グレアム少佐、トマシュ・グゾヴァテイ、ドロタ・ホロディスカ、エリオン・ヒュサイ、ヴォイチェフ・ヤギェルスキ、ハンナ・ヤンコフスカ、ズビシェク・ヤンコフスキ、イザベラ・カルタ、マルチン・コンツキ、ピョトル・ケンジェルスキ、トン・ファン・デン・ランクライス、ダニエル・リス、マチェイ・ムシャウ、パヴェウ・ピェニョンジエク、アグニェシカ・ラシンスカ＝ブブル、フィリップ・ショート、ダミアン・ストロンチェク、マリウシュ・シュチギェウ、マリウシュ・トカチク、レナタ・チュチンスカ、ミレク・ヴレクウィ、エヴァ・ヴォイチェホフスカ、マウゴシャ・ヴォジニャク＝ディーデレン、ハサン・ヤシン、ルツィエ・ザコパロヴァー、ナタリア・ジャバ。

出版社ペンギン・ランダム・ハウスに感謝します。同社の敏腕編集者ジョン・シチリアーノは本書を信じ、執筆を開始する前に本書の版権を買ってくれた。アメリカの出版社でポーランド人作家に、こんなことはめったに起きない。そして優秀なラインエディター、グレッチェン・シュミットにも感謝を。

アントニア・ロイド＝ジョーンズに感謝します。私個人にとっても、ポーランド文学にとっても、多大な貢献をし、いまもし続けている。あなたの友情に感謝します。あなたがこの本を英訳してくれた献身に対して。そしてイングランド東部のある美しい日に対して。

アンナ・ジェヴィト＝メレルとマルチン・メレルが親切にも我が執筆の旅にほぼ最初から同行してくれたことに感謝します。マルチンには、私を出版社ＷＡＢに紹介してくれたことにも感謝を。また彼はすばらしい人たちにも引き合わせてくれた。クシシュトフ・レシニェフスキ、ウカシュ・ガヴォルスキ、マチェイ・マルチシュ、アルカディウシュ・ヤキミュク、マウゴジャータ・ダノフスカ、エルジビェタ・カリノフスカ、ドミニカ・チェシラ＝シマンスカ、アンナ・ドヴォラク。ありがとう。

制作監督のガブリシャ・ニェジェルスカに感謝します。

代理人のアンナ・ルチンスカとマルチン・ビェガイ、ならびに（アンドリュー・ニュルンベルクを筆頭に）アンドリュー・ニュルンベルク・アソシエイツのすばらしいチーム全員に感謝します。また、本書の執筆に取りかかったとき、共に仕事をしたエージェンシーのマグダ・デンボフスカにも感謝を。

イザベラ・メイザー――君がいてくれることに感謝します。そして、最後にはちゃんと料理を覚えるって約束するよ（少なくともやってみるよ）。確かに私はマルクスの店で多くのことを習ったけれど、それをきちんとこなすことは一度も覚えなかった。

アニェルカ、マリアンカ。母さん、父さん、おばあちゃん、おじいちゃん。

しばしば手こずったものの、このすばらしい作業の間、頼りにすることができた皆さんに心より感謝申し上げます。

香辛料

イラク

Saïd K. Aburish, *Saddam Hussein: The Politics of Revenge* (Bloomsbury, 2001).

Roman Chałaczkiewicz, *Zmierzch dyktatora: Irak w moich oczach* [Twilight of a dictator: Iraq through my eyes] (Wydawnictwo Znak, 2008).

Efraim Karsh and Inari Rautsi, *Saddam Hussein: A Political Biography* (Grove Press, 2002).

ウガンダ

J. H. Driberg, *The Lango: A Nilotic Tribe of Uganda* (T. Fisher Unwin, 1923).

Iain Grahame, *Amin and Uganda: A Personal Memoir* (HarperCollins, 1980).

Kenneth Ingham, *Obote: A Political Biography* (Routledge, 1994).

Henry Kyemba, *A State of Blood: The Inside Story of Idi Amin's Reign of Fear* (Ace Books, 1977).［ヘンリー・キ

エンバ『大虐殺　アミンの恐るべき素顔』青木榮一訳、二見書房、一九七七年〕
George Ivan Smith, *Ghosts of Kampala: The Rise and Fall of Idi Amin* (St. Martin's Press, 1980).

アルバニア

Tadeusz Czekalski, *Albania* (Trio, 2003).
Blendi Fevziu, *Enver Hoxha: The Iron Fist of Albania*, trans. Majlinda Nishku (I. B. Tauris, 2016).
Misha Glenny, *The Balkans: Nationalism, War, and the Great Powers, 1804–2012* (Granta, 2012).
Enver Hoxha, *The Khrushchevites: Memoirs* ("8 Nentori", 1980).
Ismail Kadare, *Chronicle in Stone*, trans. Arshi Pipa (Canongate, 2011).
Owen Pearson, *Albania as Dictatorship and Democracy: From Isolation to the Kosovo War*, vol. 3 of *Albania in the Twentieth Century: A History* (I. B. Tauris, 2007).
Arshi Pipa, *Albanian Stalinism: Ideo-political Aspects* (East European Monographs, 1990).

キューバ

Frei Betto, *Fidel y la Religión: Conversaciomes con Frei Betto sobre el Marxismo y la Teología de Liberación* (Siglo XXI, 1986).
Anya von Bremzen, *Paladares: Recipes Inspired by the Private Restaurants of Cuba* (Harry N. Abrams, 2017).
Philip Brenner and Marguerite Rose Jiménez, eds., *A Contemporary Cuba Reader: Reinventing the Revolution*

(Rowman & Littlefield, 2007).
Suzanne Cope, "When Revolution Came to the Kitchens of Cuba", *The Atlantic*, August 11, 2016, www.theatlantic.com/international/archive/2016/08/cuba-castro-villapol-julia-child/494342.
Servando Gonzalez, *The Secret Fidel Castro: Deconstructing the Symbol* (InteliBooks, 2016).
Che Guevara, *Che: Diaries of Ernesto Che Guevara*, trans. Alexandra Keeble (Ocean Press, 2008). 〔チェ・ゲバラ『革命戦争回顧録』平岡緑訳、中公文庫、二〇〇八年〕
Tom Miller, *Trading the Enemy: A Yankee Travels Through Castro's Cuba* (Basic Books, 2008).
Juan Reinaldo Sanchez, *The Double Life of Fidel Castro: My 17 Years as Personal Bodyguard to El Líder Máximo*, with Axel Gyldén (St. Martin's Press, 2015).
Tad Szulc, *Fidel: A Critical Portrait* (Perennial, 2002).
Marisa Wilson, *Everyday Moral Economies: Food, Politics, and Scale in Cuba* (Wiley-Blackwell, 2013).

カンボジア

David A. Ablin and Marlowe Hood, eds., *The Cambodian Agony* (M. E. Sharpe, 1990).
William Burr and Jeffrey P. Kimball, *Nixon's Nuclear Specter: The Secret Alert of 1969, Madman Diplomacy, and the Vietnam War* (University Press of Kansas, 2015).
David P. Chandler, *Voices from S-21: Terror and History in Pol Pot's Secret Prison* (University of California Press, 2000). 〔デーヴィッド・チャンドラー『ポル・ポト　死の監獄S21　クメール・ルージュと大量

虐殺』山田寛訳、白揚社、二〇〇二年〕

Gina Chon and Sambath Thet, *Behind the Killing Fields: A Khmer Rouge Leader and One of His Victims* (University of Pennsylvania Press, 2010).

Wiesław Górnicki, *Bambusowa klepsydra* [The bamboo hourglass] (Państwowy Instytut Wydawniczy, 1980).

Ben Kiernan and Chanthou Boua, eds., *Peasants and Politics in Kampuchea, 1942–1981* (M. E. Sharpe, 1982).

Laurence Picq, *Beyond the Horizon: Five Years with the Khmer Rouge*, trans. Patricia Norland (St. Martin's Press, 1989).

Philip Short, *Pol Pot: The History of a Nightmare* (John Murray, 2004). 〔フィリップ・ショート『ポル・ポト　ある悪夢の歴史』山形浩生訳、白水社、二〇〇八年〕

本書の作り方——訳者あとがき

サダム・フセインは何万人ものクルド人をガスで処刑するよう命じた後、何を食べたのか？　二百万近いクメール人が飢え死にしかけていたとき、ポル・ポトは何を食べていたのか？　フィデル・カストロは世界を核戦争の瀬戸際に立たせたとき、何を食べていたのか？　そして、彼らの食べたものは政治に影響を与えたのか？　料理人は歴史に何らかの役割を果たしたのか？

こうした問いに答えを出すため、ヴィトルト・シャブウォフスキは独裁者に仕えた料理人を探す旅に出た。四年間で四つの大陸を旅した。イラク、ケニアとウガンダ、アルバニア、キューバ、カンボジアで、独裁者のために料理を作ってきた本物の料理人を見つけ出し、それぞれに何十時間も話を聞いた。

そうして書き上げたのが本書である。

まず本物の料理人を見つけ出すのに長い時間がかかった。サダム・フセインの料理人を地元のフィクサー（現地の言葉がわかるガイド役）二十人に金を払って捜してもらったが、なかなか見つからない。二十一人目が一週間以内に見つけると断言し、四日後に連絡があった。偽者を連れてこられる可能性もあったため、独裁者と一緒に撮った写真を送ってくれるよう頼んだ。その結果、アブー・アリは一枚だけだが写真を持っていた。インタビューに応じてくれるよう説得するまでに、さらに時間がかかった。

たいていは一緒に酒を飲みながら（飲まないこともあるが）、独裁者とは関係のない雑談をして親しくなり、この人に話しても大丈夫と納得してもらわなくてはならない。また、ここだけの話だ、書かないでくれと言われたら、書かない。独裁者の下で働くことはとてつもないストレスで、トラウマを負った人もいれば、独裁者の死後も長らく公の場で語ろうとはしない人もいた。

それぞれの料理人に二週間にわたって一日に四、五時間ずつ話を聞いた。それを全部書き出したら、それだけで四〇〇頁の本になってしまう。そのうち読者にとっていちばん興味深いと思われる部分、エッセンスだけを抜き出して、数十頁ずつにまとめた。

実は本書に登場する六人以外にも料理人を見つけていた。計十四人に及んだが、全員に話を聞くわけにはいかず、どこかで区切りをつけなくてはならない。なるべくさまざまな視点から世界を見せたかったので、各大陸にひとりずつ独裁者を選んだ。リビアのカダフィ大佐の元料理人にも話を聞いたが、すでに本書が印刷に入っている段階で、サダム・フセインの話と内容が似通っていたため使わなかったという。北朝鮮の金日成の元料理人とも連絡が取れたが、電話だけで、直接会うことはかなわなかった。

こうした長期にわたる取材には当然金がかかるが、本書はなんと執筆前に、出版社ペンギン・ランダム・ハウスの編集者ジョン・シチリアーノが版権を買ってくれた。なぜそんな珍しいことが起きたかというと、クラクフ国際ブックフェアで各国のエージェントと一緒に食事をしたとき、シャブウォフスキの向かいに座っていたのがペンギン・ブックスの担当者だった。当時すでにデビュー作『杏の町から来た殺人者、トルコからのルポルタージュ』（未邦訳）と『踊る熊たち』の優れた英語版が出ていた。そこでその人から、次は何を出すの？　と訊かれたのだ。こうして独裁者と料理をめぐる彼の長い旅が始まった。

ヴィトルト・シャブウォフスキは一九八〇年、ポーランド北東部の町オストルフ・マゾヴィェツカ生まれ。

ワルシャワ大学ジャーナリズム政治学科を卒業後、トルコ教育省の奨学金を得てイスタンブールのマルマラ大学に一年間留学。トルコ滞在中にＣＮＮテュルクのインターンとしてトルコ各地の取材に同行した。ポーランド帰国後は、民間テレビニュースチャンネルＴＶＮ《テーファウエヌ》24でジャーナリストとして働く。二〇〇六年、二十五歳のとき、ポーランドの全国紙「ガゼタ・ヴィボルチャ」の週刊付録「ドゥジィ・フォルマト」のチームに最年少レポーターとして加わった。「ドゥジィ・フォルマト」――それは十三歳の少年ヴィトルトが読んで、こんなふうに世界中を旅して、そこで見聞きしたことを書きたいと、ジャーナリストを目指すきっかけになった憧れの媒体だった。

これまでの著作と主な受賞歴は次のとおり。

二〇一〇年、*Zabójca z miasta moreli. Reportaże z Turcji*（『杏の町から来た殺人者、トルコからのルポルタージュ』）。同書は二〇一一年、ベアタ・パヴラク記念賞を受賞、英語版（アントニア・ロイド＝ジョーンズ訳）が二〇一四年に英国ペンクラブ賞受賞。

二〇一二年、イザベラ・メイザとの共著 *Nasz mały PRL. Pół roku w M-3 z trwałą, wąsami i maluchem*（『私たちの小さなポーランド人民共和国、パーマと口髭とフィアット１２６ｐと３Ｋアパートでの半年間』）。

二〇一三年、*Dom pełen Ukrainców*（『ウクライナ人でいっぱいの家』）。同書はリシャルト・カプシチンスキ記念ＰＡＰ賞受賞。

二〇一四年、*Tańczące niedźwiedzie*（『踊る熊たち』）。二〇一九年刊行の英語版（アントニア・ロイド＝ジョーンズ訳）はエドワード・スタンフォード・トラベル・ライティング賞ノミネート。

二〇一六年、*Sprawiedliwi zdrajcy. Sąsiedzi z Wołynia*（『正義の裏切り者、ヴォルィーニの隣人たち』）。同書はテレサ・トランスカ記念ニューズウィーク賞受賞。

二〇一八年、『杏の町から来た殺人者』が*Merhaba*（『マルハバ』）と改題されて新版刊行。

二〇一九年、*Jak nakarmić dyktatora*（本書）、英語版と同時刊行。二〇二一年度グルマン世界料理本賞を受賞。

二〇二一年、*Rosja od kuchni. Jak zbudować imperium nożem, chochlą i widelcem*（『厨房から見たロシア、ナイフとおたまとフォークで帝国を築く方法』）を刊行。


本書の原題について。*Jak nakarmić dyktatora*（英語版*How to Feed a Dictator*）は日本語に訳しにくく、結果的に『独裁者の料理人』という即物的なタイトルに落ち着いた。ポーランド語のnakarmićは「十分に食べさせる」という意味で、直訳すれば『独裁者に食べさせる方法』となるが、著者はこのタイトルに「私たちが独裁者を養っている」という意味もかけている。日本語の「食べさせる／養う」には「家長（男性）が家族を経済的に養う」というニュアンスがあるが、本書には「母親が子に授乳する」イメージが色濃い。独裁者が権力に疲れたとき、子供の頃に食べていた母の味を求めるというエピソードや、料理人自身の母親に関する回想も描かれる。生き残るために作る男性料理人の章の合間に、独裁者を盲目的に信奉する女性料理人の断章を挟む構成もうまい。

著者があとがきで書いているように、料理人たちの話はしばしば食い違っている。そして厄介なことに、ポーランド語原書と英語版にも細かい異同がある。一例を挙げると、ポル・ポトの章の末尾、32と33が英語版では順番が逆になっている。どちらを結末に置くかによって、だいぶ読後感が異なるように思うが、どうだろう。


以下は本書関連の続報と著者の近況である。

二〇二〇年十一月三十日、著者はスロバキアのテレビ番組 Teleráno にゲスト出演し、番組内でサダム・フセインの好物だった泥棒の魚スープを作ってみせた。このスープはすっかり著者のお気に入りのメニューとなり、家でもよく作っているそうだ。シャブウォフスキがレシピを公開したおかげで、サダムのスープを作れる人はますます増えている。

イディ・アミンの章に登場するバラク・オバマ元米大統領の義理の祖母サラ・オバマは、二〇二一年三月二十九日にケニア西部で亡くなった。九十九歳だった。

エンヴェル・ホッジャの未亡人ネジミエ・ホッジャは、二〇二〇年二月二十六日、ティラナの自宅で死去した。九十九歳だった。

ポル・ポトの元料理人ヨン・ムーンは、二〇二〇年に胃がんで亡くなった。彼女のインタビューは難しかったとシャブウォフスキは振り返る。ポル・ポトは大量虐殺者だと一貫して指摘したが、彼女は耳を貸さず、ポル・ポトを理想の人物として語り続けた。ムーンの訃報が届いたのは翌二〇二一年の五月のことで、それはムーンの息子がシャブウォフスキの電話番号を紛失し、すぐに連絡できなかったからだという。料理人の死因が胃がんというのは示唆的ではなかろうか。

エンヴェル・ホッジャの章には、独裁体制による粛清の犠牲となった父親の墓を探すヨヴァンという男が登場する。著者は本書の刊行後もアルバニアに通って取材を続けた。その後なんと、ヨヴァンの父親を撃った張本人が捜索を手伝うようになり、次第に協力者が増え、最終的に数十人が加わった。そしてついに銃殺された場所を突き止めたものの、父親の遺骨はとうとう見つからなかった。この話はテレビのドキュメンタリー番組としてまとめられ、ポーランドのＴＶＰ《テーファウペー》ドキュメントで二〇二一年四月十三日に放映された。

本書英語版の好意的な書評が「ニューヨーク・タイムズ」に掲載されると、一か月で二十ものオファーがあったという。映像化権はハリウッドの二社に売れた。ひとつはチャニング・テイタムズ・フリー・アソシエイションズで、ドキュメンタリーではなく、フィクションの連続ドラマになる予定。もうひとつはハリウッドの別会社の企画で、フィデル・カストロの料理人エラスモの、やはり料理人である孫が、車で祖父の過ごした場所をめぐるという筋立てだそうだ。

著者最初の世界的ヒット作となった前著『踊る熊たち』のアニメーション映画化企画も進んでいる。シャブウォフスキはこの映画の共同製作者となった。

『踊る熊たち』は二十以上の言語に翻訳されたが、イランでいつの間にか二種類のペルシア語海賊版が出ていることがわかった。もちろん著者には一銭も入らない。SNSを通じて出版社をつきとめ、丁重な問い合わせの手紙を出したところ、次のような返事が届いた。曰く、「イランでは経済制裁のため何も売れない。独裁者のことをおおっぴらに語れない。独裁体制をほのめかす本を出すこと自体、リスクがある。検閲を避けるため公には刊行できないが、広く読まれてほしいので海賊版で出した」と。

二〇二〇年二月、シャブウォフスキは台北国際書展に参加したが、新型コロナウイルス発生による渡航規制で、台湾滞在を早めに切り上げざるを得なかった。その後しばらく取材旅行に出られなくなったため、二年間の取材をもとに、ワルシャワに一年間腰を据えて次作 *Rosja od kuchni*（『厨房から見たロシア』）を執筆した。

『厨房から見たロシア』は、ロシア帝国の昔からソヴィエト連邦を経て現在のロシアに至るまで、ロシアの政権がいかに食べ物を政治の道具として利用してきたかを解き明かす本である。

二〇二二年二月二十四日、ロシア軍がウクライナに侵攻すると、ウクライナ各地に友人知人がいる著者はすぐに彼らと連絡を取り、必要ならワルシャワに来るよう呼びかけた。侵攻当初はポーランド人ボランティアが国境まで車やバスで行き、避難民を乗せてワルシャワやクラクフなどの大都市まで運んだり、一般市民が宿泊先を提供したり、必要物資を集めてウクライナに送り届けたりしていた。シャブウォフスキは、キーウからモルドバに出てルーマニアに逃げてきた友人の女性とその幼い娘と飼い犬テディをルーマニア国境から車に乗せ、スロバキア経由でポーランドに入り、避難先としてワルシャワの自宅を提供した。この友人は児童書出版を手がけていて、二〇二二年三月、ボローニャ国際児童図書展にウクライナから参加した唯一の出版社となった。

　シャブウォフスキはその後もウクライナ関連ニュースをSNS（フェイスブック・アカウントWitold Szabłowski – Notatnik Reportera）やEメールによるニュースレターで時々刻々発信している。また、先輩ジャーナリストのマリウシュ・シュチギェウらと共にウクライナ支援として、ウクライナの報道写真家をワルシャワに招いて話を聞く機会を設け、現地の報道関係者に防弾チョッキとヘルメットを買うための募金を集めたり、さまざまな催しでウクライナの現状を伝えるなど、現在も精力的に活動を続けている。

　二〇二三年一月末から二月初めにかけて開催された台北国際書展ではポーランドが主賓国となり、シャブウォフスキのほか、小説『ウィッチャー』シリーズで人気のサプコフスキなど、ポーランド人作家数名が参加した。『踊る熊たち』『独裁者の料理人』『厨房から見たロシア』の三冊は台湾語版が出ている。会場を訪れた蔡英文総統のスピーチで「『踊る熊たち』というすばらしい本を読みました」と言及され、シャブウォフスキは大感激していた。彼のサイン会には長蛇の列ができたという。台湾では『踊る熊たち』が学校の課題図書になっているそうだ。

　日本でのシャブウォフスキ作品の紹介は『踊る熊たち』に続き、本書が二作目となる。

　独裁者たちは何を食べていたか？　独裁者の素顔はどんなふうだったか？　彼らはいかにして権力を握り、いかにして体制を維持したのか？　答えは本書の中にある。普通の人がいかにして独裁者の料理人になったか？　過酷な状況をいかにして生き延びたか？　その答えも本書の中にある。おいしそうなレシピと共に。

『踊る熊たち』と同様、本書でも訳者にあまり馴染みのない国が取り上げられ、翻訳にあたっては調べることが多く、とりわけ固有名詞のカタカナ表記には難渋した。アラビア語の発音表記については柳谷あゆみさんに丁寧にご教示いただいた。記して感謝いたします。ただし例外として、サダム、ウサマ・ビン・ラディンなどはこれまでの慣例に従った。それ以外の言語や各国事情については、白水社編集部の金子ちひろさんに資料提供など適宜指示をいただいたおかげで、なんとかここまでこぎつけました。ありがとうございます。帯文を寄せてくださった料理研究家のコウケンテツさん、本書の不穏な雰囲気を見事に形にしてくれた装幀家のコバヤシタケシさん、ありがとうございました。

　そして、この本を手に取ってくれたあなたに心からの感謝を。世界中の独裁政権が一刻も早く終わるよう願い、私たち自身が独裁者を養うことのないよう肝に銘じつつ。

二〇二三年二月

芝田文乃

訳者略歴
一九六四年神奈川県生まれ
筑波大学芸術専門学群卒業
ポーランド語翻訳者、写真家
訳書にムロージェク『所長』『鰐の涙』(以上、未知谷)、グラビンスキ『動きの悪魔』『狂気の巡礼』『火の書』『不気味な物語』、レム『地球の平和』(以上、国書刊行会)、共訳書にレム『高い城・文学エッセイ』『短篇ベスト10』『火星からの来訪者』、コワコフスキ『ライロニア国物語』(以上、国書刊行会)など

独裁者の料理人
厨房から覗いた政権の舞台裏と食卓

二〇二三年四月一〇日　第一刷発行
二〇二四年四月三〇日　第三刷発行

著　者　ヴィトルト・シャブウォフスキ
訳　者 © 芝《しば》田《た》文《あや》乃《の》
発行者　岩　堀　雅　己
印刷所　株式会社　三　陽　社
発行所　株式会社　白　水　社
東京都千代田区神田小川町三の二四
電話　営業部〇三(三二九一)七八一一
　　　編集部〇三(三二九一)七八二一
振替　〇〇一九〇‐五‐三三二二八
　　　郵便番号　一〇一‐〇〇五二
www.hakusuisha.co.jp
乱丁・落丁本は、送料小社負担にてお取り替えいたします。

株式会社松岳社

ISBN978-4-560-09482-2

Printed in Japan